# 新渡戸稲造
# 武士道の売国者

滝澤哲哉
Tetsuya Takizawa

SEIKO SHOBO

## ――はじめに――　明治国家体制を根拠として生まれた「新渡戸の武士道」

新渡戸稲造は、一八九九（明治三十二）年に、英文の『武士道』を出版した。今から百十年以上前に出版された『武士道』は古典的名著になっており、世界中で紹介され、日本国内では現在に至るもその内容を支持し、讃美する出版物が多数出ている。

ところが、日本倫理思想史の研究家である菅野覚明氏（東京大学大学院教授）は『武士道の逆襲』（講談社現代新書、二〇〇四〔平成十六〕年刊）で次のように記している。

「『武士道』という言葉を聞いて、今日多くの人が思い浮かべるのは、新渡戸稲造の著書『武士道』であろう。学問的な研究者を除く一般の人々――とりわけ『武士道精神』を好んで口にする評論家、政治家といった人たち――の持つ武士道イメージは、その大きな部分を新渡戸の著書に依っているように思われる。そして実はそのことこそが、今日における武士道概念の混乱を招いている、最も大きな原因の一つなのである」

新渡戸稲造の『武士道』が、「武士道概念の混乱を招いている」とは、どういうことなのか。それは一言でいえば、新渡戸の語る武士道精神なるものが、武士の思想とは本質的に何の関係もないということなのである。

「新渡戸の武士道」が、当事者としての武士をまったく無視した「武士とは無関係ない思想である」という批判は、『武士道』の日本版が刊行された直後に、すでに歴史学者の泰斗《たいと》・津田左右吉《そうきち》によってなされている。

新渡戸の論が、文献的にも歴史的にも、武士の実態に根ざしていないというのは、専門に研究する人たちの間では当たり前のことなのである。だから、「武士道」という用語の歴史的変遷を研究する人の中には、「今どき、新渡戸の『武士道』によって武士のイメージを形作るという日本人もそう多くはあるまい」（佐伯真一著『戦場の精神史』NHKブックス）と述べる者もいるくらいなのだ。

確かに、新渡戸説をもとに、「武士道」を論ずる一般の人々にあっても、彼らの抱いている武士のイメージは、新渡戸の著書とは全然別のところから来ているものであろう。彼らは、さまざまな歴史書や歴史小説——小説とてその時代の歴史学の成果を十分に反映している——から、それぞれの武士像を形づくっているに違いない。そしてそのイメージは、新渡戸の武士道とは、おそらく随分とかけ離れているものであろう（隆慶一郎氏や津本陽氏の歴史小説を思い描いてみるとよい）。

自分たちの思い描く武士像と、新渡戸の「武士道」との間には不一致がある。おそらく多くの人がそう感じていながら、それでいて新渡戸に依拠して武士道を語ることに不都合を感じない。佐伯氏の言うように、「新渡戸の『武士道』」によって武士のイメージを描く人は多くはないだろう。にもかかわらず、新渡戸にもとづいて武士道のイメージを形作る人は依然として多数を占めているのである。

問題は、まさにそこにある。「武士道」は、武士の実態とは直接、関わらないどころか別のところにある。「武士道」とは、いわば精神の問題であって、些細《ささい》な事実には囚われない。そういう漠然たる思い込みが、「武士道」という言葉の一人歩きを許す原因となっているのである。

だが、現実の武士と関係ないとすると、新渡戸のいう「武士道」とは、そもそも何を根拠に生まれてきた思想なのであろうか。そして、それは一体誰が、何のために担《にな》うべき思想なのであろうか。

先に答を言ってしまおう。——「新渡戸の武士道」は、明治国家体制を根拠として生まれた「近代思想」である。それは、大日本帝国臣民を近代文明の担い手たらしめるために作為された、国民道徳思想の一つである。

ところが、新渡戸稲造の「武士道」を哲学の立場から批判したものは皆無に近い状態が続いている。今回、「武士道」を哲学の立場から徹底批判することにした。本書では、新渡戸稲造の「武士道」批判を、本文の流れに沿って行なっていく。

二〇一三（平成二十五）年三月三日

滝澤哲哉《たきざわてつや》

―はじめに― 明治国家体制を根拠として生まれた「新渡戸の武士道」



## ―序章― 若き日の新渡戸稲造

―第五章―

## 仁、惻隠《そくいん》の心



―第六章―

## 礼

## 第七章 真実と誠実



## 第八章 名誉

## 第九章 忠義の義務



## 第十章 サムライの教育と訓練

## —第十五章— 武士道の影響



## —第十六章— 武士道は今なお生きているか

―装幀― フロッグキングスタジオ
―編集協力― 湧水舎
―カバー写真― 堀市郎・撮影(松江歴史館所蔵・佐野好作氏提供)

# 新渡戸稲造　武士道の売国者

## ―序章― 若き日の新渡戸稲造

### 恵まれなかった幼少時代

新渡戸稲造《にとべいなぞう》（一八六二〔文久二〕年～一九三三〔昭和八〕年）の祖父・新渡戸傳《つとう》は、南部藩（現在の岩手県北上市から青森県下北半島）の勘定奉行をしていた。十和田湖から流れ出る奥入瀬川《おいらせがわ》より水を引くために、トンネル工事を敢行し、不毛の荒野だった三本木原《さんぼんぎはら》（現在の十和田湖周辺）に四千五百町歩の新田開拓を指導し、後の青森の穀倉地帯に変貌させた。このため、新渡戸傳は「三本木原開拓の恩人」といわれる。

また、新渡戸の父・新渡戸十次郎《じゅうじろう》は、勘定奉行や江戸留守居役など、藩の要職を務めた。十次郎の三男として誕生した子は、三本木原で米が穫れるようになったことを記念して、稲之助と名づけられた。のちの稲造である。

父・十次郎は、藩田で生産した生糸をロシアの商社に売ることによって、窮乏していた藩の財政を救うことができると考えた。そこで、ロシアへの生糸の輸出を藩に進言したが、国内の燃えさかる攘夷論の前に江戸留守役を解かれ、盛岡の自宅に閉門蟄居《ちっきょ》を命ぜられた。さらに家禄没収のうえ、廃嫡幽門《はいちゃくゆうもん》にされた。

一八六七（慶応三）年十二月九日、王政復興の大号令が出された。その月の二十四日、十次郎は幽門のまま急死している。稲造五歳のときであった。夫・十次郎の死去によって、稲造の母が三人の男の子と四人の女の子を育てるのは難渋をきわめた。

その頃、新しい政府の地になった東京では、父・十次郎の弟で花巻の太田家に養子に出ていた太田時敏《ときとし》が、銀座で洋品店を営んでいた。

戊辰《ぼしん》戦争での敗北後、反逆の首謀者として藩主の身代わりとなった南部藩家老・楢山佐渡という人物がいた。楢山は切腹を命ぜられ、その介錯人に選ばれたのが南部藩武術指南役だった太田時敏である。太田はかねてから親しい関係にあった友人の首を斬ることを拒否して脱藩し、江戸に身を隠した。そして武士を廃業して銀座で洋品店を始めたのである。

この太田のところに稲造は養子に入ることになり、兄の道郎と一緒に東京に行った。稲造は九歳であった。新渡戸兄弟は幼時から、経済的に恵まれない状態にあったのだ。

ちょうど稲造が東京に行った一八七一（明治四）年の九月、祖父の傳が七十九歳の多彩な一生を終えた。

一八七二（明治五）年、稲造は東京・湯島天神下にある南部藩が経営していた英語学校「共慣義塾」に入学した。太田時敏の洋品店はいわゆる〝武士の商法〟のため、あえなく倒産し、小さな長屋に住むことになった。

時敏は稲造にもっと上級の学問を受けさせようとした。そこで稲造は翌一九七三（明治六）年、十二歳で、東京外国語学校に入学した。この学校の英語科は後に独立して東京英語学校となる。この学校の下級クラスの読み方の担当者として高橋是清がいた。ここで稲造は高橋是清を知ることになる。なお、養父（叔父）の太田時敏は、その後、南部晴景の家令を十五年間務め、南部家の家政を守った。一九一五（大正四）年に七十六歳で死亡したとき、原敬が弔問している。

## クエーカー人脈とつながった新渡戸家

明治維新政府になってから、佐賀の乱（明治七年）や神風連《しんぷうれん》の乱（明治九年）、福岡の秋月の乱、山口の萩の乱などが起こった。鹿児島でも反乱が起きかねない状態になっていた。

東北・北海道方面を宥《なだ》めておくため、一八七六（明治九）年、明治天皇は岩倉具視《ともみ》や木戸孝允《たかよし》、大隈重信らを引き連れ、東北・北海道の巡幸に出た。そして六月に青森県三本木原を訪れた明治天皇は、稲造の祖父の傳が開墾事務所として使っていた屋敷を安在所にした。そのとき、新渡戸家が三代二十一年にわたって三本木原の開墾にあたった功を讃えて、稲造の母・せきと兄の七郎に金一封を下賜《かし》し、「子々孫々よく農事に励めよ」との言葉をかけたという。

この記事を新聞で読んだ太田稲造（既に太田家の養子に入っていた）は、新渡戸家の行なってきた事績に対して改めて誇りを持った。兄の七郎はこのことがあってから疎水事業にいっそう精魂を傾け、もう一人の兄の道郎も、一八七六年に津田仙《せん》が創立した農学校「学農社」で農業を専攻した。

ここに、クエーカー教の日本における基地となった「普連土《ふれんど》女学校」の創設者である津田仙を通じて、新渡戸家はクエーカー人脈とつながることになった。母に贈られた天皇からの下賜金の一部は稲造のところにも送られてきた。その金で稲造は、英文の聖書を買った。

その頃、東京英語学校で稲造に英語を教えていたマリオン・スコットという米国人（ケンタッキー州出身）がいた。彼は、一八七六（明治九）年にフィラデルフィアで行なわれた「百年記念博覧会」に、稲造の書いた「日本にキリスト教を導入するの重要性」ほか数篇の論文を送った。この中で稲造は、「キリスト教を日本に入れることは、わが国民を良き国民とし、世界の中で偉大な国民とするには不可欠である」と記している。

十四歳の稲造は、このとき既にキリスト教に憧れを抱いていたのだ。「欧米の文明国をつくっているのはキリスト教である。文明人になるにはキリスト教徒になることだ」と、非文明国の日本人の多くは思い込んでいた。多分、稲造も当時の日本人と同じ考えをもっていただろう。立身出世して、金に不自由せずに暮らすために、そのためにもとりあえず英語を勉強した。

このような動機で稲造はキリスト教徒になった。そして稲造の出世至上主義の道はその後、実に都合よく展開していくことになる。

東京英語学校在学中、新たに創立される札幌農学校で官費生を募集していることを知った稲造は、札幌農学校を受験した。試験には無事合格したが、年齢が若いので一年待たされて入学した。

札幌農学校には二期生として十七名が入学してきた。この中には、内村鑑三や宮部金吾、広井勇、足立元太郎、大島正健などがいた。一八七七（明治十）年三月に、「イエスを信ずる者の契約」に署名した一期生は、九月にメソジスト派宣教師のM・C・ハリスから洗礼を受けている。稲造も「イエスを信ずる者の誓約」に署名した。

翌一八七八(明治十一)年六月、札幌に巡回に来たハリスによって創成川東岸にある外国宣教所で、太田(新渡戸)稲造、内村鑑三、宮部金吾ら七名が洗礼を受けた。このとき稲造はクリスチャンネームとして「パウロ」を選んだ。

こうして、稲造は聖書を読み、キリスト教信者としての道を歩むことになった。

このクラークの「イエスを信ずる者の誓約」に署名した札幌農学校一・二期生のキリスト教者の集団は、「札幌バンド」と呼ばれた。「横浜バンド」や「熊本バンド」と並んで、日本プロテスタント・キリスト教発祥の三基点のひとつに数えられている。この「札幌バンド」には、当初三十名が参加したものの、翌一八七九(明治十二)年には十七名に減少していた。

## カーライルの『衣服哲学』に出会う

この頃、稲造は、寄宿舎の新聞閲覧所で一冊の古い週刊誌を見つけた。そこに、イギリスの思想家トーマス・カーライル(一七九五〜一八八一)の「神の存在や霊魂の不滅は、今後二十年いや二千年研究しても、とうてい解決できる問題ではない。これらはただ信じて、初めて解ける問題である」という言葉を見つけた。そこでカーライルの著書『サーター・リサータス(衣服哲学)』を入手しようと努力した。

その頃、稲造は目の病気が悪化しており、神経衰弱に陥っていた(稲造は躁鬱病を持病にしていた）。一八八〇（明治十三）年の夏休みに、いったん盛岡に帰るが、その前に母は乳がんで亡くなっていた。

しばらくして病気治療のために上京した稲造は、かねてより探していた『サーター・リサータス』を、札幌で洗礼を受けたハリスが帰国のために蔵書を処分する機会に入手した。その後、稲造は『サーター・リサータス』を旅行時にも常に携帯して読み、後に、一高、東大、キリスト教青年会などの講義の際にも使用していた。カーライルから受けた影響がいかに大きかったかを物語っている。また、この頃、稲造は、ブルタークの『英雄伝』も愛読していた。

一八八一（明治十四）年、稲造は札幌農学校を卒業後、開拓使御用掛という任務の辞令を受けて勧業課に出仕した。そして同時に、内村、足立、藤田、広井らと五人で一軒家を借り、共同生活を始めた。さらに数名の仲間と協力して、キリスト教会として一軒家を借り、ここで伝道集会や礼拝、聖書研究、祈祷会などを行なった。これが「札幌独立キリスト教会」に発展していく。

ところが開拓使御用掛として実際に求められていたのは、英語の読解力などではなく、汗して働く現場監督だった。さほど仕事のない日常なのに、稲造は農業にかかわることにはどうにも馴染《なじ》めず、役所の机に原書を広げては読みふけったりしていた。

このとき、目の病気と神経衰弱がぶり返し、上京して病院通いをすることになる。再び札幌に帰った稲造は、役所の仕事の傍ら、母校で教鞭を執るようになる。

## アメリカに渡り、クエーカー派の大学に転学

一八八三（明治十六）年、稲造は東京大学に入学した。初代東大綜理（総長）になった加藤弘之は、札幌農学校がキリスト教に汚染されているのに対抗して、スペンサーの「進化論」を思想的バックボーンにしていた。啓蒙思想家だった加藤は著書『基督教の害毒』などを発表し、激しいキリスト教攻撃を展開していた。

稲造は東大入学に際して、同じくスペンサーの「進化論」を奉じていた外山正一（文学部長）に会い、「自分は日本の思想を外国に伝え、外国の文化を日本に紹介する媒介者（「太平洋の架け橋」）になりたい」と述べたという。

既にキリスト教信者になっていた稲造は、外国の文化、即ち、キリスト教文化を日本に持ち込むこと、そして日本をキリスト教国にすることを夢見ていたのである。一神論を原理とするキリスト教は、自らの教徒以外の者を殺す「人殺しの宗教」である。近世になって、欧米帝国主義の侵略の尖兵になったのがキリスト教の宣教師たちである。日本をキリスト教国にすることは、日本民族が培《つちか》ってきた文化、生活様式を破壊し、欧米の従属国にすることと同義である。「多神教」の日本人にとっては「一神教」の文化を理解することは難しい。

ところが、キリスト教信者になった稲造は、「騙《だま》して、皆殺しにして、財産を奪え」と教えるキリスト教徒になることが、欧米帝国主義の尖兵になることだとは考えていない。

稲造は、東大で英文学、理財・統計学などを勉強し、学資を稼ぐために東京・神田駿河台の成立学舎で英語教諭のアルバイトをしていた。その生徒の中に夏目漱石がいたという。

その頃、米国に留学していた広井勇がヘンリー・ジョージの『進歩と貧窮』という本を稲造宛てに送ってきた。この本がまだ日本に紹介されていないのを知った稲造は、米国への留学願望が高まった。そこで養父の太田時敏に相談すると、渡米の費用と学費として二千円を差し出してくれた。そこで稲造は私費留学することにした。留学先は稲造に洗礼を授けたハリスの夫人の母校、ペンシルバニア州のアレゲニー・カレッジだった。

一八八四（明治十七）年九月、稲造は米国船でサンフランシスコに上陸した。そして、ハリス夫人の母校のアレゲニー・カレッジに入学する。入学後さっそく、稲造は学生祈祷会に勇んで参加している。

ところが、その一年前にメリーランド州ボルチモアにあるジョンズ・ホプキンズ大学に留学していた佐藤昌介《しょうすけ》から、稲造が入学した大学は無名校で、わざわざ留学するほどの価値がないのでジョンズ・ホプキンズ大学に転学するようにと勧められた。ジョンズ・ホプキンズ大学は一八七六（明治九）年、ボルチモアのクエーカー派の実業家ジョンズ・ホプキンズが、遺産七百万ドルを提供して新設した米国最初の大学院大学である。

こうして、ジョンズ・ホプキンズ大学に転学した稲造はクエーカー教と関係することになった。佐藤は稲造の学費を心配して、彼を連れてハーバート・アダムス教授に相談した。そして、稲造には図書室で新聞を閲覧して必要記事に印をつける仕事が与えられ、学資の足しとなった。

稲造が通っていた頃のジョンズ・ホプキンズ大学には、ジョン・デューイ（プラグマティズムを提唱した哲学者）や、ウッドロー・ウィルソン（第二十八代大統領。第一次世界大戦に米国を巻き込んだ政治家）などがいた。

一八八五（明治十八）年五月に二度目の外遊をした新島襄《にいじまじょう》は、ジョンズ・ホプキンズ大学に在学中の新渡戸稲造を訪ねている。ところが稲造は、下宿代も払えない、赤貧洗うがごとき学生生活を送っていた。

ジョンズ・ホプキンズ大学時代の日曜日、稲造が教会へ行くと、堂内は華美な装飾で飾られ、腰掛け椅子にも贅《ぜい》を尽くした彫り物がしてあり、そこには着飾った人たちが集まっていた。牧師はジェスチャー交じりの大熱弁をふるい、合唱隊がコーラスを歌っている。このとき、稲造にはイエスの説いた宗教とは別ものの感じがしたであろう。

ところがボルチモアで大学から帰る途中、とても教会とは思えない建物から、十七、八世紀頃のような地味で質素な衣服を着た四、五組の老夫婦が出てくるのに出会った。ここで初めて稲造は正統なクエーカー派信徒に出会ったのだ。

それ以降、稲造は時折、ボルチモアのミーティング・ハウスにも行き、そこでクエーカー派の集会にも参列した。当時の稲造は、カーライルが『サーター・リサータス』の中で、クエーカー派の創始者ジョージ・フォックスに絶大な賛辞を送っていたので、クエーカー派のことを知っていた。

こうして稲造は、一八八六（明治十九）年に、ボルチモアのクエーカー会に入会したのである。

## 心の内にキリストを受け入れ、神秘的な結合を重んじたクエーカー派

クエーカー派とは、十七世紀、イギリスの宗教家ジョージ・フォックス（一六二四〜九一）が創始したキリスト教の一派である。正式にはフレンド教会（Society of Friends）という。「クエーカー（Quaker＝〈ふるえ派〉の意）」と綽名されたのは、この派の人々が祈りのときに宗教的感激のあまり、身をふるわせたためである。

一六四七年から巡回説教を始めたフォックスは、さまざまな迫害を受けたが、次第に教勢を増し、一六七二年、ロンドンで第一回の年会を開いて規約を制定し、フレンド教会を組織した。

クエーカー派の教理の中心は〈内的光明〉という考え方である。人は聖霊によって内的光明を与えられて初めて「聖書」の真理を体得することができるとする。この光明によって、聖書の真理を補う新しい心理を支えることができる。〈信仰によって義とされる〉という教理よりも、心の内にキリストを受け入れて、神秘的に結合することを重んじた。イエス・キリストが山上で弟子たちと群集に語ったという教え、〈山上《さんじょう》の垂訓《すいくん》〉を文字どおり守って、戦争には絶対に反対し、兵役を拒否した。教会には洗礼も聖餐もなく、礼拝儀式の順序もなく、教職者も置かない。各人が霊に感じて祈り、かつ語るのである。

一六六二年にウィリアム・ペン（一六四四〜一七一八。フィラデルフィア市を建設し、ペンシルベニア州を整備した人物）がペンシルベニアにやって来た。

ペンの父は、英国国教会の信徒で、裕福な地主だった。英国海軍の提督を務め、何回かの海戦に参加し、一六五五年、艦隊を指揮してジャマイカ島を占領し、イングランド領にした。一六六〇年の王政復古の際には、ネーズビーに馳せ参じ、亡命中だったチャールズ二世をイングランドに迎え入れた。そして、チャールズ二世に莫大な資金を貸していた。

息子のウィリアム・ペンは一六六六年に二十二歳でクエーカー教徒になった。クエーカーは内なる光に従い、その光は神から直接来ると信じていた。それは即ち国王の権威を否定し、平和主義を希求することになるので、信徒は宗教裁判にかけられ迫害を受けた。

オリバー・クロムウェル（一五九九〜一六五八）が没して間もない騒乱の時期に、クエーカーは異端とされ、国王への忠誠を拒否したことで裁判にかけられた。一六六八年、二十四歳のペンは、「三位一体の教え」を攻撃する本を著わして投獄される。そして、クエーカーであるがために、オックスフォードのクライストチャーチ大聖堂から破門され、何度も逮捕された。クエーカーに対する迫害がより厳しくなり、ペンは北米に自由な新天地を求めた。

信教の自由を掲げ、英国国教会の支配に抵抗し、反王制の立場をとっていたペンは、英国王政にとっては危険な存在だった。父の死後、ペンが国王に借金の返還を要求すると、国王は厄介者の追放をもくろみ、英国王の領地であった現在のペンシルベニア地域の広大な土地を、ペンに割譲することにした。

一六八一年、国王からペンはこの土地を与えられた。そこでこの土地を、父への敬意を表して「ペンシルベニア（ペンの森の国）」と名づけた。もちろん、この地には先住民たちが住んでいた。

一六三八年、スウェーデン人とフィンランド人が、先住民の毛皮と煙草との交易のために居住したことから、ヨーロッパ人たちの植民が始まった。その後一六五四年に、ペンシルベニアをオランダから奪い取り、英国領にした。ペンに従って英国やウェールズやドイツからも、クエーカー教徒が移住してきた。

ペンはフィラデルフィア（ギリシャ語で「兄弟愛の街」を意味する）の街を、シティーホール（市庁舎）を中心に設計した。それ以後、フィラデルフィアはクエーカー派の本拠地になった。さらにクエーカー派は、奴隷解放や男女同権、世界平和など、社会進歩の面での活発な実践も行なっていった。

クエーカー派は日本には一八八五（明治十八）年に初めて紹介され、「キリスト友会《ゆうかい》」と称している。日本ではきわめて少数であり（二〇〇二年版会員名簿によると、全国の会員数は百五十七名である）、一般の日本人はほとんど知らない。しかし、日本の近現代史、特に対米英戦争と大日本帝国の敗戦の背後で、クエーカー人脈が暗躍していたことを知らねばならない。そこでも新渡戸稲造は重要な役割を演じていたのである。

## アメリカのクエーカー派の資産家に目をつけられた新渡戸

このようにして、キリスト教徒の太田（新渡戸）稲造はクエーカー人脈につながることになった。一八八六（明治十九）年のことである。クエーカー人脈に属した稲造の蒔いた種が育ち、ついには終戦後、クエーカー教徒のヴァイニング夫人（一九〇二〜一九九九）が皇太子であった少年時代の明仁親王（今上天皇）の家庭教師となり、皇太子をクエーカー教徒にするところまで成長していくことになった。米国のクエーカー派の連中にとっては、稲造がクエーカー教徒になったことは実に喜ばしいことであった。いわば、恰好のカモが飛び込んできたようなものだったのだ。

一八八三（明治十六）年にはフレンド派婦人外国伝道会が結成され、会長にフィラデルフィアの大富豪ウィスター・モリスの妻であるメアリー・モリス夫人（一八三六〜一九二四）が選出された。メアリーは一八三六年八月、製鉄業者の娘として生まれた。両親と早く死別したため、同業者で、クエーカー教徒のウィリアム・トーマスに引き取られた。メアリーは既に長老教会で洗礼を受けていたが、養育者の影響でクエーカー教徒になったのである。

メアリーは早くから地域社会の奉仕を始めた。彼女は十一歳のとき、ベルフォンテという町で、土曜日の午後にそれぞれの家に子供たちが集まって衣服をつくる会を興している。材料を自ら買い、衣服を作って、貧しい人たちに無料で配っていた。

メアリーはベルフォンテ・アカデミーで初等教育を受けた後、チェスター郡にあるクエーカー教のウエストタウン寄宿制学校に入学した。このウエストタウン時代には、メアリーはアフリカ系アメリカ人少女のクラブで教え、地域社会の貧しい人に対して読書活動を行なった。

一八六三年にメアリーは、ペンシルベニア州のウィスター・モリスと、クエーカー教会で結婚式を挙げた。夫のウィスターはクエーカー派の慈善家で、広大な土地を所有する大地主、かつペンシルベニア鉄道会社の重役だった。夫婦は結婚後、ペンシルベニア州のオーバーブルックという町に住んだ。モリス邸はまるで城のような石造りの豪邸で、うっそうとした木立に囲まれ、屋敷の前には広々とした芝生の庭があった（有斐閣刊『津田梅子を支えた人びと』に、一八九三年頃の広大なモリス邸の写真が掲載されている）。これほど豪奢な邸宅に住むモリス家は、どのようにして財を成したのだろうか。

このモリス邸は地域社会の集会所になっていた。ここでメアリーは、衣服をつくり、その衣服を貧しい人たちに配るための団体を組織した。フィラデルフィア州の孤児院を運営する役員にもなった。一八一四年にメアリーたちによって設立された孤児院は、フィラデルフィアにおける子供のための最初の施設だった。その後メアリーは、女性キリスト教禁酒連盟の支持者になった。また女性囚人の待遇に関心を寄せ、特にイースタン刑務所の女囚にかかわるようになり、女囚たちの収容室まで訪れている。メアリーは、刑期を終えた女囚たちが社会復帰するまでの住宅施設の管理者になった。

さらにメアリーは教育にも関心を持ち、モリス夫妻はアメリカ先住民（ネイティブ・アメリカン）の教育推進に尽くした。夫のウィスターはカンバーランド郡で先住民のための学校を設立した。ここでは通う学生たちが教育理念を学ぶような学校づくりを目指した。

モリス一家はよく旅行もした。一八七〇年にはモリス夫妻は娘とともにエジプト、シリア、トルコなどを訪れた。メアリーは、エジプト滞在中に米国宣教師団の仕事を見学し、感銘を受け、フィラデルフィアのクエーカー教団の外国人向けの宣教組織をつくることに助力した。

一八八二年頃から、モリス家は日本の学生の教育にも関心をもつようになった。特に日本人の学生に聖書を教えることに熱心だった。メアリーは三カ月間、日本に滞在することになる。

その頃、フレンド派婦人外国伝道会は、シリアやメキシコ、インドなどですでに伝道を開始していた。次には日本にキリスト教の宣教を始めようと考えていた。その一八八五年夏、フィラデルフィアに留学中の日本人がフレンド伝道会に招かれた。それが稲造と親友の内村鑑三だった。

また、津田梅子は渡米以来、ジョージタウンのランマン家で家族の一員として育てられていた。そのランマン家にも稲造は訪れていて、そもそもランマン家の紹介で稲造はモリス家に出入りすることになったのである。稲造と内村鑑三は、「クエーカーの思想は日本人の心に共鳴するところがある」と述べていたという。そして稲造は日本の女子教育の必要性について説いた。

フレンド伝道会は一八八五（明治十八）年十月、ジョセフ・コサンドとサラ夫妻を日本に派遣した。津田仙《せん》（津田梅子の父）の協力によって、翌一八八六年十月、日本に普連土女学校（津田仙は、フレンドの当て字として「普連土」と名付けた）が開設された。ここに初めて、日本におけるクエーカー派キリスト教宣教の基地が生まれた。

モリス夫人は毎月の第一土曜日、自宅に日本人の留学生を招いてキリスト教の集会を開催していた。ドクター・ウッドという長老派の牧師が出席者に聖書の輪読をさせ、祈祷をもって終わる約一時間の集会のあと、モリス夫人は夕食をふるまった。ときには夜の十時頃まで雑談を交わすこともあったという。ここに招かれた日本人留学生には、稲造のほか、内村鑑三、三島弥太郎、佐伯理一郎、串田万蔵、伊丹二郎などがいた。

一八八六年十二月、稲造は「日本の事情」について講演した。それまでに彼は何回もクエーカー派の人たちの前で講演をしていた。話を終えると、稲造はモリス夫人からメリー・エルキントン（一八五七〜一九三八）という女性を紹介された。

エルキントン家はフィラデルフィアのクエーカー派の名門一族で、石鹸やローソクの製造販売などで財を成していた。現在では世界各国に四十七の化学工場を持ち、珪酸ナトリウムなどを生産するフィラデルフィア・クオーツ社に成長している。メリーは、フレンド・セレクト学校で教育を受け、両親のジョセフとマリンダと一緒に暮らしていた。

日本をキリスト教国にしようとするフィアデルフィアの資産家のクエーカー教徒たちは、新たにクエーカー派に入会した稲造の能力を〝買う〟ことにした。彼らは良質のカモを入手したのだ。稲造は金に困っていた。そこで大金持ちの女性を稲造に結びつけることにより、彼は金銭の欠乏から解放され、クエーカー派の宗教活動を自由にさせた。即ち、欧米人に代わって日本人自身によって、日本をキリスト教国にする活動（日本を「国際金融マフィア」が支配する欧米帝国主義の従属国にする活動）を思う存分できるようにしたのである。

一八八七（明治二十）年五月、稲造は佐藤昌介の世話で成立したドイツ留学にいったん出発することにした。途中、アイルランド、スコットランド、イギリス、オランダを旅行し、六月下旬にドイツのボン市に到着し、ボン大学で農政および農業経済を勉強することになった。稲造はフィラデルフィアのメリー・エルキントン宛てに手紙を出し、お互いに文通し合っている。

このボン大学留学時に、同大学に留学していた白洲文平《ふみひら》（白洲次郎の父）や近衛篤麿《あつまろ》（近衛文麿の父）など、若き日の友人たちと一緒に写っている写真が残っている。

一八八八（明治二十一）年十月、稲造はボンを去ってベルリン大学に転学し、農業史と統計学を勉強した。次に一八八九（明治二十二）年、稲造はハレ大学に移り、農業経済学と統計学を勉強し、一八九〇（明治二十三）年六月、論文を提出し、ハレ大学から学位を取得した。

ハレ大学に転学した頃、郷里・盛岡で長兄七郎が亡くなった。新渡戸家には嗣子がないので、稲造は再び姓を新渡戸に戻した。

## クエーカー教団が仕組んだ資産家の娘メリーとの結婚

一八九〇（明治二十三）年七月、新渡戸稲造はハレ大学を出発し、移民政策研究のため、ドイツ東部から米国、カナダ各地へと旅行し、帰路にフィラデルフィアに立ち寄った。このとき、新渡戸は、ジョンズ・ホプキンズ大学に提出してあった論文「日米関係史」を訂正して、論文は同大学出版局から刊行された。

一八九一（明治二十四）年一月一日、新渡戸は、メリー・エルキントンとフィラデルフィアのフレンドの集会所で、クエーカー教徒のハンフォード大学教授レンデル・ハリス夫妻の立ち合いで結婚式を挙げた。義父の太田時敏は、国際結婚した日本人が不成功裡に終わる事例が多いとしてこの結婚に反対したが、それにもかかわらず、新渡戸はアメリカ人女性との結婚を選んだ。

この結婚式には、メリーの両親は出席しなかったとされている。ところが新渡戸は、「日本に帰国する直前、メリーの両親は私たちの結婚を許してくれた」と弁明している。おそらくメリーの両親は、発展途上の名もない国だと見られていた日本の一介の青年のもとに、娘を嫁がせることを躊躇したのではないか。

この結婚式に、日本人として唯一、後に内田康哉（外務省出身で原敬、高橋是清、加藤友三郎の三内閣で外相を務めた）の妻になる土倉政が出席している。彼女は、吉野の山林地主で新島襄の後援者であった土倉庄三郎の二女で、一八八九（明治二十二）年、同志社女学校本科を卒業後、M・F・デントンの熱心な勧めで一八九〇（明治二十三）年に私費で渡米し、フィラデルフィアのクエーカー派の語学学校であるブリンマー・カレッジに学んでいた。このとき、新渡戸とメリーの結婚式に出席したのである。

佐伯理一郎（一八六二～一九五三。医師。同志社病院長、京都看病婦学校長などを務める）は、「新渡戸博士追憶会」で次のようなことを記している。米国からドイツに留学する前の三カ月間、新渡戸は「日本の条約改正の必要性」をクエーカー教会の集会で演説して歩いていたという。新渡戸より遅れてドイツに留学した佐伯は、新渡戸からそのことを聞かされた。さらに新渡戸が米国を出発する十日ほど前、メリー・エルキントンと彼女の友人の女性たち十名ほどが新渡戸のところに来て、条約改正のために援助したいと申し出があったという。

それ以後、メリーは米国における条約改正の運動についての情報を新渡戸に与えるようになった。そして、「メリーからラブレターが来るようになった」と、新渡戸は佐伯に述べた。佐伯は一連の条約改正運動でメリーが新渡戸に興味を持つようになったと述べている。しかし、その程度の話で、資産家の家に生まれた米国女性が、無一文の日本人男性と結婚するだろうか。また、新渡戸がメリーに初めて会ったのはドイツに行くわずか十日ほど前であったという話もある。こんな状態でメリーからラブレターが来るものだろうか。

発展途上にある国の一介の日本人、しかも五歳も年下の日本人と、米国人資産家の愛娘であるメリーはどんな気持で結婚する気になったのか。条約改正の必要性を訴えることのできる英語力があり、また、ドイツに留学し、ジョンズ・ホプキンズ大学に論文を提出するほどの能力のある男であっても、異国での結婚生活を考えれば、よりによって日本人と結婚することはない。結婚相手としては金持ちの米国の男性がいくらでもいるはずである。それとも、お互いにクエーカー教徒であったから、信頼し合うことができたというのか。

フィラデルフィアの富裕なクエーカー派の人たちは、新渡戸を、日本へのクエーカー派の宣教に最適の人物とみていた。そこでメリーがこの男性の妻になって、日本でのクエーカー派の宣教工作に参加することを提案し、彼女もそれを承諾したのではないか。メリーとヒュー・ボートン（日本史を専門とする歴史家。後に極東部長特別補佐官）の父、ウォルター・ボートンとは友人関係にあった。ということは、クエーカー教団は、最初にメリーを日本に送り込み、次にヒュー・ボートンを送り込むということを考えていた可能性がある。

このように、メリーと新渡戸の結婚は、クエーカー教団が仕組んだものだった。「宗教パラノイア」ともいえる無数の欧米のキリスト教徒は、欧米帝国主義の尖兵となって世界中にキリスト教の布教に向かった。国際金融マフィアにとっては宗教パラノイアの存在は好都合である。

フィラデルフィアの金持ちにひっかかった新渡戸は、富裕な米国女性を与えられて、それ以降、国際金融マフィアの尖兵として活動していくことになった。新渡戸の活動は、国際金融マフィアにとってすばらしい〝成果〟をもたらしていく。

## 国際金融マフィアにとっては好都合な二人の結婚

一八九一（明治二十四）年一月、新渡戸は、エルキントン家という資産家の娘を妻にして、共に日本に向けて米国を出発した。金に困っていた新渡戸は、その後、エルキントン家から毎月千ドルの仕送りを受けることによって、金銭の心配から完全に解放された。

新渡戸の妻メリー・エルキントンは三十年以上も日本に住みながら、日本語をまるで学ぼうとせず、ほんの数語の日本語しか話さなかった。新渡戸はメリーに日本語を教えようと試みたが、彼女は頭痛を訴えるので、すぐに諦めてしまった。正則英語学校で英語を教えていた津田梅子の妹・よな子もメリーの日本語のレッスンを担当したが続かなかった。

つまり、メリーと新渡戸とは英語で語り合っていた。また、メリーは日本の習慣を学ぶことをせず、フィラデルフィアの生活習慣を続け、食事も生活様式も洋式を通した。新渡戸もメリーの生活態度に合わせていた。これは、メリー自身が日本人を〝イエロー・ジャップ〟とみなし、軽蔑していたことを示している。

メリーが新渡戸と結婚したのは、クエーカー人脈を活用して、最終的に大日本帝国を壊滅させ、国際金融マフィアの支配する米国の従属国にすることにあったとみなすことができる。

メリー自身が、国際金融マフィアの要員としての自覚を持っていたか、いなかったかにかかわらず、その後の日本の歴史をみれば、まさしく新渡戸とメリーの結婚は国際金融マフィアにとって好都合なことであったのはまちがいない。

新渡戸稲造を賛美する人たちは、彼の生活は「質素な暮らしであった」と主張している。これはとんでもない「新渡戸神話」の一つだ。

新渡戸は外国旅行をする際、いつも五ツ星の最高級のホテルに泊まっていた。そして一九〇六（明治三十九）年頃に建てられた小石川・小日向台町《こひなただいまち》にある自宅は、約二千坪の敷地に、和洋折衷の部屋数三十を超える、建て坪約三百坪の大豪邸だった。優雅な新渡戸の屋敷は、和と洋の様式がユニークに混合したもので、東京を訪れる外国人の間では「一見すべき所」という評判が立った。一九一九（大正八）年の二月から四月までの二カ月間、日本に滞在したジョン・デューイは夫人とともに新渡戸邸に滞在し、西洋風の快適さをすべて備えた新渡戸邸にいたく感心している。さらに新渡戸は鎌倉と軽井沢に別荘も所有していた。メリーと結婚してからの新渡戸は、金に不自由しない、実に豪奢な生活を送っていたのだ。

一八九一（明治二十四）年二月九日、横浜港に着いた新渡戸夫婦は新渡戸の親族の出迎えを受けた。そして新渡戸は三田・功運町のクエーカー派の日本センターを訪ねた。太平洋の万里の波濤を乗り越えてきたということで、新渡戸は妻のメリーを「万里子《まりこ》」と呼ぶことにした。

帰日した新渡戸は海路、北海道の小樽に赴いた。そこで親友の宮部金吾の出迎えを受けた。フィラデルフィアを出発してから約三カ月後の一八九一年三月に札幌に着き、佐藤昌介ら札幌農学校の連中の出迎えを受けた。

ここから新渡戸稲造の札幌農学校教授時代が始まる。札幌農学校で新渡戸は農政学、植民論、農業史、農業経済、経済学、英文学、ドイツ語などを教えた。また、予科の英語でカーライルを講じていた。日曜日には自宅の書斎兼用の客間で、バイブル・クラスを開き、集まった学生たちに聖書を与え、「福音書」の「マタイ伝」と「ヨハネ伝」を好んで講義した。すでに新渡戸はキリスト教の宣伝マンになっていたのだ。

その頃、札幌に中学校が一つもないのを憂えていた北海道炭鉱鉄道会社社長の堀基《ほりもとい》の篤志で私立中学校が創立され、新渡戸はこの学校を「北鳴学校《ほくめい》」と名づけ、自ら校長に就任している。

また、北米長老派教会の婦人宣教師サラ・クララ・スミスを中心にして札幌に「スミス女学校」がつくられた。その女学校でも、新渡戸夫妻は女子教育に積極的に協力している。さらに新渡戸は歴史の授業を行ない、自宅を開放するなど、スミス女学校の女子教育を盛り立て、その経営維持に協力している。

この学校は後に新渡戸の命名によって「北星《ほくせい》女学校」と改称され、戦後、学校法人北星学園大学に昇格した。北海道で最も古いミッション・スクールの女子教育機関になっている。

## 天皇制国体に接近していった新渡戸と日本のキリスト教徒

ここで、新渡戸夫妻が日本に帰国する直前に、第一高等中学校（後の一高）で起こった「内村鑑三の不敬事件」にふれておこう。

一八九〇（明治二十三）年十月に「教育勅語」が発布され、第一高等中学校にも天皇署名の勅語が授けられた。

新渡戸が帰国する直前の一八九一（明治二十四）年一月、この第一高等中学校で、教員と全校生徒を倫理学講堂に集めて、「教育勅語の奉読式」が挙行された。講堂の中央には明治天皇・皇后両陛下の写真が掲げられ、その前には教育勅語が置かれていた。全員奉拝の後、久原躬弦《くはらみつる》校長代理の奉読が行なわれ、続いて教授奉拝になった。前年の秋から嘱託講師になって歴史を担当していた内村鑑三が奉拝の瞬間、ちょっと頭を下げたものの、最敬礼をしなかった。この内村の行為を、国家主義者が中心になって「不敬」として、生徒たちが内村の自宅に押しかけ、大声で罵声を浴びせかけた。石を投げ、玄関の戸を叩いて騒いだ。

この騒ぎの情報は学外に漏れ、全国の新聞各紙が内村を攻撃したのである。そのあまりの激しさに、内村の妻の加寿子（旧姓横浜。内村は二年前に再婚していた）は買い物にも出られない状態になった。非難攻撃に疲れ果てた鑑三も寝込んでしまい、何度も生死の境に立たされた。ついに内村は、一月三十一日付で辞職願を出した。内村がようやく快復すると、妻の加寿子が看病疲れから寝込み、四月十九日に死亡してしまった。新渡戸はこの内村鑑三の不敬事件の渦中に帰国していたのである。

新渡戸は札幌農学校に赴任すると、佐藤昌介や宮部金吾らと話し合い、内村を札幌に呼び、ほとぼりを冷まさせることにした。札幌の同級生たちは傷心の内村を迎えたが、内村の処遇に困惑することになる。札幌農学校の経営は、開拓使庁から地元自治体に移ると捗々《はかばか》しくなくなり、この札幌農学校の経営を国立に移管してほしいと文部省に陳情している最中だった。このため、不敬事件で文部省とこじれている内村を、札幌農学校側はかばうことを拒否したのである。ついに六月、内村は札幌を去ることになる。

不敬事件、妻の死、さらに札幌での友人たちから見捨てられた内村鑑三は、失意の日々を過ごした。その後、神によって召し出された者の集まるところに「神の教会」（エクレジア）は成立するとみて、「内村聖書研究会」を主宰し、内村は「無教会主義者」になっていく。内村鑑三の不敬事件は、キリスト教と日本の国体との関係をめぐる議論にまで発展していった。この結果、日本のキリスト教は天皇制国体に接近していき、臣民教育の中で位置づけを図る独自の傾向を強めていった。

幕末に成立していた「ヤソ秘密結社」の影響下にあった日本のキリスト教徒は、当然のこととして天皇制支持者になった。この天皇制国体の中身は、キリスト教徒が日本を支配し、最終的に天皇一族をキリスト教徒に改宗していくことにあった。

新渡戸も尊皇主義者として天皇制を守ることにした。さらに、彼の門下生たちも「天皇制国家体制」の中に入り込み、最終的に大日本帝国を壊滅させ、日本を米国の従属国にしていった。将来の天皇になる皇太子をクエーカー教徒にすること、そして、従属国日本を弱体化させる〝売国者〟として協力していくことになる。

一八九一（明治二十四）年九月、新渡戸は札幌農学校の教授と北海道庁の技師とを兼務した。一八九三（明治二十六）年には本務になり、北海道開拓を指導することになった。

一八九二（明治二十五）年一月、新渡戸夫妻に長男が生まれた。信奉するトーマス・カーライルにちなんで、その子に「遠益《とおます》」と名づけた。ところが生後一週間で死亡してしまった。メリー夫人は産後の肥立ちが悪く、病床につくことが多くなり、フィラデルフィアから付き添いの米国人看護師が派遣されてきた。しかし、快復は思わしくなく、米国の実家で養生することになり、六月になって新渡戸は夏季休暇を利用してメリー夫人に付き添って米国に行った。しばらくして、静養するメリー夫人を米国に置いて新渡戸だけが帰国した。

一八九三（明治二十六）年、メリーの実家から二千ドルもの大金が送られてきた。その金はエルキントン家で長く働いていた女性が亡くなり、遺産として日本のメリーに贈与したものだった。この金をもとに、新渡戸は札幌独立キリスト教会附属日曜学校の校舎と敷地を買い取り、翌年の一月、「貧窮せる家庭の児童と晩学の人々のための夜間学校」という名称で、学校を開設した。この学校は、『論語』の「朋《とも》、遠方より来る、亦《ま》た楽しからずや」にちなんで「遠友夜学校」と名づけられた。

一八九三年、新渡戸は、フレンド派開祖の『ジョージ・フォックス伝』を刊行した。また、翌年十二月には『ウィリアム・ペン小伝』を自費出版している。さらに、米国婦人の書いた『ヴィリアム・ペン伝』の訳を修正して新渡戸稲造編として出版した。一八九五（明治二十八）年には、同書を翻訳して『建国美談』として出版している。米国大陸で原住民を殺戮したペンシルベニア（「ペンの森の国」の意）に、植民地を開拓した植民主義者の「ウィリアム・ペン」を讃美しているのだ。

このように、新渡戸は着々とクエーカー派の宣伝マンとなり、日本におけるクエーカー派人脈の拡大に努力していった。

## 新渡戸が尊敬したリンカーンは白人中心の「聖書原理主義者」

この頃、新渡戸は、遠友夜学校の貧しい少年たちに、第十六代大統領になったリンカーンの話をして鼓舞している。新渡戸はリンカーンを尊敬していた。ところが実際には、南北戦争の本当の原因は奴隷解放にあるのではなかった。自給自足体制が普及している米国では商売にならない、とみなした国際金融マフィアは、米国内部の南北間で戦争をさせるために、両陣営に戦費を貸し、兵器を売り続けたのだ。国際金融マフィアからの借金を拒否し、政府自身が通貨（裏面が緑色のインクで印刷され「グリーンバックス」と呼ばれた紙幣）を発行したため、リンカーンは殺されることになった。新渡戸は、このような歴史的なメカニズムについてはまったく無知で、結果的に国際金融マフィアの尖兵としての役割を演じさせられることになる。

エイブラハム・リンカーン（一八〇九～六五）は、「奴隷解放の父」と称賛されている。ところが、リンカーンはことあるごとに聖書を引用する「聖書原理主義者」で、徹底した差別主義者だった。

南北戦争が勃発し、非常大権を手にしたリンカーンは、議会を無視し、ほぼ独裁の形で戦争を進めた。戦争中にリンカーンは「奴隷解放」を宣言した。その主な目的は、奴隷を使って収益をあげていた南部の綿花産業に打撃を与えること、黒人奴隷を武装黒人兵として自軍の戦線に参加させることにあった。リンカーンにとって奴隷解放は、南北戦争に勝つためのやむを得ない措置だった。

本来、リンカーンは奴隷制度を認めていたのだ。

確かに、リンカーンの「奴隷解放宣言」によって、後には奴隷制度の廃止につながった。「奴隷解放宣言」の発表の翌年の一八六三年十一月、ゲティスパークでリンカーンは、「人民の、人民による、人民のための政治」を提唱した。ところがこの言葉の直前には、「神の導きのもと」という言葉が添えられている。

この有名な演説は、イギリス人で教皇庁の堕落を批判し、教皇より異端者として断罪された宗教改革の先駆者ジョン・ウィクリフの「This Bible is for the gaverment of the people, by the people, and for the people.」を引用したものである。つまり、「聖書によって人民を統治する」ということを言っているのである。

ここでいう「人民」には「生存の保障」を肯定する善い人民と、「生存の保障」を否定する悪い人民とがいる。リンカーンの述べた「人民」とは、神に選ばれたキリスト教徒だけであり、非キリスト教徒は含まれていない。即ち、「生存の保障」を否定する悪い人民のことを指していることに気づかねばならない。米国の歴史では、暗殺されたリンカーンを讃美して、ほんとうは「生存の保障」を否定し続ける米国史を隠蔽しようとしているのだ。リンカーンを讃美している新渡戸は、己れにとって都合の悪いことは、聞かず、見ず、述べない偽善者であることを示している。

黒人奴隷に関しては「奴隷解放の父」と呼ばれているリンカーンであったが、米国の先住民であるネイティブ・アメリカンに対しては終始、徹底的排除の方針を続け、大量虐殺を指揮していた。リンカーンが師と仰いだヘンリー・クレイ（ケンタッキー出身の政治家）は一貫した先住民排除論者だった。クレイは、「人類全体からのインディアンの消滅は世界的には大きな損失ではない。私には、彼らが人種として保存されるだけの価値があるとは思えない」と述べている。

米国北部のネイティブ・アメリカンを殺戮した後に、生き残った先住民たちを居留地に強制収容することを、第十六代合衆国大統領になったリンカーンは、一八六〇年十一月に支持した。この年の夏、生き残った先住民たちは狩猟禁止の居留地に強制移住させられていた。また、条約で保障された年金（食糧）の給付を止められて、飢餓状態に陥ったミネソタ州の狩猟民族、ダコタ・スー族は、大統領直轄の先住民管理局に年金の支払いを要求した。これを無視されたために大暴動が起こり、リンカーン大統領は暴動鎮圧を命じ、ダコタ族の暴動は武力鎮圧された。スー族二千名のうち、女子供を含む三百九十二名が軍事裁判にかけられた。

リンカーンは南北戦争前の状態を配慮して、ミネソタ州に二百万ドルの連邦融資を持ちかけ、三十八名の先住民を死刑にすることでミネソタ州と妥協した。そして、十二月、三十八名の先住民の一斉同時絞首刑が執行された。このとき、リンカーンはダコタ族への年金給付を停止した。さらに、ミネソタ州にあるダコタ族の居留地を強制没収し、残っていたダコタ族の皆殺しが行なわれた。

一八六三年、リンカーンは南西部のナバホ族先住民の討伐を命じた。この土地には金鉱があるとみなされていた。ナバホ族に対しては殺人、強姦、放火など徹底的な焦土作戦が行なわれ、トウモロコシ畑や小麦の畑を焼き尽くし、馬、ラバ、羊、ヤギなどを奪い取った。一八六四年、さらにリンカーンは、ナバホ族八千五百名を三百マイル離れた東にあるアパッチ族の強制収容所へ徒歩連行するように命じた。この強制連行の途上では数百名の死者が出た。

リンカーンの有名な演説に出てくる「人民」には、ネイティブ・アメリカンは含まれていなかったのだ。

コロンブスがアメリカに到達したとき、北米大陸には一千万人の先住民が存在した。白人の入植によってネイティブ・アメリカンは殺害されて減り続け、ついには百万人以下になった。また、多くの先住民は白人が持ち込んだ疫病に罹《かか》って死んでいった。

## 「日本人の精神生活」を諸外国に紹介する『武士道』の完成

この後、新渡戸は、眼病を患い、本が読めず、頭痛を引き起こして苦しむという、学生時代に生じた持病の鬱病が再発する。そのため新渡戸は七年間過ごした札幌を去り、静岡・沼津、群馬・伊香保などで療養した。その間、『農業本論』を執筆して、一八九八（明治三十一）年八月に出版している。一年後この功績により、日本で最初の農学博士号を贈られた。

一八九八年三月、新渡戸は札幌農学校教授を辞任し、ベルツの勧めもあって、気候温暖なカリフォルニア南部で療養するために渡米した。

このとき、札幌のスミス学校で働いていた河井道《みち》（伊勢神宮の歴代宮司の家に生まれる）という女性が新渡戸の米国行きに同行した。新渡戸の計らいで東京の津田梅子のところに預けられ、梅子からみっちり英語を仕込まれていた河井はブリンマー大学に留学することになった。

新渡戸と津田梅子は日米間のクエーカー人脈づくりを行なっていく。バンクーバーで下船した河井道はフィラデルフィアへ、新渡戸はカリフォルニアへとそれぞれ陸路で目的地に向かった。それから新渡戸夫妻は、姉（喜佐）の息子で養子にした孝夫と、メリー夫人の友人で新渡戸の秘書兼口述筆記者を務めていたアンナ・ハーツホーン、さらに看護師のミス・リードなどの五名で、カリフォルニア南部の保養地モントレーのホテルに投宿した。

こんな豪華な旅行ができたのも、メリー夫人が大富豪の実家に支えられていたからである。

この地で新渡戸は、自分の考えた「日本人の精神生活」を諸外国に紹介する文章を書き始めた。一八九九（明治三十二）年一月、原題を『*Bushido : the Soul of Japan*』と名づけられた書がフィラデルフィアの出版社から刊行され、翌一九〇〇（明治三十三）年、日本でも英文の原著が出版された。一九〇五（明治三十八）年、日露戦争の勃発後、『武士道』はジョージ・パットナムズ・アンド・サンズという大手の出版社から新しく出版し直された。刊行後しばらくは注目されなかったものの、日露戦争で日本がロシアに勝ったことで日本への関心が急速に高まり、にわかに注目されるようになった。米国へ派遣された金子堅太郎が、セオドア・ルーズヴェルト大統領へのこの本の手渡しを仲介している。こうして『武士道』は数多くの言語に翻訳されるようになった。そして、一九〇五年四月、メリーと一緒に明治天皇に拝謁した新渡戸は、英文の『武士道』を献上している。

以後、世界各国（ポーランド、ドイツ、ノルウェー、スペインその他）でも翻訳出版された。その後、『武士道』は一九〇五年に増訂第十版が発行され、一九〇八（明治四十一）年には、初の日本語訳版（桜井鷗村訳）が出版された。

新渡戸稲造は一九三三（昭和八）年に七十二歳で死亡した。一九三五（昭和十）年には、新渡戸の未亡人の序言が収載された『英文新版』が発行された（研究社刊）。一九三八（昭和十三）年には、矢内原忠雄訳の岩波文庫版『武士道』が刊行された。

戦後になっても、新渡戸稲造の『武士道』は刊行され続けた。一九八九（平成元）年には奈良本辰也・現代語訳『武士道』（三笠書房刊）。一九九八（平成十）年には、須知徳平訳『武士道』（講談社インターナショナル刊）、飯島正久訳『武士道』（築地書館刊）。さらに二〇〇〇（平成十二）年には佐藤全弘訳『武士道』（教文館刊）等々、多数の翻訳版が出版されている。

一八九九（明治三十二）年に米国で出版された新渡戸稲造の『武士道』は、百十年以上も前に書かれた本である。この新渡戸の『武士道』は、文学的にも歴史的にも武士の実態に根ざしておらず、日本の武士とはまったく無関係な話を羅列しているという批判が欧米では当たり前になっている。ところが日本では、相変わらず古典的名著として読まれ続けている。それればかりでなく、「新渡戸神話」として組み込まれている。

そのような現状を見て、かねがね私は義憤を感じてきた。そこで本書では、新渡戸稲造著『武士道』の徹底批判を、本文の流れに沿って行なっていきたい。なお、訳本としては、佐藤全弘訳『武士道』を使用させていただいた。

## ウィリアム・グリフィスはなぜ「緒言」を書いたか

新渡戸稲造は『武士道』の「序文」で、一八八七（明治二十）年の暮れに訪問したベルギーの法学者でリエージュ大学教授であったド・ラヴレーを紹介している。新渡戸はラヴレーから「日本の学校には宗教教育がない」と指摘された。さらに、「(学校教育に)宗教なしとは! 道徳教育はどのように施されているのですか」と質問され、新渡戸はこの問いに即座に返答できなかった。後日、「(ラヴレーの言う)道徳観念とは『武士道』だと気づいた」と記している。

新渡戸は、一神教のキリスト教が支配している欧米人たちと、アニミズムで多神教の文化の中で生きている日本人との違いについての深い理解もなく、「日本人の道徳は『武士道』だ」と歪曲化《わいきょくか》している。ところが、新渡戸の「武士道」は、日本史の中で生まれた本来の「武士道」とはまったく異なったものである。彼の執筆した『武士道』は、日本史にさほど詳しくなく、日本の「武士道」についての知識も乏しい新渡戸がつくった〝造語〟であり、歴史的な裏づけの少ないものであることに気づかねばならない。

新渡戸は日本の歴史、和漢の古典について十分に学ぶ機会のないままキリスト教徒になっていた。新渡戸はそのことを次のように告白している。

> 始《マ》めて《マ》私が東京に来たのは明治四年で、その頃の日本の学問は、ほとんど頽《すた》ってしまった時分である。論語や孟子も、読む者は少なかった。まして我が国語など顧みるものも稀であった。
>
> (『内観外望』「英語及び英文学の価値」一九三三年全集版)

また、新渡戸は青年時代に『徒然草』も知らなかったと回想している。日本の古典、日本の歴史の知識の乏しい新渡戸が日本人の「道徳」を述べていたのだ。そのうえに、新渡戸は「武士道」とキリスト教の一致点を見出そうとしている。一神教のキリスト教と、アニミズムの多神教である日本の文化の間に、一致点を見出そうとするのは所詮無理がある。新渡戸は、この無理を隠して「新渡戸稲造の『武士道』」を捏造《ねつぞう》してきたのだ。

新渡戸稲造の生活歴を見ると、祖父は盛岡藩の勘定奉行をしており、父も勘定奉行や江戸留守居役を務めていた。だが、家禄没収、廃嫡幽門があり、稲造が五歳のときに父は急死している。それ以後、新渡戸の母は苦労して稲造ら七人の子供を育てる。

このような新渡戸の生活歴からしても、江戸末期の武士の世界を十分に理解する状況にはなかったはずだ。にもかかわらず新渡戸は「武士道」を歪曲していったのだ。

新渡戸稲造の英文の原書『武士道』では、ウィリアム・グリフィスが「緒言」を書いている。グリフィス(一八四三~一九二八)は、フィラデルフィアに生まれ、一八六九年、ラトガース大学(ニュージャージ州のニューブランズウィック市に設立される)を卒業し、一八六九年から七〇年の間、ラトガース大学に併設されていたオランダ改革派教会神学校に学んだ。

幕末の時代、フルベッキの紹介で、このラトガース大学系のグラマースクールに留学した者が多数いる。横井小楠《しょうなん》の甥の横井佐平・太平の兄弟や、勝海舟の息子の小鹿《ころく》、岩倉具視の二男の具定《ともさだ》と三男の具経《ともつね》らである。

グリフィスは、ニュージャージ州のラトガース大学に留学してきたこれらの日本人留学生の世話をしていた。彼は一八七〇(明治三)年、フルベッキの依頼でラトガース大学の推薦を受け、来日した。来日後はフルベッキの家に転がり込み、やがて福井藩の明新館に教師として招かれて、化学や物理学などを教えた。

さらにグリフィスは、勝海舟の依頼により、ラトガース大学の同級生だったE・W・クラークを、一八七一（明治四）年十月付で静岡伝習所の物理・化学の教師になるべく来日させている。クラークの雇用契約書には「キリスト教の宣教を禁止する」旨の一条があった。ところが勝海舟と岩倉具視の尽力によって、この条文は削除され、キリスト教禁止の壁の一角を崩し去ることになる。

グリフィスは一八七二（明治五）年、フルベッキが教頭をしている大学南校に転じ、東京開成学校（後の東大）で化学を教えていたが、在職二年半で、一八七四（明治七）年に帰国した。その後、一八七六（明治九）年に、ユニオン神学校（在ニューヨーク市。一八三六年に長老教会の下に設立され、現在はコロンビア大学と提携している）に入学した。また、グリフィスは森有礼《ありのり》が中心になって西洋文明の啓蒙活動を行なっていた「明六社《めいろくしゃ》」の通信員にもなっていた。彼は翌一八七七年、ユニオン神学校を卒業した。

その後、グリフィスはニューヨーク州のアメリカ・オランダ改革派教会の牧師を振り出しに、牧師としての仕事に従事した。また、日本を紹介する著作や講演を行ない、『フルベッキ伝』（一九〇〇（明治三十三）年）や、『ヘボン伝』（一九一三（大正二）年）など、来日した米国人宣教師の伝記を発表している。新渡戸稲造の『武士道』の宣伝マンとして、新渡戸の知人のグリフィスが「緒言」を記すことは、『武士道』の宣伝にとって好都合なことだった。

## 新渡戸の背後にはフリーメイソンの関与があった

このグリフィスに来日する機会を与えたグイド・フルベッキ（一八三〇〜九八）は、アメリカ・オランダ改革派教会の宣教師である。一八五九（安政六）年十一月に来日し、長崎の済美館《せいびかん》の英語教師を務めた。一八六六（慶応二）年に長崎に設けられた佐賀藩の致遠館《ちえんかん》では、大隈重信や副島種臣《そえじまたねおみ》ら多くの俊秀を育成した。また、岩倉具視の二子や勝海舟の長男の小鹿らを、ラトガース大学系のグラマースクールへ留学させることに尽力した。

フルベッキは一八六九（明治二）年、太政大臣三条実美《さねとみ》の依頼により上京し、開成学校の設立を助け、大学南校教頭となっている。明治政府の諮問にも応じ、数々の献策をし、顧問として活躍した。岩倉使節団の米欧派遣の素案もつくった。

一八七一（明治四）年十二月、岩倉使節団総勢百七名が米国に出発した。明治政府が成立して四年しか経っていない時期であり、しかも、岩倉具視や大久保利通、木戸孝允、伊藤博文、田中光顕《みつあき》など、当時の明治政府の中枢が参加した。米国に二百余日、英国に百二十余日を含む六百三十一日、ざっと二年間の日程を割いたのである。

彼ら使節団は何のために米欧を訪れたのだろうか。佐賀藩士で書記官として岩倉使節団に随行した久米邦武の記した記録『特命全権大使米欧回覧実記』には、

「一一日　陰　『マソニック、テンプル』ニ、陸軍ノ舞踏会アリ、招状来ル、只書記官ノミ之《これ》ニ赴《おもむ》

ク。」

と記されている。岩倉ら一行はワシントンDCのフリーメイソンの本部である「グランド・ロッジ」に行っていたのだ。

フルベッキは、岩倉ら明治政府の権力を握っている連中をフリーメイソンに紹介していた。宣教師として日本をキリスト教国にしようと来日したフルベッキと、フルベッキの誘いで来日したグリフィスらは、日本の支配階級をキリスト教徒にし、フリーメイソンにすることを使命にしていたのだ。

このように、フルベッキにつながるグリフィスという人物に『武士道』の「緒言」を書かせていることは、新渡戸の背後にフリーメイソンの存在があった証左にほかならない。フルベッキやグリフィスらが自在に活動できた背後には、国際金融マフィアの頭目であるユダヤ・ロスチャイルド閥の支持があった。幕末に討幕運動を実行した連中は、そのような勢力の支持のもとに「ヤソ秘密結社」を組織していたことにも気づかねばならない。

## 東洋と西洋の「和解と合一」を図る『武士道』

さて、グリフィスは、「緒言」の中ほどで、

「〈武士道〉は、それ自身の説明者が〈主〉と告白し、礼拝する〈お方〉が宣言された『より高い法則』に従ったのである。――『一粒の麦は死ななければ唯一粒のままである。しかしもし死ね

ば、多くの実を結ぶであろう。』」

と記している。グリフィスは、『武士道』の著者はキリスト教徒である、ということを宣言していた。新渡戸が欧米帝国主義の尖兵として、日本をキリスト教国にする要員であることを周知していた「欧米帝国主義者」たちは、新渡戸の活動を支持することになるのだ。そして「ヨハネ福音書」（十二節二十四）に記されているイエスの「一粒の麦」の言葉を実践することを期待したのだ。新渡戸は、クエーカー教徒として多くの同志をつくり、彼らの活動によって大日本帝国を壊滅させることに成功した。グリフィスが『武士道』の「緒言」を書いた一九〇五（明治三十八）年に、すでに一九四五（昭和二十）年の大日本帝国の壊滅が予言されていたことになる。

グリフィスは、さらに、

「〈武士道〉についてのこの小著はアングロサクソン国民にとって重要なメッセージ以上である。それは今世紀の最も重大な問題――東洋と西洋の和解と合一――の解釈に対する、すぐれた寄与である。」

と記している。新渡戸は、「武士道」の中にキリスト教文明と同一のものがあると主張している。アニミズムの伝統のある日本と、一神教のキリスト教とは根本的に別世界の文明である。新渡戸はこの点についてまったく理解していない。

グリフィスはラトガース大学に学びに来た日本人留学生を知り、それを契機に日本に来て四年間、化学を教えたとしても、アニミズムが支配する日本人の精神構造を理解していない。そこで新渡戸の『武士道』に騙され、「武士道は東洋と西洋の和解の合一の解決に寄与する」などと主張する。キリスト教徒であるグリフィスは、キリスト教文明によって、東洋と西洋が合一することを望んだのだ。即ち、東洋が欧米帝国主義の支配下に入ることを望んだのだ。

さらに続けて、グリフィスは、

「到来しつつあるより良き世界では文明はただ一つであろう。」

と記している。キリスト教徒であるグリフィスは、キリスト教文明のみが世界を支配する日が来ることを待望している。その点で新渡戸稲造の書いた『武士道』は役に立つと考えられた。東洋の一国である日本を、キリスト教国である欧米帝国主義の支配下に置くための活動を、新渡戸は期待されていたのだ。

そして、グリフィスは「緒言」の末尾で、

「日本においてさえ、キリスト教は、その外来の型や包装を解かれて、異国のものでなくなり、〈武士道〉が成長した土壌に、深々と根を下ろすであろう。」

と記している。グリフィスは、日本という国にキリスト教が深々と根を下ろすことを宣言している。こうして新渡戸稲造はキリスト教徒の支持のもとに日本で活躍することになったのだ。

# 第一章　倫理体系としての武士道

## 「武士道」はほんとうに「日本固有の花」か

新渡戸稲造の『武士道』の「第一章」ではまず、「倫理体系としての武士道」が問題提起される。「倫理」とはそもそも何だろうか。

人類は、人類史的願望である「生存の保障」を求めて今日に至った。人間にとっては「生存」、即ち生きていることが何よりも優先する。この自明の事柄を表わす言葉が「生存の保障」である。そして、「生存の保障」を肯定することを「善」、「生存の保障」を否定することを「悪」という基準を立てているのが「倫理体系」である。

ところが、封建社会にあって国家を私物化している君主の使用人である「武士」は、君主の命で「生存の保障」を否定する、いわば「悪い不法な犯罪行為」を行なうことを強制されてきた。

新渡戸は、この武士のイデオロギーである「武士道」が「倫理体系」であると主張している。新渡戸の唱える「倫理体系」とは、むしろ「生存の保障」を否定する悪い不法な犯罪を讃美することであったのだ。

新渡戸はまず、章の冒頭で、

「〈武士道〉は日本の国花である桜におとらず、日本の土に固有の花である。（中略）武士道は、今なお、私たちのあいだにあっては、力と美を備えた生きたものである。そして武士道は、たとえ具体的な形体を全くとらないとしても、なお道徳的雰囲気に香りを与え、私たちがその力づよい魅力のもとに今なおあることを悟らせる。武士道を生み育てた社会条件はすでに消えてて久しい。しかし、昔はあったが今はもう存在しない遥かな星々が、今なお私たちにその光を投げつづけているのと同様に、封建制の子である武士道は、その母なる制度より生きのびて、今なお私たちの道徳の歩む道を照らしている。」

と記している。新渡戸は、封建社会の君主の使用人である武士のイデオロギーになる「武士道」を「日本固有の花であり、道徳の歩む道である」と主張している。国家を私物化し、「生存の保障」を否定する君主の使用人として「生存の保障」の否定を実行させられてきた武士のイデオロギーである「武士道」を、日本固有の花であると歪曲化している。

日本人は封建社会で「生存の保障」が否定された状態に長い間、耐えて生きてきた。富裕な米国女性を妻にし、金銭の心配がなくなった新渡戸は、日本人が長く「生存の保障」が否定された状態に耐えて生きてきたことに関心をもたず、一般に人殺しを職業にする武士のイデオロギーである「武士道」を捏造し、讃美する読み物をつくったのだ。

続けて、新渡戸は、

「アイルランドの歴史家であるジョージ・ミラーは、騎士道とそれに似た制度は現代東洋人の間に存在しなかったと躊躇なく断言している。」

と記している。新渡戸はこのミラーという歴史家の極東に関する知識が欠けていることに憤慨している。この歴史家の著作の第三版は、ペリーが日本に来航した同じ年に書かれたと述べ、続けて、

「十年以上のちになって、わが封建制が断末魔の苦しみを味わっていたころ、カール・マルクスはその『資本論』を書いていたが、生きた形では当時日本でしか見られなかった封建制の社会的・政治的諸制度を研究すれば、特別の利益が得られると読者に注意を促したのだった。」

と記している。ここで、新渡戸はマルクスの『資本論』を知っていると自慢している。このマルクスについて、新渡戸は別の書で、

「マルクスの話を私が初めて聞いたのは、ジョンズ・ホプキンズ大学のイーリー先生からであった。その頃、イーリーという人はアメリカの社会問題、ことに社会思想、社会主義の最高のオーソリティーであつた。そこで、私のいた大学ではイーリー先生の講義が毎日あって、その題は社会主義論というのであった」(「内観外望」全集六巻二二五ページ、教文社)

と、新渡戸は単に、大学で耳にした、いわば聞きかじりの知識を羅列している。

新渡戸は、二十世紀の全世界の大悲願である「生存の保障」の否定を徹底的に行なった共産主義運動のイデオロギストたるマルクスの名前を挙げている。だが、ロスチャイルド閥の使用人であったマルクスを〝知っている〟という博識ぶりを誇示しているに過ぎない。マルクス・レーニン主義を基準にしたソ連共産党を乗っ取ったのがスターリンである。スターリンは、殺さなくてもよい一億人の命を奪い取り、人類史上最悪の「生存の保障」の否定を行なった。このマルクス・レーニン

主義こそ、キリスト教に見られる「一神教」の亜流だったのだ。

そしてマルクス・レーニン主義は、「宗教はアヘンである」と、信教を否定した。「世界は労働者の祖国」であるとして、全世界の労働者を騙して、皇帝、工場主、富農などを皆殺しにしていった。ロシアの財産を奪ったソ連共産党は、聖書の教えである「騙して、皆殺しにして、財産を奪え」を実行したのだ。ユダヤ教・キリスト教からマルクス主義が生まれたことに留意しなければならない。マルクスは「宗教はアヘンである」と主張した。そこで共産主義は「無神論」を強制することになった。ロシアの共産主義革命は聖書の教えを忠実に実行したのだ。

『旧約聖書』の「創世記」(三十四章)には、割礼《かつれい》を受けさせておいて皆殺しにし、町中を略奪するユダヤ民族の強烈な「選民意識」が記述されている。また、「ヨシュア記」にも「民族抹殺物語」が記されている。人殺し、皆殺しの歴史を続けている『旧約聖書』を教典にしているユダヤ教、そしてユダヤ教を受けて成立したキリスト教は、「騙して、皆殺しにして、財産を奪え」、そして、「その奪った財産の一割を教会に喜捨《きしゃ》せよ」と教える人殺しの宗教、戦争の宗教である。人類の歴史はユダヤ教徒とキリスト教徒によってもたらされた流血の歴史であり、それは現在も続いているということを明白に知っておかねばならない。

## 「武士道の道徳」と「キリスト教の倫理」を同一視する大欺瞞

次に、新渡戸は、

「ブシドウとは、字義どおりには、〈武〉―〈騎士〉―〈道〉――すなわち武士がその職業において、またその日常生活において守るべき道を意味する。一言でいえば『武士の掟』、武人階級の身分に伴う義務のことである。」

と記している。ここでいう「身分に伴う義務」（ノブレス・オブリージュ）とは、地位・身分が高くなるほど義務・責任が増すことを意味する。新渡戸はこの「ノブレス・オブリージュ」（高貴な人は、戦争、困難に際して先頭に立って進む義務を求められる）を日本に紹介したかったのだ。

だが、こんな話は日本の歴史ではほとんど見られない。太平洋戦争では、高級将校はいつも安全な後方におり、最前線に放り出されるのは常に下級兵士だった。敗戦の直前、満州、朝鮮で指揮していた日本の上級将校は、飛行機で本土に逃げ帰った。後に残されたのは下級兵士ばかりだった。最大最高の戦争責任者であった昭和天皇は、戦後は一転して平和主義者であるとされ、東條英機にすべての責任を押しつけた。現在も、日本の高級官僚は自己保身を行動規範にしており、犠牲は一般国民に押しつける行政を行なっている。残念なことに新渡戸が「武士道」に求めた「ノブレス・オブリージュ」の例は、日本の歴史にはきわめて少ない。

続けて、

「〈武士道〉は、武士が守るよう求められ、また教えられた道徳法則の掟である。」

と記している。国家を私物化している君主の使用人である武士は、君主の命に従って悪い不法な犯罪行為を強制されている。そんな「武士道」を、武士の守る「道徳法則の掟《おきて》」であるという。即ち、新渡戸の道徳法則は「生存の保障」を否定する悪い不法な犯罪を実行することにあるのだ。

さらに続けて、新渡戸は、

「それは、数十年、数百年におよぶ武人の生涯の有機的成長であった。おそらく武士道は、〈イギリス憲法〉が政治史上にもつのと同じ地位を、倫理の歴史において占めるものである。」

と記している。新渡戸は、世界中を侵略し、植民地をつくってきた英国の「憲法」と、人殺しの道を教える「武士道」は、同じ地位を倫理の歴史において占めていると主張している。あくまでも日本はヨーロッパと同じ歴史を有していると強弁したいのだ。欧米帝国主義に対するコンプレックスの裏返しを主張しているのだ。

新渡戸は、キリスト教を「最も穏やかで、最も平和を愛する宗教」と考えていた。「騙して、皆殺しにして、財産を奪え」と教えるキリスト教は、人殺しの宗教、戦争の宗教であり、キリスト教徒によって人類は流血の歴史を続けてきたことを完全に無視している。

「地上に平和をもたらすために、わたしがきたと思うな。平和ではなく、つるぎを持ち込むためにきたのである。」（「マタイによる福音書」十章三十四）

新渡戸は、聖書の文章をよく引用する。にもかかわらず聖書に前述の好戦的な文章があることを無視している。新渡戸は、都合の悪いことは無視したがるのだ。

一神教であるキリスト教徒は不寛容にも、非キリスト教徒を否定する。一〇九六年にイスラム教徒を殺すために十字軍が組織された。この十字軍の戦いは現在も続いている。一四九二年、コロンブスが西インド諸島に到達して以来、スペイン軍とポルトガル軍は南北両アメリカ大陸に侵入し、原住民すべてを殺すことにした。当時のヴァチカンは「非キリスト教徒はすべて殺してよい」とお墨付きを与えていた。

新大陸アメリカで労働力が不足すると、アフリカ大陸から黒人を奴隷として米国に送り込んだ。非キリスト教の黒人を奴隷として取り扱った。デイヴィッド・エルティスの貴重な史料『環大西洋奴隷貿易歴史地図』（邦訳書は東洋書林刊）によれば、一五〇一年から一八六七年までの間に、アフリカ大陸から米国に一千二百五十七万人の黒人が奴隷として送られたという。これがキリスト教徒の行状の残酷史のほんの一部である。

米国は日本の広島と長崎に原爆を投下した。これも非キリスト教国の日本人ゆえ、平気で殺戮したのだ。キリスト教では、神と人間の関係は「奴隷主と奴隷」、「壺づくりと壺」の関係にある。人間はただ神の意志のままに行動すべしとされ、「生存の保障」は神が支配していることになる。原爆を投下し、瞬時にして十数万の日本人を殺すのも神の命令であつたとみなす。

だからキリスト教徒は人殺しを平気で実行できるのだ。キリスト教は、人殺しの宗教、戦争の宗教であることを明白に知っておかねばならない。多神教の文化の伝統の中で生きている日本人は、一神教であるキリスト教の不寛容の恐ろしさを理解しなければならない。新渡戸は一神教のキリスト教の恐ろしさに目をつぶっている。「キリスト教を平和の宗教」と述べる新渡戸は、歴史的事実を無視した偽善者だったのだ。

## クエーカー派の「非戦・非暴力主義」に反して戦争を肯定

『武士道』の本文に戻ろう。先の「イギリス憲法」についての記述の後で、新渡戸は「武士道」と英国の「大憲章」との相似性をしばらく続けている。そして数ページ先で新渡戸は、

「〈クエーカー〉で正しく表明しているように、戦闘そのものは、攻撃でも防御でも、野獣的で悪いものだとしても、私たちはなおレッシングとともに言うことができるのである――『どのような欠点短所からであれ、そこからわれわれの美徳が出てくることを、われわれは知っている』と。」

と記している。

クエーカー教は一般には絶対的平和主義、非戦非暴力主義であるといわれている。ところが、クエーカー教徒の新渡戸は、クエーカーが、戦闘・人殺しから「美徳」が出てくる、即ち、クエーカーの「美徳」とは、「生存の保障」を否定することだと主張しているのだ。つまり、新渡戸はクエーカー教徒の主張と相反することを主張している。このような「美徳」の内容について具体的に知らねばならない。「生存の保障」の確立のための実践こそ「美徳」と呼ぶことができる。しかし、「生存の保障」を否定する行為を「美徳」と呼ぶ場合がある。トルーマンは広島、長崎に原爆を投下して、十数万の非戦闘員を瞬時に殺す命令を出した。米国人はこのトルーマンの行動を「美徳」とみなしている。このような「美徳」は否定されねばならない。

新渡戸は、ドイツの劇作家、芸術批評家、啓蒙思想家であるレッシング（一七二九～八一）の言葉を引用している。レッシングはキリスト教に「寛容の精神」と「良心の自由」を確立するために努

力した。レッシングの宗教思想はルター派牧師グーツェの攻撃を受け、官憲の迫害を被ったが、それでも強く自己主張を続けた。新渡戸は、レッシングの文章の後に「原注」を追加している。第一章の末尾で突然、ラスキンの名前を出し、長文の「補注」を追加している。

「補注　ラスキンは最も心おだやかで平和を愛する人の一人であった。しかし奮闘努力の生活を崇拝する者として、戦争の価値を信じていた。『野のオリーヴの王冠』という本の中でラスキンは言う――「戦争はすべての技術の基礎であるというとき、それはまた人間のすべての高い美徳と能力の基礎であるという意味でもある。このことを見いだしたことは、私にとっては奇妙でかつ非常におそろしいのだが、しかし、このことを全く否定できない事実であることを私は見たのである。……要するに、すべての大国民は、その言の真実と思想の力とを戦争において学んだこと、また、その事実と力とは戦争によって培《つちか》われ、平和によって浪費されたこと、戦争によって鍛えられ平和によって裏切られたこと、戦争の中で生れ平和の中に息を引き取ったことを、私は見いだしたのである。」

ここに登場するラスキンという人物の生きていた時代は、まさにイギリス帝国が世界中で略奪の限りを尽くし、植民地をつくっていた時代である。そのような時代的背景で、「戦争はすべての技術の基礎」、「平和になると国が滅亡してしまう」というラスキンの思想を捉えなければならない。にもかかわらず、表向きは絶対的平和主義、非戦非暴力主義を主張するクエーカー教徒の新渡戸が、この思想を支持しているのである。彼は、日本もイギリス帝国にみならって戦争を仕掛けて、植民地をつくれと言っているのだ。

絶対的平和主義、非戦非暴力主義を主張するクエーカー教徒はこのような新渡戸の文章を見て、情けなく思わなかったのか。盲目的で無批判な多くの新渡戸の門下生たちは、師匠の矛盾した文章を無視している。無視しなければ門下生になれないからだ。

ジョン・ラスキン（一八一九〜一九〇〇）は、裕福な葡萄酒商人の子としてロンドンで生まれ育った。オックスフォード大学のクライストチャーチ校で教育を受け、詩作を行ない、画家のターナーとの交流により、その芸術を擁護するエッセイを執筆した。オックスフォード大学では美術の教授を務めた。美術だけでなく、大英帝国、圧政に虐げられた英国民についても学生に教えた。

ラスキンは、社会を「支配階級」「軍人階級」「労働者階級」の三層に分割した。このような階級を固定化させること、そして英国支配階級は世界的な使命を帯びていると学生たちに教えた。このラスキンが教えた学生の中にセシル・ローズがいた。

## 「世界支配の構造」を知らずに「武士道」を捏造した新渡戸

セシル・ローズ（一八五三〜一九〇二）は、地主出身の牧師の子として英国に生まれた。病弱を心配した父は気候のよい南アフリカに行っている兄のもとにローズを送る。健康を取り戻したローズは、キンバリーという鉱山（現在の南アフリカ共和国北ケープ州にある）でダイヤモンドを採掘した。掘り当てた資金でダイヤモンドの採掘権への投機を行なったり、採掘場への揚水ポンプの貸し出しなどで巨利を得た。

ローズは大学進学のために四年間英国に滞在した。このとき、ラスキンの講義を聞いている。そして、この間も鉱山都市のキンバレーと連絡を取り合い、ダイヤモンド鉱区を買収し、南アフリカに渡ってわずか十年でキンバリー最大のダイヤモンド鉱山所有者になった。

一八八五年、ローズは、ロスチャイルド閥より融資を受けた（金融王ネイサンの三男、ロンドン・ロスチャイルド家のナサニエルはデビアス社の株式五千七百五十四株を購入し、筆頭株主になった）。そして、ローズはデ・ビアス・マイニング社を設立し、ロスチャイルドの資金を後ろ盾に鉱山を次々と買収していく。一八八九年、デビアス社が百七十五万ポンドの社債を発行した際に、ロスチャイルド・ロンドン銀行はその一七・八％を購入した。一八九四年にロスチャイルド・ロンドン銀行はデビアス社のために、さらに三千五百万ポンドの社債を購入した。

こうしてロスチャイルド閥の支援を得たデビアス社はさらなる成長を見せる。ローズは全キンバリーのダイヤモンド鉱山をその支配下に置き、全世界のダイヤモンド産額の九割を独占した。さらにローズは、トランスヴァール共和国（現在の南アフリカ共和国北部）の産金業にも進出し、世界最大の産金王にのし上がるとともに、南アフリカの鉄道・電信・新聞業などを支配するようになった。その後、ローズは一八九〇年にグープ植民地の首相になる。

本国の英国では、ヴィクトリア女王と宰相ディズレーリが大英帝国の領土拡大政策を推進していた。ローズは首相として数々の政策を行なったが、それらはすべて、大英帝国（ロスチャイルド財閥）のもとに南アフリカに広大な統一された植民地、南アフリカ連邦を建設することを意図して行なわれたものだった。

ローズはまた、ケープとカイロ間を電信と鉄道で結ぶ計画を推進した。彼はまさに南アフリカの政治・経済の実権を一手に握り、その威風は帝王を思わせ、「アフリカのナポレオン」と呼ばれたのである。ローズは「神は世界地図が、より多くイギリス領に塗られることを望んでおられる。できることなら私は、夜空に浮かぶ星さえも併合したい」とまで豪語している。

得意の絶頂にあったローズは勢いに乗じて、トランスヴァール共和国を一気に征服、併合する計画を立てた。トランスヴァール内の英国人に密かに武器弾薬を送り込み、反乱を起こさせ、その救援を口実に南アフリカ会社軍を派遣し、一挙に併合しようとした。ところがボーア人は反撃し、会社軍を包囲し、全軍を捕虜にした。この事件でローズは広く世界中の世論の非難を浴び、英国政府もローズを助けず、ローズは一八九六年、首相と南アフリカ会社を辞めた。

ところが英国は、ボーア人に対して本格的な戦争であるボーア戦争（一八九九〜一九〇二年）を開始した。この間、ローズは健康が悪化し、いったんヨーロッパに帰り、再び、ケープタウンに戻った。戦争終結の二カ月前に、ムイゼンバーグで四十九歳の若さで死亡した。

生涯独身を通したローズは、六百万ポンドに及ぶ莫大な遺産の大半をオックスフォード大学に寄贈した。大学はその遺産で「ローズ奨励基金」をつくり、現在も毎年多くの学生に奨学金を提供し続けている。ローズは、熱心な帝国主義者で人権差別主義者であり、「アングロサクソンこそ最も優れた人種であり、アングロサクソンが地球全体を支配する」と信じて疑わなかった。

また、ローズは死ぬまでフリーメイソンであった。

なお、ローズ奨学金を受け取った連中のなかに、J・W・フルブライト上院外交委員長、ディーン・ラスク国務長官、W・ロストウ国家安全保障担当大統領特別補佐官などがいる。戦後には、ビル・クリントン大統領など、欧米帝国主義の推進者が名を連ねている。

なお、ローズの設立したデビアス社は「ダイヤモンドは永遠の愛の象徴」として、婚約・結婚指輪の理想であると宣伝した。日本ではこの宣伝文句に乗せられて、一九六〇年代以降の高度経済成長とともにダイヤモンドの販売数量が増加した。日本人はいいカモであったのだ。

また、ローズは自身の夢の実現のために一八九一年に「秘密結社」をつくった。ビル・クリントン元大統領の大学時代の指導教授《メンター》だったキャロル・キグリーは、一九四九年の著書『アングロアメリカの権勢集団』で、ローズの秘密結社は、「宣伝を通じて世界統治を実現し、二十世紀の世界史に重大な影響を与えているが、ほとんど人に知られていない秘密結社である」と言及している。

ちなみに、ローズの秘密結社は、三つの同心円により成り立つ。中心の円がローズ本人が主導する秘密結社であり、メンバーたちは莫大な私財を持ち、大英帝国の永続を共通の理念とする。二つ目の円はソールズベリー師を中心とする政治家グループ「セシル・ブロック」である。三つ目の円は、『歴史の研究』の著者アーノルド・J・トインビーの叔父であるアーノルド・トインビーと金融家ミルナー卿を中心とした知識人からなる「トインビー・グループ」である。

「セシル・ブロック」は大英帝国の教育と宣伝を担い、半世紀以上も「タイムズ」紙を支配し、奨学金制度を利用して、イートン校やオール・ソウルズ・カレッジに大きな影響を与え続けた。

これら三つのグループのうち、「トインビー・グループ」がイデオロギーを支え、「セシル・ブロック」が政治的影響力を発揮し、「ミルナー・グループ」が資金を提供する。相互に補完し合い、大英帝国、さらには世界の運命に影響を与える「三位一体」の秘密結社になっていた。

なお、ローズがつくった秘密結社から派生した「円卓会議（ラウンド・テーブル）」、また米国では「外交問題評議会（ＣＦＲ）」などがそれぞれ設立されていった。これらの秘密結社を支配していたのはユダヤ・ロスチャイルド閥である。

ローズは、ラスキンの望みどおり、英国支配階級の中から英国帝国主義の要員をつくっていた。新渡戸は、ラスキンがロスチャイルド閥の要員づくりに協力していたことなどを知らない。彼は、「世界支配の構造」を知らずに「武士道」を捏造していたのだ。


セシル・ローズについての記述が長くなった。再び『武士道』の本文に戻る。

新渡戸は、この章の中で、

**「軍事的体制だけが働き、より高い道徳的支持がなかったとすれば、武士の理想は、武士道にどんなに及ばなかったことであろう！」**

と記している。ここで、新渡戸は抽象的で無規定な「軍事的体制」という言葉を使用している。「生存の保障」を確立させるための「軍事的体制」は肯定されなければならない。しかし、「生存の保障」を否定する「軍事的体制」など否定しなければならない。

また、新渡戸は、「より高い道徳的支持」という言葉も使用している。この場合の「道徳」の内容についても「生存の保障」を肯定し確立する「道徳」なのか、それを否定する「道徳」なのかを考察しなければならない。「生存の保障」を肯定する「軍事的体制」が確立し、「生存の保障」を肯定する道徳を貫徹することが人類史上の普遍的願望である。ところが一神教のキリスト教徒は、神の命令だとみなして、非キリスト教徒の「生存の保障」を否定し続けてきたのだ。

そして新渡戸は、この章の最後で、

「ヨーロッパではキリスト教徒が、騎士道に好都合な譲歩をこめて解釈されたにもかかわらず、騎士道に霊的な素材を注入した。『宗教と戦争と栄誉とは、完全なキリスト教騎士の三つの魂である』とラマルティーヌは言う。」

と記している。「キリスト教騎士」の三つの魂は、「宗教と戦争と栄誉」であると主張したフランスの詩人（ラマルティーヌ）の言葉を新渡戸は引用している。つまり、「キリスト教が、キリスト教以外の宗教の信者を殺戮する戦争を栄誉とみなしている」ことを、新渡戸は肯定しているのだ。

## ―第二章― 武士道の源流

### 「仏教」と「キリスト教」の教えを強引に同一化

新渡戸稲造は、この「第二章」で、「武士道」の源流に「仏教」「神道」「孔子」「孟子」「王陽明」などの思想が流れていることを挙げている。

まず、新渡戸は章の冒頭で、

**「仏教は〈運命〉の信受、避けられないものへの静かな服従、危険や災害に直面してのあのストア的な心の平静、あの生の軽蔑と死との親しみの心を与えた。」**

と記している。新渡戸は、仏教は「危険や災害に直面しても平静さを保ち、生きることを軽蔑し、死ぬことに親しみを認めている」と述べている。

人類は人類史的願望として「生存の保障」を求めて「神」という言葉をつくり、その形式として宗教的な組織をつくった。ところが人類は、「神」が存在するという妄想に支配され、その組織に騙されることが続いた。宗教を捏造した団体は、宗教を利用して集金すること、そして経典を押しつけ、信者をマインドコントロールすることによってますます集金に勤《いそ》しんでいった。

宗教屋は「生存の保障」を求める人たちに対して、「生存の保障」の否定を実行する悪い不法な犯罪者である。仏教も、「生存の保障」を求めた人類史的願望の上に成立した教えだった。自然災害や病気によって死にたくない、もっと生きたい、という人間の欲望によって宗教がつくられたのである。そのことに無知な新渡戸は冒頭の文章で、「仏教は自然災害に直面して死んでもいいということを主張した」という、とんでもないことを述べている。

新渡戸は、「武士道が死ぬことを恐れないのは仏教からきている」と主張しているのだ。

紀元前五世紀頃、インドに出現した釈迦によって説かれた教えである仏教は、釈迦入滅後、時代や地域の事情に応じてさまざまに変転していった。しかし、釈迦は人生の無常と無我を強調し、これらの徹見を通じて、苦悩の滅した安住の境地（涅槃《ねはん》）が訪れると説き、「空《くう》」を悟ることが本当の悟りであると説いた。

即ち、仏教の究極目標は、「煩悩《ぼんのう》を去り、悟りを開き、涅槃に赴《おもむ》くこと」である。ところがこれだけでは「生存の保障」を肯定する道は成立しない。そこで仏教寺院を多数建立《こんりゅう》し、石窟をつくり、仏画を描き、仏像をつくった。そして民衆は「生存の保障」を求めたのだが、それが否定される状態が続いてきたのだ。

世界の仏教徒の僧侶は妻帯していない。だからこそ僧侶は人々に尊敬される存在たりうる。ところが仏教の数々の規範を全廃した親鸞《しんらん》が妻帯して以降、日本の僧侶で妻帯肉食する者が現われる。一八七二（明治五）年には「僧侶の肉食・妻帯・蓄髪は勝手あるべきこと」とする太政官布告が出され、それ以降、日本の僧侶集団は肉食妻帯するようになった。この太政官布告は、禁欲的に独身を貫く僧侶が、人々の尊敬を過剰に集めないようにするための施策であった。

肉食妻帯している日本の僧侶集団は、厳密に言えば釈迦の教えに違反している偽の仏教徒集団である。戦前、大日本帝国が朝鮮を併合すると、日本の仏教会は争うようにして朝鮮に寺院を建てた。そのとき、妻帯している日本の僧侶を見た朝鮮の人たちは彼らを心の底から軽蔑したという。朝鮮の僧侶は、決して妻帯などしていなかったからだ。

聖武天皇は、七三八（天平十）年に、国分寺・国分尼寺の造営の詔《みことのり》を、七四三（天平十五）年に盧《る》舎《しゃ》那《な》大仏造営の詔をそれぞれ発布した。金光明《こんこうみょう》護国の寺（僧寺）である国分寺と、法華滅罪の寺である国分尼寺とを天下諸国に建立して、「金光明経」を講宣読誦させた。このことによって、国家に降りかかる災害を消除しようとしたのだ。さらに、大仏建立によって国家万民の上に利益を与え、ともに菩提を得ようと願った。

ところが多数の寺の建設で国民生活の疲弊が増大した。奈良では大仏造営のために、大仏の鍍金《ときん》（金メッキ）で使用された水銀による河川の汚染が起こった。そのために水銀中毒者が多発した。奈良時代版の「水俣病」の発生である。これが、奈良の都（平城京）を建設後、たったの八十年で都が放棄される原因となった。

このように、全人類の宿願ともいえる「生存の保障」は瞑想によっては生まれはしない。瞑想することを宗教の形式にする「坐禅」に「生存の保障」を求める虚《むな》しい運動が生じた。ところが新渡戸は、

「観想の目的は、（中略）一切の現象の底にある一つの原理、そしてできることなら〈絶対〉その

ものを確信し、そのようにして自己をこの〈絶対〉と調和させることである。」
と記している。ここでいう「絶対」とは何か。新渡戸は「絶対」の内容についてはまるで述べていない。彼は、
「だれでも〈絶対〉の意知に達するものは、自らこの世の事物を超越して『新しい〈天〉と新しい〈地〉に』覚醒するのである。」
と記している。仏教は死ぬことに親しみを持つことであり、観想することは絶対を確信することである。そこで、『新約聖書』「ヨハネ黙示録」(二十一節一)の「わたしはまた、新しい天と新しい地を見た」という言葉と結び付けている。新渡戸はここでも、仏教とキリスト教を同一に取り扱うという無理な論理をこじつけている。

日本人は「五穀豊穣」「無病息災」「家内安全」「商売繁盛」等々、現世利益を求めて神社仏閣に詣る。そのために八百万《やおよろず》の神をつくってきた。いくら「神」をつくっても「生存の保障」が達せられないので、八百万の神をつくったのだ。日本の仏教もこの現世利益を求める人々に応えようとして、祈祷、護摩焚き、礼拝などを行ない、奇跡の出現を述べてきた。そして、お布施を募る。

ところがキリスト教には「現世利益」を求めて教会に詣るという風習はない。キリスト教では、「幸福、不幸は神の決めること」であり、「人は神の命令に従うのみ」と教える。

仏教の論理は「原因が結果を招き、結果は原因に拠る」という考え方である。これを「因果律」という。キリスト教の論理は「原因に関係なく、結果はすでに決められている」という「予定説」である。また、キリスト教は聖書という「啓典」を有する。仏教には啓典がない。だから仏教とキ

リスト教を同一に取り扱うことはできない。ところが新渡戸は仏教とキリスト教を同一に取り扱っている。彼は、あくまでも日本はヨーロッパと同じ文明国であると主張しているのだ。仏教とキリスト教を同一に取り扱う新渡戸は、仏教の教理についての無知さ、そして同時にキリスト教についての無理解も暴露している。

## 武士道の源流に日本の「神道」を見ようとした新渡戸

次に、新渡戸は、

「(神道の教理は) 君主にたいする忠、祖先の記憶への崇敬、親にたいする孝にある。」

と記している。主君に尽くす忠義と、親によく従う孝は、儒教の重要な徳目であり、神道の教理などではない。

さらに、新渡戸は、

「神道の教理には、『原罪』の教義を容れる場はない。」

と記している。

『旧約聖書』の「創世記」(第三章)に「原罪」という言葉が記されている。「神はエデンの園にある善悪を知る木の実を採って食べてはならない。それを食べると死ぬ」という。ところが、蛇にそそのかされて妻のエバは木の実を採って食べ、夫のアダムも食べる。そこで神に逆らった罪として、女は苦しんで子を産み、夫を慕い、男は一生苦しんで労働に励み、死ぬ運命になり、エデンの園から追放される。この「原罪」の結果、人間は罪を死ぬまで堪え忍ばねばならなくなった。しかし、恩（悔い改める）、あるいは受洗により原罪は赦《ゆる》され、新たに神の子になると教える。

このように、キリスト教は人を脅迫してキリスト教徒になることを強要している。これはキリスト教のみの思考ではなく、新興宗教が信者を入信させるのに常用する手口でもある。

人類史の普遍的願望である「生存の保障」の確立が極めて低い状態にあったとき、人々は神という言葉をつくり、「生存の保障」を求め、そこに宗教が生まれたのだ。

ところが、ローマ帝国という恐ろしい奴隷時代にあって、新興宗教だったキリスト教は、「生存の保障」など否定された状態にある人たちに向かって、「神の言うことを聞かないからその罪を背負っていかねばならないのだ」と脅迫して入信させ、信者を増やしていくことにした。「生存の保障」を求める人たちを脅迫し、「生存の保障」の道を否定することを実行し、集金してきたのがキリスト教の歴史であったことを知らねばならない。新渡戸にとっては、キリスト教は出世のための道具だった。この動機を隠し、美化するために新渡戸の『武士道』は捏造されたのだ。

さらに新渡戸は、「神道には『原罪』の教義がない」と説いている。山、森、河、滝、草木、動物など、森羅万象に神が宿るとみなし、「八百万の神」を崇《あが》めるアニミズム的融通無碍《ゆうずうむげ》な多神教――その一部である日本の神道には、「原罪」のような脅迫の思考はない。

新渡戸が「キリスト教には『原罪』の教義はあるが、神道にはない」と述べたのは、「アニミズムの神道は、キリスト教よりも非文明的である」と言いたかったのだ。新渡戸は、脅迫的な新興宗教の忠実な手先になっていたのだ。

続けて、新渡戸は、
「神道は人間の魂の生来の善と神のような純粋とを信じ、それを、神託が宣せられる奥殿としてあがめる。」
と記している。

孟子は王道思想の中で「性善説」を唱えた。しかし、神道は明白な「性善説」など説いていない。人間は本来、善であるのか悪であるのかという観点で「性善説」と「性悪説」とがある。神の存在を否定した「無神論」の立場をとる近代啓蒙思想、特に「経験論」と「唯物論」は、目前の与えられた「悟性国家」(ヘーゲルの考えた国家理念で「市民社会」を指す。「理性国家」を構想するための「絶対的な通過点」とされる)を真理であるとみなす。そうした立場から「性善説」を主張している。

近代市民社会で国家の私物化に固執する連中は、人間は「性善」であると主張する。「性善説」の立場から自分の行なうことはすべて善であるとみなし、植民地の略奪と戦争を実行し、貨幣経済を発展させてきた。金を貸し付け、利息を取り、強欲な金儲けに明け暮れ、「生存の保障」の否定行為を続けてきた。

「性善説」の立場に立ち、自分の行なうことはすべて善であるとみなし、騙しまくり、搾取しまくり、無差別な殺人、略奪、放火、強姦、人身売買、環境破壊、戦争など、ありとあらゆる「生存の保障」の禁断行為を何の悪びれもせずに行なった。

しかし、「性悪説」の立場に立つと、人間は本来悪いことをするのだから、少しでも善いことをしなければならないと考え、実践することになる。むしろ「性善説」の立場より高いところに立っている。彼らは「生存の保障」を否定しようと実践するものを否定し、つまりアウフヘーベン（止揚）する。即ち「弁証法的、理性的意志」を原理として実践することで、「善人」になることができるのだ。

新渡戸は、このような「性善説」「性悪説」についての思考についてまるで無知であることを示している。

さらに続けて、新渡戸は、

「神社には（中略）聖所にかかっている簡素な鏡が、（中略）人の心を象徴している。（中略）神社の前に立って拝《おが》むとき、あなたには自分自身の姿が鏡の輝く表に映るのを目にするのであり、この礼拝行為は昔のデルフォイの命令である『なんじ自身を知れ』と同じである。」

と述べている。

古墳時代、邪馬台国の女王卑弥呼が魏の王から銅鏡を贈られたという故事がある。天岩屋《あめのいわや》に籠もった天照大神を復帰させるための祭りに、石凝姥《いしこりのうば》によって造られた「八咫鏡《やたのかがみ》」が用いられたという話もある。

太陽神の象徴物である鏡を見せることで、天照大神を岩屋の外に誘い出す。それ故、神道においては神体として鏡を奉ることになった。霊力を特別に持った鏡は、事物の真の姿を映し出すともされた。地獄の支配者である閻魔大王の傍らには「浄玻璃《じょうはり》」という鏡があり、閻魔大王の前に引き出された人間の罪業を暴き出すという。どちらに転んでも、日本の神社の鏡は太陽神を崇めることに由来していたのだ。

ところが新渡戸は、神社の前に立って拝み、鏡に自分自身の姿を映すことと、ギリシャのデルフォイ神殿に刻まれた、ソクラテスの「汝自身を知れ」という言葉は「同じである」と記すのだ。日本の神社の鏡とソクラテスの言葉を同一に取り扱う新渡戸の〝想像力〟には感心する。彼は、日本の文化とヨーロッパの文化が同一であるということをこじつけようとしている。日本の文化を知らない欧米人は新渡戸の文章に騙されることになる。

さらに、新渡戸は、

「一方、その祖先崇拝は、家系を次々とたどってゆけば、皇室を全国民の源泉とした。」

とも記している。

十八世紀中頃に英国で達成された産業革命は、西ヨーロッパや米国を中心にして、世界をひとつの市場につなぐ世界システムとして発展をとげていった。日本でも、明和、安永から天明、寛政期以後、外国船の出没が盛んに繰り返された。幕藩体制の支配層は恐怖と不安を抱くようになる。このような危機意識を背景に、日本国中心主義、天皇中心主義的な志向が強まった。

こうして国家の起源を「記紀神話」に求め、自国の尊厳と優越性を説く「国体論」が出てきた。少し長くなるが、以下、幕末期におけるわが国の国体運動と、天皇制が成立する軌跡を記すことにする。

## 天皇を「神」とする「国家神道」を捏造した薩長政府

藩主・徳川斉昭《なりあきら》（一八〇〇～六〇）を中心にして、幕末期の尊皇攘夷運動の理論的支柱となる水戸藩の「水戸学」が現われた。とりわけ会澤正志斎《あいざわせいしさい》（一七八二～一八六三）の著書『新論』では「尊皇攘夷」が主張された。一八二四（文政七）年に、水戸領内の大津浜に英国の捕鯨船が上陸し、燃料（薪）と水や食糧を求めた。会澤はその際に筆談役として英国人と接触し、危機感を深めた。

会澤は、欧州人がキリシタンという「妖教」の力を借りて、「諸国を滅し、その宇内《うだい》を呑《の》みてこれをつぶさんと欲する日たるや久し」と論じた。日本が直面する困難な事態を「内憂外患」として捉えたのである。記紀神話に基づく「忠孝建国」の理念と、それを守り続け、国体を維持してきた日本人の歴史上の道義性と、万世一系の天皇が統治する日本の優越性とを論じた。そして、「国体」による日本の国家統一の論理と、それを実現するための「祭政一致」の政治原理などを説いた。これを受けて、藤田東湖は国体の尊厳を謳い、国体は「後期水戸学」の核心的理念として、その後の政治変革をめざす全国の志士たちに大きな影響を与えたのである。

一八五一（嘉永四）年十二月、会澤（当時七十五歳）を吉田松陰（当時二十三歳）が水戸に訪ねている。水戸藩主・徳川斉昭の『弘道館記』には、「王室を尊び夷狄《いてき》を攘《う》つ」を意味する「尊皇攘夷」という言葉が現われ、定式化する。そして「尊皇倒幕運動」が展開されていったのである。

こうした水戸学の「尊皇攘夷」に反し、薩長の連中が「尊皇」を唱えながら、孝明天皇を弑《しい》し

（暗殺し）、睦仁親王も弑したという史実がある。彼らは攘夷を叫びながらも、欧米の支配階級と陰で手を結び、「尊皇攘夷」をさっさとやめてしまった。以後、幕藩体制を倒し、国家を私物化した薩長の連中は、国体思想に基づく天皇のカリスマ性だけを徹底させ、政治利用を図った。すなわち「絶対的君主」なる天皇を中心とする、中央集権的な「官僚制国家」を建設したのである。

一八七一（明治四）年十月、渡米直前の岩倉具視が在日英国代理公使のアダムスに、

「天皇陛下は天照大神からの絶えることのない血統の御子孫であらせられ、神性を有する御方であらせられる。そのように日本の国民が信じることは絶対に必要なことである」

と述べている。すでに天皇中心の中央集権国家をつくることが考えられていたのだ。

ところが、ユダヤ・ロスチャイルド閥の支援を受けて新政府を私物化した薩長の連中は、英国国教会を真似て、天皇を「神」とする「国家神道」を捏造していったのである。

元長州藩の伊藤博文らは、思い通りになる「玉《たま》」を手に入れるべく、孝明天皇と明治天皇（睦仁親王）を弑《しい》し、山口県熊毛《くまげ》郡田布施《たぶせ》出身の大室寅之祐《おおむろとらのすけ》という人物を明治天皇にでっち上げた。以後、「万世一系の天皇」という正統性の捏造を強調しなければならなくなった。

新渡戸は、こうした明治政府に捏造され、秘匿された歴史についてはまったく無知である。

次に、新渡戸は「天皇」について、

「〈天皇〉は、〈法治国家〉の〈保安武官長〉ではなく、ましてや〈文化国家〉の〈保護者〉でもない――天皇は地上において身体をそなえ〈天〉の代理をする者であり、その人格中に、天の権威と天の慈悲とを兼ね備えている。〔プートミー氏の言うところがイギリス王室について当てはま

るとすれば——すなわちイギリス王室は「権威の権化《ごんげ》であるばかりでなく、国民統合の創造者であり象徴である」——私が信ずるところでは、このことは日本皇室については二倍も三倍も確かめることができよう。」」

と記している。少し煩わしくなるが、ここで英国王室の歴史を簡単に俯瞰したい。

英国の王室の近世史は、一〇六六年、ノルマンディー公ギヨームに征服されたところから始まる。ギヨームはヴィリアム一世（征服王）として即位し、「ノルマン王朝」が開かれた。ノルマン人の征服によって、アングロサクソン系の支配層はほぼ一掃され、以後、フランス語が、国王・貴族たちの公用語になる。その後、「プランタジネット王朝」は英仏に広大な領土をもつ「アンジュー帝国」となる。この時期になると、フランス系のイングランド諸領主も次第にイングランドに定着し、イングランド人としてのアイデンティティをもち始めた。

最終的に十四～十五世紀に起こった「百年戦争」によって、ほぼ完全にフランスの領土を失い、このような過程を経て現在につながるイングランド王国が成立した。一四五五年から、ランカスター家とヨーク家の王位争いが起こり、「薔薇《ばら》戦争」に突入した。ヘンリー六世は一四七〇年に亡命先から帰国したが、翌年に殺害された。

それから二百年ほど後のスチュアート朝のチャールズ一世は、一六四九年一月に「清教徒革命」によって処刑された。オリヴァー・クロムウェルの共和制が成立したが、クロムウェルは一六五八年に病死し、二年後の一六六〇年に王政復古が始まった。

その後、ジョージ五世の時代の一九一七年に、第一次世界大戦の敵国だったドイツ風の名前を嫌い、英国王室は「ウィンザー家」と改称した。ウィンザー朝のエドワード八世は一九三六年、対独戦に参加することを拒否したため、「シンプソン夫人事件」というアメリカ夫人との恋愛事件に巻き込まれ、王位を剥奪され、弟のジョージ六世に交替させられた。

このように、英国の政治体制は立憲君主制をとっているが、一つの成典化された「憲法典」は存在しない。いくつかの制定法（「大憲章」マグナ・カルタのような国王と貴族との契約も含む）と判例、および慣習法が憲法を成り立たせている。

英国の議会は上院（貴族院）と下院（庶民院）の二院制である。行政の長である首相は、通常下院の第一党首を国王が任命する（議院内閣制）。下院は単純小選挙区制による直接選挙で選ばれるが、上院は貴族が議員を務めており、直接選挙はされていない。

さて、新しく国家を私物化した薩長藩閥の連中は、「ヨーロッパ近代文明が発達したのは、一神教のキリスト教があったからだ」とみなし、イギリス国教会の真似をして、天皇を「神」とする「国家神道」をでっち上げた。神武天皇を祀る橿原《かしはら》神宮（奈良県橿原市）は、一八八八（明治二十三）年に官幣大社として創建され、紀元二千六百年奉祝の一九四〇（昭和十五）年には昭和天皇が行幸し、この年の参拝者は約一千万人に達したという。また、桓武天皇を祀る京都の平安神宮も一八九五（明治二十八）年に官幣大社としての創建を出願され、社号を平安神宮と称するようになった。国家神道のシンボルとしての神社は、このように明治になってから建てられている。

新渡戸は、先の文章の中で、「日本の皇室は、英国の王室と同一であるどころか、二倍も三倍も確かな正統性がある」と述べている。多分、新渡戸は、「日本の皇室は万世一系だが、英国の王室は、一六六六年にフランスのノルマンディー国王によって占領され、二百年支配された歴史をもつに過ぎない。日本の皇室のような万世一系ではないので、日本の皇室のほうがすばらしい」と主張しているのだ。

なお、この文章中に出てくる「文化国家」とは、敗戦後の日本で宣伝された言葉である。続いて出てくる「象徴」という言葉も、敗戦後に天皇の立場について新憲法で規定された言葉である。敗戦後の日本の国家政策を立案し、推進した新渡戸の門下生であるクエーカー人脈に属した連中はおそらく、新渡戸著『武士道』を教典としていたので、新渡戸の文章中に出てくる言葉を使用することを思いついたのではないか。

なんと、新渡戸は、敗戦後の日本を「文化国家」とし、天皇を「象徴」にすることを予言していたということになる。新渡戸の門下生たちは、『武士道』を教典にして、二度と米国と戦う能力を持たない米国の従属国である「文化国家」日本をつくること、そして天皇を象徴にする時代を実現するために努力していったのである。

## 「吉田神道」の後継者と戦国大名のキリシタン化

さらに、新渡戸の神道観が続く。

「神道の教義は、日本民族の感情生活の支配的な二つの特徴――〈愛国心〉と〈忠義〉――を含んでいる。」

と記している。日本の神道（神社神道・原始神道）は、日本列島に住む民族が「生存の保障」を願い、自然の中に神を求めたアニミズム的、汎神論的な神であり、明確な教義や教典はなかった。ところがその後の日本の歴史の中で〝神道〟が巧妙にでっち上げられていった。

繁雑になるが、ここで日本の神道史を概説していきたい。

京都・吉田神社の神祇官である吉田兼倶《かねとも》（一四三五～一五一一）は、応仁の乱の後、文明年間（一四六九～八九年）、即ち室町時代後期に活躍した。吉田兼倶は、『徒然草』を著わした卜部《うらべ》兼好（吉田兼好）を先祖にもつ神道家の卜部家の系譜を引いている。兼倶は卜部家の神道説を整理して、伝来の神道説を受けつぎ、『神道大意』や『唯一神道名法要集』『神道私顕抄』などを書き、「吉田神道」をつくり上げている。

その内容は、世にいわゆる神道を、（1）本迹縁起《ほんじやくえんぎ》神道（または社例伝記神道）、（2）両部習合神道に分け、（3）元本宗源《げんぽんそうげん》神道こそが真正な伝統であるとしている。そして、元本宗源神道こそ、アメノコヤネノミコト以来、脈々として吉田家に伝来したもので、他は末流に過ぎないものとした。

さらに、〈神〉とは、ふつうの観念の神ではなく、天地に先だち陰陽に超越せるもの、すなわち「常住恒存」、「無始無終」の霊的実在で、天地にあっては神、万物にあっては霊、人倫にあっては心とした。

要するに、吉田神道の内容は、「儒仏道」三教のほか、陰陽道をも引用し、これらを融和混交して、神道思想の脚注としたものである。また、神道の起源を説いているところは、伊勢神道が起こる「老荘」の説によっていて、雑駁《ざつぱく》な感をまぬかれない。しかし、諸説をとり入れて一貫した主張のもとに組織づけた点は、神道の宗教的発達に資したところが多い。吉田神道は根本斎場を吉田山上の斎場所とし、今も吉田神社境内にある。

一四八四（文明十六）年、吉田兼倶は、足利義政夫人・日野富子から金十万疋《ひき》の寄進を得た。さらに、公卿や地方の有力武将からの寄進を得て、吉田邸内の小祠を、焼失した吉田社の南に遷《うつ》し、日本最上神祇斎場をつくった。幕府と朝廷のために祈禱を修め、天下泰平を祈願した。そして、後土《ごつち》御門《みかど》天皇に進講し、公家たちにも講義を行なっており、朝廷、幕府に取り入り、勢力を拡大した。みずから「神祇管領長上《じんぎかんれいちょうじょう》」と名乗り、全国の神社を支配し、神位・神職の位階を授与する権限を獲得したのである。

日本の神道には、吉田神道以外にも伊勢神道（神社伯家《はっけ》）の他、安倍神道（陰陽道《おんみょうどう》）、忌部《いんべ》神道、御流《ごりゅう》神道、山王一実《さんのういちじつ》神道、法華神道、垂加《すいか》神道などがある。

儒学者だった山崎闇斎《あんさい》は在来の神道説を集成して、新しく「垂加神道」を起こした。山崎闇斉が立てた「崎門《きもん》学」には門人が多く、正親町公通《おおぎまちきんみち》、出雲路信道らの神道家、浅見絅斉《けいさい》、貝原益軒《かいばらえきけん》らの儒学者を出し、京都を中心に全国に広まった。また、その門からは多数の神学者や国学者、また、竹内式部や山県大弐《やまがただいに》らの志士を輩出させ、日本の近世思想史上、重要な位置をしめた。彼らの国家主義の唱道は、水戸学派の源流をなし、幕末の勤王思想を展開することになった。

さて、ここからは「吉田神道」の後継者である清原家が戦国時代に果たした役割、また清原家がバテレンとの交渉で、キリシタン大名といわれる人物に関与していった過程を述べていきたい。これらは現在ではあまり知られていない史実である。

吉田兼倶の三男で、清原家を継いだ清原宣賢《のぶかた》の孫に清原枝賢《えだたか》という人物がいる。清原家は『枕草紙』で有名な清少納言を輩出した学問の家系である。また、源頼朝との間接的なブレーンに清原頼業《より》《なり》がいた。頼業を中興の祖と仰ぐ清原家は、その後、「明経道」の家として連綿と続いた。そして、織田信長より十五年前に生まれたのが清原枝賢である。

枝賢は名儒者として、大内義隆（周防国の在庁官人・大内氏の第三十一代当主）や松永久秀（戦国の雄。三好家に仕えるようになって頭角を現わし、家宰《かさい》となる）に招かれて、「大学」「中庸」などの書を講釈した。枝賢は、儒学の古典に通じるばかりでなく、「幕府法」や「政治学」にも詳しい学者だった。

一五六〇（永禄三）年、松永久秀は、ポルトガル人・イエズス会士のガスパル・ヴィレラが、京都にキリスト教を開教する際に、足利義輝との謁見と布教の許可を斡旋した。しかし、翌年にはバテレン追放を策している。一五六四（永禄六）年、比叡山僧徒の「バテレン追放」の要求に対し、久秀は配下の結城忠正（山城国王）や公卿の清原枝賢などにバテレンを論破させようとした。しかし、逆効果で、両名ともにキリスト教信者になってしまった。なんと神道家であり儒学者である人物が、キリスト教信者になっていたのである。清原と結城の入信は、五畿内におけるキリシタン宗門の発展に大いに影響を与えた。なお、このとき、高山飛騨守（高山右近の父）がキリシタンと接触し、受洗し、息子の右近も入信している。

その後、清原枝賢は織田信長のブレーンになり、信長の全国制覇の大義を集約した「天下布武《ふぶ》」という語を創出したとみられる。一五八一（天正九）年、正三位に叙せられた後、出家して「道白」

と称した。多分、バテレンを棄教したのだろう。

その他にも、清原枝賢という人物をめぐっては様々な謎が多い。特に一族にはバテレン、キリスト教徒の関係を結んだ人物が多いのである。枝賢の娘・清原マリアは明智光秀の三女である細川忠興夫人（細川ガラシャ）に仕えた。彼女はグレゴリオ・デ・セスペデスにより、一五八七（天正十五）年に大坂の教会で受洗している。以後、大坂の教会に通い、細川ガラシャにバテレンの教理を伝え、ガラシャを受洗させた。また、ガラシャの次男・興秋も洗礼を受けている。

また、清原枝賢の従兄弟《いとこ》に信長と同年生まれの細川藤孝がいる。藤孝は幕臣として将軍・義輝に仕えるが、義輝が松永久秀らに暗殺された後、義輝の弟・足利義昭を将軍にするために奔走した。また、細川藤孝は、信長の全国制覇への道を、ポルトガル商人や堺の商人たちの協力を取り付けて強力に推進させた。さらにバテレン・キリスト教徒に改宗した要人たちの協力も得させた。そして、本能寺の変では、明智光秀による信長の殺害計画に参加した。だが光秀が討伐されると一転して、今度は光秀を見捨て、ただちに羽柴秀吉の側についた。そして、細川藤孝は自らの本能寺の変への加担を追及させないように工作したのである。

また、大儒者清原宣賢の子には吉田兼右《かねすけ》がいる。この日本神道の本山たる立場にいた兼右も、バテレンやポルトガル商人と親しい潜在キリシタンだった。兼右の次男・神龍院梵舜《ぼんしゅん》（豊国廟の社僧）という僧は、ジョアン（最庵）というバテレン名を名乗るキリシタンになった。吉田兼右が信長と親しくしていた縁で、息子の兼見《かねみ》は家督を譲られると、信長のもとに出仕しており、公武の交渉において信長側の利益をはかる役目を務めていた。そして本能寺の変後、兼見は信長を朝敵と認定する明智光秀への勅使となり、銀五十枚を与えられたという。しかし、山崎合戦後には直ちに羽柴秀吉に接近し、朝廷と光秀との一体化行動を不問にさせている。吉田兼見は、その後は一貫して秀吉と親交を結び、朝廷交渉における豊臣家の便宜を図る役を務めた。

## 「愛国心」や「忠義」の思想は本来の神道や武士道とは関係ない

「日本神道の本山」であると主張する吉田神社の一族や、平安時代から続いた儒者出身の連中がキリスト教信者になったなどとは、一般に知られていない史実である。バテレンやポルトガル商人、堺の商人などは、キリスト教に改宗したバテレン大名や要人たちと協力し合っていた。黒幕である「イエズス会」の上層部の筋書きに従って、織田信長の全国制覇への道――本能寺の変、さらには豊臣秀吉の全国統一へと至る道が引かれていたと考えられるのだ。イエズス会が期待していた秀吉は、当時の日本女性が奴隷として国外に売られていく実態を知って「伴天連禁止令」を出した。こういう史実もほとんど知られていない。

以後、徳川二代と三代将軍による徹底的な伴天連への弾圧によって、日本は世界の中でも珍しく、欧米帝国主義の植民地にも、また、カトリック国にもならずにすんだのだ。

新渡戸は、こうしたわが国の「神道」形成の歴史についての知識は持ち合わせていない。にもかかわらず、彼は神道の教義に「愛国心」と「忠義」があると述べている。ペリーの浦賀来航によって「尊皇攘夷」が叫ばれ、ここで初めて日本国家を守るということでの「愛国心」が生まれたのである。だから、「愛国心」と「忠義」は神道の教義とは直接関係がない。「忠義」は、封建幕藩体制を守るイデオロギーとして、儒学の中で主張されたものであり、「神道」とは直接には関係がない。

日本の神道の歴史を知らない新渡戸は、『武士道』の中で、「神道は信者に何の信条も指示せず、単純率直な型の行動要領を与えた」と述べている。山崎闇斎が提唱した「垂加神道」は幕末の勤王思想の源流になり、討幕運動につながっていった。ここにはまともな信条があり、「行動要領」もあった。

一二七四（文永十一）年の蒙古軍の襲来（元寇《げんこう》）は、鎌倉武士の奮戦と折りからの台風の猛威によって日本本土への侵入が阻止された。しかし、幕末は黒船の来航が引き金になって、明治新政府が成立した。島国であり、世界の端にある日本は、太平洋戦争で主に米軍による皆殺しを受けるまで、他民族によって大量に殺戮された歴史がなかった。そのため日本民族は、さほど「愛国心」を強く意識することなく生きてきた。

言うまでもなく、人類の歴史は皆殺しの歴史である。対米英戦に負けるまで、他民族による皆殺しのない日本は例外的な国だったのだ。こうした歴史がないため、日本人は他国からの侵略に対してまったく危機意識が乏しい。敗戦後も米国の従属国になったまま、七十年近くが経っても米国から独立する運動が公然とは生じず、それを指導する者も出現しない。

このまま危機意識の乏しさが続くと、今度こそ、ユダヤ・ロスチャイルド閥を頭目とする国際金融マフィアによって、日本人の持つ富は根こそぎ搾《しぼ》り取られてしまいかねない。

## 「ユニテリアン協会」が日本の社会主義運動を助長した

再び『武士道』の本文に戻る。新渡戸は続けて、

「アーサー・メイ・ナップはいみじくも言っている――『ヘブライ文学においては、記者が神のことを言っているのか、〈国〉のことを言っているのか、〈天〉のことを言っているのか、エルサレムのことを言っているのか、〈メシア〉のことを言っているのか、〈国民〉そのもののことを言っているのか、言いにくいことがよくある』。同じような混乱が、日本の国民的信仰の用語中にもみとめられよう。」

と記している。

一八八六（明治十九）年、東京大学は、帝国大学局から帝国大学に改称された。この頃、福沢諭吉は慶応義塾に大学部を開設する計画をもった。そこで一八八七（明治二十）年の暮れに、米国ユニテリアン派の派遣教師として来日していたアーサー・ナップに、大学部を開設するための主任教授の人選を委託した。ユニテリアン派とは、キリスト教の正統教義である「三位一体」論に反対して、イエスの神性を否定する教派である。同じユニテリアン派に属していたハーヴァード大学学長チャールズ・エリオットは、慶応義塾の大学部三年科の主任教授を推薦した。これを機会に日本でユニテリアン協会の宣教活動が進展していった。

このとき、土佐国に生まれた中浜万次郎（ジョン万次郎。出漁中漂流し、米国の捕鯨船に救助さ

れ、米国に渡って測量術や航海術を学んだ）は、ユニテリアン協会の日曜学校に出席していた。彼は日本人の中でユニテリアン協会の信者第一号になっていた。

福沢諭吉の門下生の一人の矢野文夫（龍渓）も「郵便報知新聞」の中で「ユニテリアン」を紹介し、「ユニテリアン教の要領」を掲載した。

「ユニテリアン」の思想は、イエスが「神の子」であることを否定している。徹底的な合理主義である「倫理的人道主義」を主張し、「キリストも一人の最高の人格者」と考える宗教である。

一八八七（明治二十）年に、ユニテリアンの信者だった英国滞在中の尾張の徳川義礼《よしあきら》を通じて、英国ユニテリアン協会に対して日本への宣教師の派遣を要請した。同協会は経済的な理由で、米国ユニテリアン協会に協力を求めた。

これを受けて、米国ユニテリアン協会はアーサー・ナップを宣教師として日本に送り込むことになった。矢野は「郵便報知新聞」で、「西洋の諸教派は多年ならずして全国に蔓延するの勢あり」という表題のもとに、ユニテリアン以外のキリスト教が日本に蔓延する危機を述べ、日本は「ユニテリアニズムを国教として採用せよ」と提案している。矢野は、後に宮内省御用掛になっている。その後、大隈重信外務大臣に請われ、特命全権公使として清国に赴任し、「大阪毎日新聞」副社長にもなっている。日本を「ユニテリアン教国」にしようとする人物が宮内省御用掛になっていた、その史実に気づかねばならない。

その他、金子堅太郎も枢密院議長秘書官時代に日本を出発し、ボストンのユニテリアン協会を訪問し、理事たちと会い、「日本人にユニテリアニズムを広める仕事を続けて欲しい」と依頼した。そこで米国のユニテリアン協会の日本宣教が開始されたのである。ちなみに、慶応義塾大学部は英米両国のユニテリアンの宗教活動と関わって誕生した。

「ユニテリアン協会」と日本の社会主義運動との関わりも知らなければならない。

一八九八（明治三十一）年十月、「社会主義ノ原理ト之《これ》ヲ日本ニ応用スルノ可否ヲ考究スルヲ目的トス」と謳う「社会主義研究会」が、東京・三田の惟一館で発足した。月一回の例会で社会主義の研究、報告、討議を行なった。会長はユニテリアン協会の「惟一会」の説教者になった村井知至《ともよし》だった。

会員には岸本能武太《のぶた》、片山潜《せん》（彼は米国で受洗している）、安部磯雄《いそお》（新島襄から受洗）、佐治実然《さじじつねん》（本願寺僧の子として生まれたがキリスト教社会主義に惹かれ、「日本ゆにてりあん弘道会」に加わり、キリスト教信者を中心とする社会主義研究会に参加）、幸徳秋水《こうとくしゅうすい》（大逆事件で逮捕、翌年絞首刑になる。獄中で『基督抹殺論』を執筆している）などがいた。

これらの会員の多くは「ユニテリアン協会」のクリスチャンだった。「惟一会」は一九〇〇（明治三十三）年に「社会主義協会」になる。また、吉野作造の手引きで牧師になった海老名弾正《だんじょう》は「本郷教会」に属していた。また、ユニテリアンの伝道団体である「統一基督教弘道会」の伝道部長になっていた鈴木文治《ぶんじ》は「友愛会」を発足させ、後に「日本労働総同盟」となった。このように、「ユニテリアン協会」に属していた人たちが社会主義研究会をつくり、「友愛会」を発足させ、労働運動を指導していくという歴史があったことはあまり知られていない。

一八八九（明治二十二）年十月、マーティン・ロイドジョンズは慶応義塾に近い三田・四国町に

「日本聖公会」に属する「喜望教会」を創立した。後に「復活教会」と合同して、「日本聖公会三光教会」となった。この教会を通じて、多数の慶応義塾の学生をクリスチャンにしていった。

外国の宣教師が日本に来て、日本人をキリスト教信者にする。そして、日本を欧米帝国主義国の植民地にすることをめざした。宣教師はその尖兵である。福沢諭吉と慶応義塾は、これら尖兵の保護者であり推進者だったのだ。

## 『武士道』に儒教の「忠君愛国」思想を持ち込んだ新渡戸

新渡戸は、先の文章の中で、「ユニテリアン協会」のナップが書いた『封建日本と現代日本』の文章の一部を引用している。

「ヘブライ文学（ユダヤ人の書いたもの）においては、記者が神のことを言っているのか、〈国〉のことを言っているのか、〈天〉のことを言っているのか、エルサレムのことを言っているのか、〈メシア〉のことを言っているのか、〈国民〉そのもののことを言っているのか、言いにくいことがよくある』。**同じような混乱が、日本の国民的信仰の用語中にもみとめられよう。**」

と記している。確かに日本の信仰にも古代神道（原始神道）や、仏教、道教、儒教などが入り込んでいる。新渡戸は、ユダヤ人の書いたものと日本の信仰が同じであると主張しているのだ。

続けて、新渡戸は、

「**〈武士道〉に君主への忠義と国への愛とを徹底的に吹きこんだのだった。そしてこの忠君愛国心**

は、教理としてよりはむしろ推進力として働いたのだった。」

と記している。新渡戸は、儒教の重要な徳目である「君主への忠義」を、神道の教えであると誤まって述べている。

さらに、新渡戸は、

「神道は、中世キリスト教会とはちがって、その信者にはほとんど何の信条をも指示せず、かえって同時に、単純率直な型の行動要領を与えたからである。」

と記している。中世のキリスト教会は、民衆に聖書を読ませることをしなかった（当時はラテン語訳しかなかったので、一般大衆は聖書を読むことができなかった）。そして免罪符を売り、重要な聖職を売っていた。聖職者の地位や権利をカネで買った者が、免罪符や天国の特等席を売ってその購入資金を回収することにした。また、ほとんどの司祭は妻帯するか、愛人と暮らしたりしていたので、たくさんの免罪符や天国の特等席を売っていた。教会と司祭は〝集金屋〟だったのだ。

この中世のキリスト教会の腐敗に立ち上がったのがマルチン・ルターの新教運動だった。ヴァチカンを批判すると殺されることになるが、北ドイツの領主が、ヴァチカンを批判したルターを守ったという歴史があった。新渡戸は、こうしたキリスト教会の歴史については触れずに、「中世のキリスト教会は信条を指示する」などと述べている。

実存主義の父祖の一人といわれるニーチェは、ルターの「宗教改革」によってルネサンスは破壊されたと主張している。

「ドイツ人は、ヨーロッパ人が手にした最後の偉大な文化的収穫であるルネサンスをヨーロッパから奪ってしまった。ルターがキリスト教の真髄を守ろうとして行なったことは、すべてその破壊につながっていた。司祭の独身制を廃止し『女性と性行為』を司祭たちに返してやったことは、彼らから宗教的神秘性を奪い、告白制度の廃止につながったし、聖書を大人のものにしたことは、文献学による聖書批判を可能にしてしまった」(『アンチクリスト』)

ニーチェは、キリスト教の維持を図りながら、実は崩壊をもたらし、同時にそのような崩壊を誘引しながら内面に維持するという文化の貧困の元凶が、ドイツ人ルターである、と主張しているのだ。ヴァチカンの腐敗に立ち上がった信教運動であるプロテスタントも、後に結局、信者をカモにした集金屋になっていった。

## 「絶対天皇制」のもとで国民全体に強要された「忠孝思想」

一八六七(慶応三)年八月から十二月にかけて、「ええじゃないか」騒動が起こった。空から神符(お札)が降ってくる。京都や江戸で、伊勢の皇大神宮の神符が降った家は、店先や庭先に祭壇を設けて、道行く人々に酒や肴をふるまった。酒はタダで飲み放題、万事、無礼講で「ええじゃないか」と歌い、踊り狂った。踊り続ける民衆は、男が女装し、女が男装し、華美な衣装をつけ鳴り物入りで踊り狂った。

この「ええじゃないか」騒動は東海道から近畿、江戸へと拡がり、四国、広島にまで及んだ。幕末の最後の時期、長い幕藩体制に愛想をつかし、鬱積《うつせき》した気分をもっていた民衆には少し油を注ぐだけで火の手が上がった。

この「ええじゃないか」騒動のなか、中山忠能《ただよし》、三条実美《さねとみ》、中御門経之《なかみかどつねゆき》、西郷吉之助、大久保一蔵（利通）、後藤象二郎、中岡慎太郎、小松帯刀《たてわき》、坂本龍馬、伊藤博文、田中光顕《みつあき》らの重鎮が王政復古の打ち合わせをしていた。彼らは岩倉具視《ともみ》本邸に頻繁に出入りした。この活動状態を幕府および会津、桑名二藩はほぼ気づかなかった。彼らは努めて姿を隠して往来したばかりでなく、「ええじゃないか」騒動に紛れて、倒幕派の密議が進んでいたのだ。この「ええじゃないか」騒動を仕掛けたのは、岩倉具視の軍師・玉松操《たままつみさお》であり、配下の神官および国学者だった。

江戸初期、真言宗の僧・契沖《けいちゅう》は、梵語の研究から『万葉集』や『古今集』などの古典に目を向け、日本固有の文献学を確立した。そして契沖が水戸の徳川光圀《みつくに》に委嘱され、国学と史学、そして神道に儒教を結合して誕生したのが、南朝を正統とする「水戸学」である。光圀が着手した『大日本史』の編纂は、武家に朱子学を推奨した幕府に反する事業だった。

一方、国学は江戸中期に入って、伏見稲荷神社の神官・荷田春満《かだのあずままろ》によって復古神道になった。賀《か》茂《もの》真淵《まぶち》が徳川御三家の田安宗武に仕えてその師となった。国学は真淵から本居宣長、宣長から平田篤胤《あつたね》、篤胤から平田銕胤《かねたね》、大国隆正《たかまさ》へと幕末に受け継がれていく。その大国隆正に学んだ玉松操は、この「復古神道」と「王政復古」を基本思想として、神官と国学者の大同団結を図った。これに加えて、山岳信仰の行者や山伏集団がいた。彼らが「ええじゃないか」騒動を扇動したのだ。

新渡戸は、倒幕に向けて、このような神官、国学者らの活躍があったことについてはまったく知らない。それゆえ、彼は、

「厳密な倫理の教えについては、孔子の教えが〈武士道〉の最も滋養にとむ源流だった。」

などと記している。春秋時代に生まれた中国の思想家・孔子（前五五一〜前四七九）を始祖とする儒教は、五常（仁、義、礼、智、信）という徳性を拡大することにより、五倫（父子、君臣、夫婦、長幼、朋友）関係を維持することを教えている。

日本では、応神天皇十六年（二八五年）に百済《くだら》の王仁《わに》が『論語』を携えて渡来しており、五一三年に百済から五経博士《ごきょう》が来日し、以来、日本に儒教が伝わったという。江戸時代、中国から朱子学と陽明学が、静座（座禅）の行法をなくした純粋な学問として伝来した。特に朱子学は幕府によって封建支配のための思想として採用された。藤原惺窩《せいか》の弟子である林羅山《らざん》が徳川家康に仕えて以来、林家《りんけ》が大学頭に任ぜられ幕府の文教政策を統制した。

江戸時代を通じて、武家社会を中心に儒教は定着した。一般民衆のほうは、石田梅巌《ばいがん》の「石門心学《せきもん》」などわずかな例外を除いて学問としての儒教思想はほとんど普及しなかった。儒教的な葬礼の儀式が檀家制度を通じて一般的となっただけである。

数少ない例外の一つが、曲亭馬琴《きょくていばきん》（一七六七〜一八四八）が二十八年間かけて完成させた『南総里見八犬伝』の影響である。この作品は、思想的には儒教的な道徳精神が貫かれている。仏教的な因果応報による「勧善懲悪」が貫かれた『南総里見八犬伝』は、室町時代後期を舞台に、安房国里見家の姫・伏姫と神犬八房の因縁によって結ばれた八人の若者（八犬主）を主人公とする長編奇小説である。馬琴は、この物語の完成に四十八歳から七十五歳に至るまでの後半生を費やしている。

一八八五（明治十八）年、当時の文部卿・森有礼《ありのり》によって儒教的な道徳教育を規制する命令が出された。しかし、元田永孚《もとだながさね》ら宮中の保守的な漢学者の影響によって、「教育勅語」などに儒教の「忠孝思想」が取り入れられ奨励された。かつての日本的儒教の朱子学は、武士や一部の農民・町民など限られた範囲の道徳だったが、明治政府による「絶対天皇制」のもとで、「忠孝思想」は国民全体に強要されることになった。

以後、「儒教」は天皇に対する忠誠を要求される官僚のイデオロギーとなり、官僚組織の自己増殖をもたらした。また、経済組織も官僚制を手本につくられてしまうことになり、官僚の腐敗をもたらしたのである。

「儒教」には人類史的願望である「生存の保障」が拡大発展するという論理の展開はない。君主に対する忠誠心を強要する儒教が、「武士道」の源流になっていると主張する新渡戸は、「天皇に忠誠を尽くす」ことを日本国民に要求した明治政府にとっては歓迎されることになった。

しかし、日本におけるキリスト教の宣教に協力した森有礼が、「儒教教育」を規制する命令を出している。この森有礼は明治憲法発布の日（一八八九〔明治二十二〕年二月十一日）に、国粋主義者の西野文太郎に刺され、翌日死亡している。これに対しキリスト教徒の新渡戸は、儒教を讃美することによって生き残り、日本国内におけるクエーカー人脈づくりに最高の貢献を果たしていく。

## 孟子の思想が「武士道」に大きな影響を与えたと見た新渡戸

ここから先、『武士道』の中で、新渡戸は孟子についての記述をしばらく展開していく。

「孔子についでは孟子が〈武士道〉全体に大きな権威をふるった。孟子の力強い、またしばしば全く民主的な理論は、同情心あつい人々にはとりわけ関心を引いた。そこで孟子の考えは、現在の社会秩序によって危険で、それをくつがえすものとさえ考えられ、それゆえその著作は永い間禁書であった。それでも、この聖者の言はサムライの心に永久に拠所《よりどころ》を見出した。」と記している。

戦国時代の儒学者であった孟子（前三七二年〜前二八九年）は、「性善説」を唱え、「仁義」による「王道政治」を目ざした。

人間には誰でも「四端《したん》」が存在する。「四端」とは「四つの端緒」という意味で、「惻隠《そくいん》」（他者を見ていたたまれなく思う心）、「羞悪《しゅうお》」（否定や悪を憎む心）、「辞譲《じじょう》」（折目正しく遠慮して辞退する）、「是非《ぜひ》」（正しいこととまちがっていることを判断する能力）と定義される。

この「四端」を努力して拡大することによって、それぞれが「仁・義・礼・智」という人間の四つの徳に到着するという。人間は学んで努力することによって、自分の中にある「四端」をどんどん伸ばすべきであり、また伸ばすだけで聖人のような偉大な人物にさえなれる可能性があると主張する。孔子は「仁」を説いたが、孟子はこれを発展させて「仁義」を説いた。「仁」とは「忠恕《ちゅうじょ》」（真心と思いやり）であり、「義とは宜なり」（『中庸』）というように、「義」とは事物に適切であることをいう。

また、孟子は、君主を「王者」と「覇者」とに、政道を「王道」と「覇道」とに弁別した。前者は後者よりも優れていると説く。孟子によれば、「覇者とは武力によって借り物の仁政を行なう者であり、そのため大国の武力がなければ、覇者となって人民や他国を服従させることはできない」。対して「王者」とは、「徳によって本当の仁政を行なう者」であり、そのため小国であっても人民や他国は、その徳を慕って心服するようになる。

孟子は、「五覇は三王（夏の禹王《うおう》と殷《いん》の湯王《とうおう》と周の文王または武王）の罪人なり。今の諸侯は五覇の罪人なり。今の大夫は今の諸侯の罪人なり」（『告子章句』下）と述べて、五人の覇者や当時群雄割拠していた諸侯たちを痛烈に批判している。そして、堯《ぎょう》や舜《しゅん》、三王の「先王の道」（王道）を行なうべきだと主張した。

孟子は、領土や軍事力の拡大ではなく、「人民の心を得ることによって天下を取ればよい」と説いた。「王道によって自国の人民だけでなく、他国の人民からも王者と仰がれるようになれば、諸侯もこれを侵略することはできない」という。

孟子は、「天下を得るためには民を得ればよく、民を得るためにはその心を得ればよい」。では、民の心を得るための方法は何かといえば、「民の欲しがるものを集めてやり、民の嫌がるものを押しつけないことである。民は安心した暮らしを求め、人を殺したり殺されたりすることを嫌うため、もし王者が仁政を行なえば、天下の民は誰も敵対しようとせず、それどころか自分の父母のように仰ぎ慕うようになる」という。

孟子は「仁者敵無し」（『梁恵王章句』上）と言い、また、「天下に敵無き者は天吏（天の使い）なり。然《かくのごと》くにして王たらざる者に未だ之《これ》有らざるなり」（『公孫丑章句』上）と言う。孟子は、「わずか百里四方の小国の君主でも、天下の王者となることができる」と主張する。「覇者」の事績について

斉の宣王から問われたときも、
「君主は覇道でなく王道を行くべきであり、そうすれば天下の役人は皆王の朝廷に仕えたがり、農夫は皆王の田野を耕したがり、商人は皆王の市場で商売したがり、旅人は皆王の領内を通行したがり、自国の君主を憎む者は皆王のもとへ訴えたがり、そうすれば誰も王を止めることはできない」
と答えている。もちろん農夫からは農業税、商人からは商業税、旅人からは通行税を得て、国は豊かになり、また、人民も生活が保障され、初めて「孝悌忠信《こうていちゅうしん》」を教え込むことができるようになる。孟子の「民本《みんぽん》思想」はその経済思想とも密接に関連している。この孟子の主張は当時としては非常に急進的で、当時の君主たちは孟子の思想を受け容れなかった。

孟子は、「民を貴《たつと》しと為し、社稷之《しゃしょくこれ》に次ぎ、君を軽しと為す」（『盡心章句』下）、つまり、「政治にとっては人民が最も大切で、次に社稷（国家の祭神）が来て、君主などは軽い」と明言している。あくまでも人民あっての君主であり、君主あっての人民ではないという。これは孟子が晩年に弟子に語った言葉であると考えられている。

各国君主との問答でも、「君を軽しと為す」とは言わないまでも、人民を重視する姿勢は、孟子に一貫していた。絶対の権力者であるはずの君主の地位を、社会の一機能を果たす相対的な位置づけで考える、このような言説は、自分たちの地位を守りたい君主の耳に快いはずはなかった。

孟子は、「舜は天下を天から与えられて天子となったのであり、堯から与えられたのではない、天下を与えられるのは天だけであり、たとえ堯のような天子があっても、天命に逆らって天下を遣り取りすることはできない」。では、その天の意思、天命はどのように示されるのかといえば、それは直接ではなく民の「意思」を通して示される。民がある人物を天子と認め、その治世に満足するかどうかによって、天命は判断されるのである。孟子は「天命説」を唱え、武力による君主の時代さえも容認した。孟子は「易姓革命《えきせい》」を支持した。しかし、孟子は王の存在を肯定していた点で「君主制支持者」であったのだ。

遣随使、遣唐使は中国から色々な文物を持って帰ってきた。しかし、「易姓革命」の思想は日本に輸入しなかった。ところが新渡戸は、「易姓革命」を主張した孟子が「武士道」全体に大きな権威を振るったと主張する。この新渡戸の主張は日本の歴史に対する無知を示している。

## 江戸時代の日本には立派な啓蒙主義者がいた

ここから先は、しばらく江戸の思想家について述べていく。少し長くなるが、お許しをいただきたい。

安藤昌益《しょうえき》（一七〇七～六二）は、万人が生産労働に従事し、自給自足の生活をすることを理想化し、封建社会を、「支配階級が他人の労働成果を貪《むさぼ》る差別の体系である」としている。安藤は、封建社会を徹底的に批判した。「孔子や孟子はいうまでもなく、『諸子百家』に至るもの、すべて支配階級の略奪を合理化したのである」と述べ、儒教や仏教などの思想を、「差別と支配を合理化するもの」として否定した。無神論を述べた日本の啓蒙思想家であった。

安藤は秋田藩に生まれ、本草や医学を修め、のち南部八戸《はちのへ》に移り住み、そこで医業を営み、思想家として全国に門人を持った。『自然真営道』『統道真伝』などの著書があるが、安藤は自著を読むと殺されると警告していた。江戸時代の「忘れられた思想家」安藤昌益は、一九二八（昭和三）年、狩野亨吉《こうきち》によって紹介された。敗戦後、狩野の文に刺激されたハーバート・ノーマン（カナダ人の宣教師の子供として日本で生まれ、カナダの大学を卒業後、共産党員になった。戦後、日本語の能力、専門知識を買われ、GHQの対敵諜報部調査分析課長に任命された）は、『忘れられた思想家〜安藤昌益』を書き、再び安藤昌益について紹介している。

また、『夢の代《ゆめのしろ》』を執筆した山片蟠桃《やまがたばんとう》（一七四六〜一八二一）がいる。彼はこの書の「天文論」で「地動説」を積極的に述べている。「無鬼論」で哲学的思考を展開し、無神論を述べ、批判的な考察が随所にみられ、科学的精神に貫かれている。山片は、幕府の思想統制を懸念して書名に工夫を凝らしていた。

山片は、播州に生まれ、幼少のとき大坂に丁稚奉公に出て、当時、大坂で高名だった両替商人の山片平右衛門家に拾われ、豊かな独創性と精勤が認められ番頭になった。中井竹山について学び、さらに当時日本の科学の先頭にいた麻田剛立《ごうりゅう》について、天文学や蘭学を学んでいた。江戸時代には、このように日本の啓蒙思想家がいたのである。

この麻田剛立（一七三四〜一七九九）は、子供の頃より天体の観察を行なうようになる。剛立は二十八歳のとき、暦のない時代に、翌年の九月一日に日食が起こると予報し、実際に一七六三（宝暦十三）年九月一日に日食が起こり、自らの日食予報を的中させた。

一七七二（安永元）年、三十八歳の剛立は、杵築《きづき》藩の侍医を辞め、天文学の研究に没頭するため杵築を出て、大坂に行き、中井履軒《りけん》宅に滞在した。そしてこれまでの名前である綾部安彰を「麻田剛立」と改名した。

麻田剛立は一七七八（安永七）年、山本彦九郎が買った反射望遠鏡で月を観測し、日本最古の月面観測図を描いた。剛立は八年後の一七八六（天明六）年の元旦に起きる日食を予報する。同年の一月一日、八年前の日食予報が的中した。剛立はこれまでの天体観測のデータをもとに、暦の計算式や計算数値をまとめた『時中暦』を著わした。

また、中国語訳の西洋天文学の解説書を読んだ剛立は、「惑星の運動」を楕円軌道で説明していることを知る。「惑星の公転周期の二乗は、太陽からの平均距離の三乗に比例する」、これは一六一九年にドイツの天体物理学者ヨハネス・ケプラーが発表した天体の運動法則で、のちに「ケプラーの第三法則」と呼ばれる。剛立が活躍した頃の日本にはまだ「ケプラーの第三法則」は知られていなかった。剛立は自らの天体観測と計算によって「ケプラーの第三法則」を独学で見つけた。彼は、『五星距地之奇法』という書物の中で、「ケプラーの第三法則」と同じ事象を発見したことを書いている。

麻田剛立の他に、江戸期の天文学者として「寛政の改暦」に功績があった間重富《はざましげとみ》（一七五六～一八一六）がいる。彼は、麻田剛立から天文学を学んだ。職人に様々な観測器械をつくらせ、天文暦学の発達に貢献した。徳川幕府から江戸に招かれ、寛政の改暦事業に参加した。その功績により、幕府の天文方と同格の待遇を受け、苗字を名乗ることを許されて「間」と改めた。江戸では高橋至時《よしとき》とともに伊能忠敬《いのうただたか》の指導を行なっている。その後、間重富は大坂に戻り、天体観測や陸地測量を続けた。著書に『算法弧矢索隠』『垂球精儀』などがある。

このように江戸中期には、自然現象を観察し、自然法則を見出す実証主義に徹した天文学者がいた。新渡戸は、後で出てくるように三浦梅園の名前は記している。ところが山片蟠桃や麻田剛立、間重富などのことについてはまるで述べていない。新渡戸は彼らの存在については知らなかったのであろう。

なお、日本国民は明治以来、「ユダヤ教」や「キリスト教」など、一神教の恐ろしさを教えない一方的な欧米中心の教育を受けさせられてきた。特に、敗戦後は、欧米美化の教育を強要されてきたので、江戸時代の日本に山片蟠桃や麻田剛立、間重富のような立派な尊敬すべき啓蒙主義者や科学者がいたことなどをまるで教えられていない。

## 「武士道」には孟子の「民本主義」が存在すると主張した新渡戸

新渡戸は、『武士道』に孟子の「民本主義」が存在すると主張している。日本で「民本主義」を主張したのは吉野作造だった（吉野は「民主主義」という言葉を使用すると、天皇絶対制から攻撃されるので「民本主義」という語を用いた）。また、新渡戸は「孟子には民主的な理論がある」とも記している。孟子は「王」の存在を肯定しており、国家を私物化するものが一人の存在である「君主制論者」である。

にもかかわらず、新渡戸は孟子も「民主論者」であると取り扱っているのだ。彼は、「君主論」

と「民主論」の区別もできていない。「易姓革命」を肯定する孟子の著作は、封建社会で国家を私物化している連中にとっては禁書だった。この点については新渡戸は肯定している。ところが、新渡戸は、先の文章の中で「孟子の主張がサムライの心に永久に拠所を見出している」と述べている。君主に対して忠義心を持ち、また、それを示さないと生きていけない状態に追い込まれている封建社会のサムライに、「民本主義」と「易姓革命」の思想があるはずがない。新渡戸はまったくの虚偽を述べているのだ。

なぜ、こんな嘘をつくのか。一般の欧米人は孔子や孟子のことをよくは知らない。そこで新渡戸は、孔子や孟子のことを知っているという博識ぶりを示すために、平気で嘘をついているのだ。

次に、新渡戸は、

「この両聖賢（孔子と孟子）の古典をただ知っているだけでは、何ら高い尊敬は得られなかった。」

と記している。彼は、孔子と孟子の書いたものを知っているだけでは尊敬は得られないと主張している。そして、「孔子をただ知識として知っているだけの人を、諺《ことわざ》は『論語読みの論語知らず』とあざける」と、一九〇二（元禄十五）年にできた『元禄太平記』に出ている文章を引用している。そして、サムライの典型として西郷隆盛の名をあげ、

「典型的な一人のサムライ（西郷南洲）は、文学に通じた学者を、本の香のする愚か者と呼んだ。」

と述べている。

ここでいう「武士」の内容について検討しなければならない。武士には「生存の保障」の肯定者である善い武士と、それを否定する悪い武士とがいる。新渡戸は西郷隆盛を典型的な武士であると記すが、「武士」の内容については述べていない。新渡戸はただ単に、西郷隆盛の名を知っていることを示したかったのだ。

新渡戸は、さらに続けて、三浦梅園の文章を引用し、

「また別の人は、学問を臭《くさ》いにおいのする菜にたとえて、『学問は臭き菜のようなり、能《よ》く能く臭みを去らざれば用いがたし。少し書を読めば少し学者臭し、余計書を読めば余計学者臭し、こまりものなり』とのべた。そう書いた人の言わんとするところは、知識が本当に知識となるのは、それが学ぶ人の心の中に同化され、その人の性格に現われたときだけだ、とのことである。知的専門家は機械とみられた。知性自体、道徳感情に従属すると考えられた。人も世界もともに、霊的、倫理的とみとめられた。」

と記している。三浦梅園(一七二七〜八九)は豊後国(現在の大分県)の出身で、医者を職にしながら「条理学」といわれる独自の学問体系を築いた。伊勢参り一回、長崎遊学二回と、三度の旅をしただけで故郷の大分・国東《くにさき》半島を離れることなく、医業の傍ら思考を続ける生涯を終えた。三浦は天地一切を疑う異常な鋭敏な知性と論理的思考力を持ち、日本における「合理思想」の持ち主であった。

だがその三浦でも、全人類的願望である「生存の保障」を拡大発展させる思想を形成するまでには達しなかった。新渡戸は、三浦の知識が本当の知識となるのは、それが学ぶ人の心の中に同化さ

れ、その人の性格に現われた時だけだと主張している。新渡戸は、三浦梅園の言葉を記すことによって、あたかも日本の思想家についての知識を持っていることを示そうとしている。

次いで、新渡戸は、

「〈武士道〉は、宇宙の進行は道徳に無関係だというハクスリーの判断を受けいれることはできなかったろう。」

と記している。新渡戸は、天地一切を疑う論理を持った三浦梅園の思想が「武士道」にあるという取扱いをしている。しかし、封建君主に忠義を誓う「武士道」には三浦梅園の思想を見出すことはできない。そのうえ、「武士道」はハクスリーの判断を受け入れないと記している。

トーマス・ハクスリー(一八二五〜九五)はロンドンで医学を修め、外科医として海洋探検船に乗り込み、四年間各地を周航した。そのときから動物に興味をもち、熱帯産の海洋動物について調査し、クラゲの研究を発表する。ロンドン大学教授となり、古生物学に関心をもち、ダーウィンの進化論を支持し、その弁護、宣伝、普及に努めた。また、人間の「サル類起源説」を主張し、科学思想の普及にも力を注いだ。新渡戸は、「武士道」と進化論の宣伝者であるハクスリーを結びつけることによって、ハクスリーを知っているという博識ぶりを誇示していたのだ。

キリスト教は、神がすべてをつくったという「神創造論」を主張する。ダーウィンは、『種の起源』を発表したが、これに対してキリスト教勢力から極めて激しい抗議を受けた。ダーウィン自身はこれに応ぜず、ハクスリーがダーウィンに代わって「反進化論」者と論戦し、かつ進化論の発展に努力した。

ここで、ハクスレーの名前を挙げている新渡戸は、キリスト教の主張する「神創造論」は反科学的であるとして認めなかったのか。認めていたのなら、彼はクエーカー教徒であることをやめなければならない。そうでなければ、一生涯、クエーカー教徒として偽善者の道を歩むことになる。

聖書に書いてあることをそのまま事実だと信ずるキリスト教原理主義は、科学を破壊し、知力を減退させ、科学的な営為を積極的に堕落させ、「生存の保障」を否定することを知っておかねばならない。

## 王陽明の思想と『新約聖書』とを同一視した新渡戸

次に、新渡戸は、

「〈武士道〉は知識そのものを軽視した。」

と記している。これまで「武士道」は、神道、仏教、儒教の知識の上に成立していると述べていた。ところがここでは「武士道」は知識を軽視していると述べている。新渡戸は矛盾したことを平気で述べている。続けて、

「こうして、知識は人生におけるその実際的応用と同一視された。そしてこのソクラテス的な教えの最大の唱道者は、中国の儒者王陽明であった。彼は『知行合一《ちこうごういつ》』をくりかえして、うむところがなかった。」

と記している。新渡戸は、中国の明代の儒学者・王陽明《おうようめい》(一四七二〜一五二八)を、古代ギリシャ

の哲学者で、プラトンの師であったソクラテスと同一視しようとしている。ここでも彼は、ソクラテス、王陽明の名前を出して博識ぶりを示そうとしているのだ。

浙江省出身の王陽明は、二十八歳で科挙に合格して官吏になる。三十五歳のとき、宦官《かんがん》・劉瑾《りゅうきん》の独断的な政治を批判する「上奏文」を皇帝・武宗に提出したが容《い》れられなかった。陽明は劉瑾の恨みを買って、僻地の貴州の役人に左遷された。言葉も風俗も異なる少数民族の住む地で、彼は厳しい生活を送りながら思索を続け、「陽明学」を誕生させた。

やがて専横が明らかになった劉瑾が追放され、王陽明は復権した。中国の王制は宦官と、科挙に合格した官吏の力関係で維持される。この力関係が崩壊したとき、王制が倒れ、次の王制が現われる。この繰り返しが中国の歴史だった。官吏・王陽明と宦官・劉瑾の関係は中国王制の典型を示していた。

現在の中国共産党を支配する中国には、宦官は存在しない。官吏の腐敗をチェックすることができない。その点で、これまでの中国の歴史とは異なっている。

王陽明は、南宋の陸九淵《りくきゅうえん》の思想を発展させ、「事物の理《ことわり》は自分の心をおいてなく、それ以外に事物の理を求めても事物の理はない」という「心即理」の思想と「唯心論」を主張した。また、「天地に通じる『理』は自己の中にある『判断力（良知）』にある（良知を致る＝致良知の説）」と唱えた。王陽明は「主観主義」を主張したのである。また、「人間の知（認識）は、行（行為、実践）の一部であって、分けることはできない」という「知行合一」を主張した。しかし、王陽明の思想は「生存の保障」を拡大発展させる論理には達していない。

さらに、新渡戸は、

「王陽明の著述中に、新約聖書と似た例を、いくつもたやすく認められよう。それぞれの教えに特有な用語を考慮すれば、『何よりもまず神の国と神の義を求めなさい、そうすれば、これらのものはみな、加えて与えられる』という句は、王陽明のほとんどのページにも見出される思想を伝えている。」

と記している。『新約聖書』の「マタイによる福音書」（六章三十三）には、「食べもの、飲みもの、着るものを、神の国と神の義に求めると、これらのものすべてが添えて与えられる」と記されている。つまり、「衣食を入手することにガツガツするな」と教えている。しかし、これは建前で、キリスト教徒は世界中で、金銀財宝や資源、土地を略奪しまくってきた。新渡戸は建前の話を述べ、キリスト教徒の略奪の歴史を述べていない。そして、聖書に書かれていることが王陽明の著述中にもあるなどという、まったくの嘘を述べている。

王陽明についての知識のない欧米のキリスト教徒は、新渡戸の文章を読むと王陽明の思想は「マタイによる福音書」と同じ水準のものであると思う。そして、王陽明の思想を知っている日本人は、当然、聖書を理解しているはずと思わせることになる。このように新渡戸は、王陽明の思想を知らない欧米のキリスト教徒と、聖書に無知な日本人の両方を騙す文章を記しているのだ。

さらに続けて、新渡戸は、

「王陽明の日本人の弟子の一人（三輪執斉《みわしっさい》）は言う――「天地生々《しょうじょう》の主宰、人にやどりて心となる。故に心は活物にして、常に照々たり」と。また言う――「その本体の霊明は常に照々たり、その霊明人の意に渡らず、自然より発現して、よくその善悪を照らすを良知という、かの天神の光明なり」と。これらのことばは、アイザック・ペニントンや他の哲学的神秘家たちの文章と、何とよく似た響きがすることだろうか！　日本人の心は、神道の単純な教義に現われているように、とりわけ王陽明の教えを受け入れ易かったのだ、と考えたい気がする。」

と記している。

江戸中期の儒者であった三輪執斉（一六六九〜一七四〇）の文章とイギリスの医学者のアイベック・ペニントンの文章とが似ていると述べているのだ。ここでも新渡戸は、日本の儒者もイギリスの医学者と同等であると主張することによって、「日本人も決して西欧人には負けていない」と主張している。そして、「日本人の心は、神道の単純な教義に現われているように、とりわけ王陽明の教えを受け入れ易かったのだ、と考えたい気がする」と記している。

江戸時代の代表的な陽明学者に中江藤樹《とうじゅ》と、弟子の熊沢蕃山《ばんざん》がいる。また、陽明学の影響を受けた人たちに、大塩平八郎の乱に参加した面々がいた。幕末の尊皇攘夷運動で陽明学の影響を受けた者として、吉田松陰、高杉晋作、西郷隆盛、河井継之助、佐久間象山《しょうざん》などがいる。明治時代になっても、陽明学の信奉者として軍神と宣伝された広瀬武夫や、日露戦争の英雄とされた東郷平八郎がおり、敗戦後も陽明学者の安岡正篤《まさひろ》がいる。

ここで気づかねばならないことがある。王陽明の思想の影響を受けた「武士道」は、一九四五（昭和二十）年八月十五日、大日本帝国の敗戦の日をもって破綻した。ところが「武士道」を執筆した新渡戸が播《ま》いたクエーカー人脈は日本で生き延びた。彼らによって大日本帝国は敗北し、国際金融マフィアの支配する米国に日本は売り渡された。そして天皇家の生命だけが守られ、日本人は二度と米国に歯向かう能力を持たない、米国の単なる従属国につくり変えられた。やがて天皇になる皇太子（今上陛下）をクエーカー教徒にさせ、天皇家をキリスト教徒にしようとした。こうした歴史的事実の検証に、われわれは正面から取り組んでいかねばならない。

さらに、新渡戸は、

「彼（王陽明）は〈観念論〉において、バークリーやフィヒテ以上ではなくても、同じくらいまで論を進めている。」

と記している。王陽明は観念論において、バークリーやフィヒテと同じくらい論を進めているというのだ。これを読んだ王陽明について無知な欧米のキリスト教徒は、王陽明がバークリーやフィヒテと同じ人物とみなすことになる。

バークリー（一六八五〜一七五三）は若くして聖職者になり、米国先住民にキリスト教を広めようとして渡米し、多大な努力を払ったが失敗した。その後、南アイルランドで主教として地方の教化に努めた。「存在することは、知覚せられてある」というのがバークリーの考え方である。神も精神も動植物も、すべて実体的存在者であるが、バークリーはこれをわれわれ人間の意識の対象に転じ、「ものが在るとは人間の意識にとって在るということである」とする。

ここでバークリーは「唯心論」を主張した。この点で王陽明と同じことを主張していたという。しかし、バークリーの「唯心論」は、キリスト教の神をどのように取り扱うかという思考の過程の中で生じてきたものである。だから王陽明の「唯心論」とは文化的背景がまったく異なっている。

バークリーは、「勤勉」と「労働」という「生産力的立場」から「公共精神」を高く掲げ、プロテスタント的な道徳倫理の新しいモラルを形成した。

一方、ドイツの哲学者ヨハン・フィヒテ（一七六二〜一八一四）は神学を勉強したが、スピノザの『エチカ（倫理学）』を読んだのが機縁となり哲学の道に入った。スピノザ（一六三二〜七七）は、イベリア半島からオランダに逃れてきたポルトガル系ユダヤ人の子孫で、アムステルダムで商人の子として生まれた。同地のユダヤ教団の学校でヘブライ語とヘブライ的教養を深く身につけ、中世ユダヤ哲学者の書に親しみ、カバラの神秘思想に接した。

やがて、スピノザは伝統信仰に対する疑いを抱くようになり、ユダヤ教団から破門された。『エチカ（倫理学）』の中で、「聖書」の教えの中には迷信的な考えや、他から借りてきた部分があることを明らかにした。やがてスピノザの思想はヨーロッパの人々に知られるようになり、「啓蒙思想」となり、フランス革命につながっていった。

フィヒテは「フランス革命論」を書き、自由思想家として活躍した。イェナ大学の教授に就任したが、自らが編集していた「哲学雑誌」に載せた宗教論を無神論だと非難され、イェナにいられなくなり、ベルリンに移った。プロイセンがナポレオンに敗れ、講和条約が結ばれるや、「ドイツ国民に告ぐ」と講演した。その後、新しく創設されたベルリン大学の初代総長になった。『自然法の基礎』『道徳論の体系』などを発表している。

これらの著書は啓蒙主義の考えに貫かれている。『封鎖的商業国家』では自給自足の国家を考え、商業を国家が営む一種の「国家社会主義」を説いていた。

フィヒテは、「経験（意識の事実）を論理的に理由づけるものでなければならない」と主張した。フィヒテ哲学は、カント哲学のアウフヘーベン（止揚）によって成立したヘーゲル哲学とカント哲学との中間点に位置づけられている。

新渡戸はこのように、西洋哲学史上で重要な役割を果たしたバークリーとフィヒテと王陽明を並べることによって、王陽明の思想を踏襲した「武士道」も、バークリーとフィヒテに匹敵する思想なのだと主張している。王陽明について無知な欧米のキリスト教徒にそのことを宣伝しているのだ。

さらに新渡戸は、日本人にはほとんど馴染みの薄いフランス人の歴史学者ド・ラ・マズリエールの文章までを引っ張り出し、

「十六世紀の中ごろ近くには、日本では、政治も、十六世紀のイタリア人に比べられる男たちをつくり出した。」

と記している。十六世紀の頃の日本人とイタリア人の同一性を強調しているのだ。織田信長が全国制覇をするまでの十六世紀中葉の日本国内は、各地に武将が群雄割拠していた。十六世紀のイタリアでも小国が乱立していた。この点では、日本とイタリアは同じ時代的背景にあった。そこで日本とイタリアを同じであるという文章を見つけてでっち上げているのだ。

# 第三章　廉直すなわち義

## 「武士の掟」が「正しいことを行なうこと」という曖昧さ

新渡戸稲造は、この「第三章」の冒頭で、

「サムライの掟にあって、最も峻厳な教え〔がここに見られる。〕」

と記している。新渡戸は、「廉直」、即ち、心が正しく曲がったことをしないのが「武士の掟」だと主張している。そして、少し先のところで、

「義理とは〈正しい道理〉が私たちにせよと求め命じるもの以外の何ものであろうか。〈正しい道理〉は私たちにとって定言命令であるべきではないか。」

として、「正しい道理」という言葉を使用している。

論理学では表象と対象が一致すると「正しい」という。感覚的経験論的認識によって生じた表象と対象が一致した時に「正しい」と述べることには、一般の一致を得ることができる。ところが、思惟から生じた表象内容について「正しい」という言葉を使用する場合はよほど気をつけねばならない。「私の述べることは正しい」という場合、その発言内容について検討しなければならない。そ

の検討の基準は、その発言内容が「生存の保障」を肯定するか否定しているかの判断が必要になる。無規定で抽象的な「正しい」は、主観主義になることを知っておくべきである。

新渡戸は、武士の掟は「廉直」であると主張している。そして、武士が正しいと思って実行することは「正しい道理」だとしているが、ほんとうにそうだろうか。武士はときには、百姓一揆に立ち上がった農民を殺すことを正しいと思い、実行することもある。

中世、欧州では魔女狩りが行なわれた。魔女と名指しされた人には、教会による凄まじい拷問が加えられた。両方の指を金属製の万力《まんりき》で締め上げ、魔女と認めたら火炙《ひあぶ》りにした。こんな残酷なことをキリスト教会の連中は正しいと思って実行したのだ。それと同じように、新渡戸は、「武士の掟」は、武士の主観で実行されることを主張している。

続けて、新渡戸は、

「ある有名な武士は、それを果断力と定義した——『義は勇の相手にて、裁断の心なり。道理に任せて決心して猶予せざる心をいうなり。死すべき場合に死し、討《う》つべき場合に討つことなり』と。」

と記している。ここに出てくる有名な武士とは、江戸後期の経世家・林子平《はやししへい》（一七三八〜九三）のことである。新渡戸は林子平の文章を引用して、「廉直（義）とは、果断（決断）力である」と主張している。

では、その際、何を果断するのか。「義は裁断の心なり」というが一体、何を裁断するのか。「道理に任せて決心して、猶予せざる心をいうなり」とも言っているが、どのような道理を決めるのか。

それに対しては、新渡戸は、「死すべき場合に死し、討つべき場合に討つことなり」という林子平の言葉を引用し、支持している。

「廉直」とは、「死すべきときに死し、討つべき場合に討つ」という決断力だという。残念なことに、林子平の言葉はまったく理解できない。「死ぬこと、討つこと」という言葉の内容について検討しなければならない。「生存の保障」を肯定するのか、それを否定するのか。このような抽象的な言葉に騙されてはいけない。

さらに続けて、新渡戸は、久留米藩水天宮の神祇官であった眞木和泉《まきいずみ》（一八一三〜六四）が述べた言葉、

「節義は例えていわば人の体に骨あるがごとし。骨なければ首も正しく上にあることを得ず、手も動くを得ず、足も立つを得ず、されば人は才能ありとても、学問ありとても、節義なければ世に立つことを得ず。節義あれば、不骨不調法にても、士たるだけのことを欠かぬなり。」

を引用している。ここでいう人間の才能には、「生存の保障」を肯定する善い才能と、それを否定する悪い才能とがある。先の新渡戸の文章ではどちらの才能であるかが不明である。国家を私物化する、悪い不法な犯罪者が期待する「才能」は、「生存の保障」を否定する不法な「才能」ということになる。

また「学問」にも「生存の保障」を肯定する善い学問と、それを否定する悪い学問がある。国家を私物化する不法な権力者が期待する「学問」とは、即ち、「生存の保障」を否定する悪い学問ということになる。

新渡戸は続けて、「節義」という言葉を提起している。眞木和泉が述べた「節義」とは、「行ないのけじめが正しいこと」である。その「節義」がなければ世に立つことは出来ないとも言っている。この「世に立つ」ということの内容も見なければならない。「生存の保障」を否定する、悪い不法な権力者が支配する「世」なのか、それとも「生存の保障」を肯定する善い倫理者が支配する「世」なのか。国家を私物化する不法な権力者が支配する「世」でも、悪い行ないを正しいと決定する能力がないと、世に立つことができない――それが「武士の掟」であると、眞木和泉は主張し、新渡戸も肯定している。

眞木和泉は、水戸の会澤正志斎に学び、「今楠公《いまなんこう》」と呼ばれる。後醍醐天皇の南朝方について滅びた菊池一族の忠誠を尊び、楠木正成を信奉した。開国反対を主張する「尊皇攘夷」の強硬派だった眞木は薩摩藩士らとともに、寺田屋に集まり、関白・九条尚忠や所司代・酒井忠義らを襲撃して一挙に開国派を排除し、薩摩の島津久光に朝廷を主導させようという謀議を企てる。島津久光はこのクーデターを鎮圧するためにクーデター参加者を殺害させた。これが「寺田屋事件」である。そのクーデター参加者の中に眞木和泉がいた。

その後、眞木は久留米藩に幽閉されたが、しばらくして幽閉を解かれると、すぐに長州に赴き、長州藩主・毛利敬親《ただちか》父子に「攘夷・親征・倒幕」を説いた。しかし、攘夷が叫ばれている最中、長州藩はジャーディン・マセソン商会と極秘に連絡をとり、井上馨《かおる》など長州の五人の逸材を英国に密航させていた。長州はすでに開国の方向に向かっていたのだ。

「攘夷パラノイア」になっていた眞木は、長州藩がユダヤ・ロスチャイルド閥と連絡を取っていることなど気づかなかった。眞木は、京都に行き、「攘夷親征策」をもって過激派と合流していった。その後、眞木は、孝明天皇を擁して大和へ行幸し、神武天皇の御陵（墓）で、攘夷のための親征祈願をする。天皇が御所を出たあと、京都に火を放って混乱に陥れ、伊勢に錦旗を揚げて江戸に入る。この眞木の孝明天皇による「大和行幸作戦」は、桂小五郎から三条実美に伝えられ、三条によって朝議にかけられることになった。

一八六三（文久三）年八月、孝明天皇の神武天皇陵参拝と攘夷親征の詔勅が発せられた。攘夷派公卿の中山忠光を盟主とする土佐脱藩浪士の吉村寅太郎ら攘夷過激派が京都東部の方広寺に集まり、倒幕の挙兵を行なった。彼らは大和に入り、五条代官所を襲撃し、代官所に火を放った。そして、桜井寺に本陣を置き、五条を天朝直轄地とする宣言を出し、「御政府」あるいは「総裁所」と称した。ところが、薩摩藩と会津藩側から、この長州藩の作戦の密謀が見抜かれ、天皇の行幸は中止になったのである。

その後、公武合体派が実権を握るクーデター（八月十八日の政変）が起こり、長州の尊攘派は京都から追放されることになる。ここから長州側は「逆賊」と呼ばれるようになった。三条実美らの「七卿落ち」があり、五条代官所を根拠地にした尊攘派（「天誅組」）は見捨てられる。八六四（元治元）年、京都での勢力挽回のために上京した長州藩は薩摩藩・会津藩と衝突する。そして長州軍は敗退し、長州軍に参加していた眞木和泉は、同志十六名とともに山崎天王山の宝積寺で宿営する。そして見回り組や新選組、会津兵などが攻めてくるなか、同志とともに自害した。享年五十二であった。

このように「攘夷パラノイア」の眞木によって、多くの人が殺害される結果を生むことになった。ところが新渡戸は、そのような眞木の文章を引用して博識ぶりを示しながら、眞木を中心にした幕府打倒についての歴史は述べていない。

## 新渡戸が引用したがる聖書は「無謬《むびゅう》の書」などではない

次に新渡戸は、孟子の言葉を引用し、さらに『新約聖書』の文章を引用する。

「孟子は、『仁は人の心なり、義は人の路なり』と言い、大声で嘆いていう――『その路を舎《す》てて由《よ》らず、その心を放って求むを知らず、哀《かな》しいかな。人は鶏犬の放つあらば、すなわちこれを求むるを知るも、心を放つあるものも求むるを知らず』と。ここに私たちは、三百年後に別の国土で、一人のより偉大なる〈教師〉が、自らを失われた者が見いだされる唯一の義の〈道〉であると呼んだ比喩を、『鏡に見るようにおぼろに』認めはしないだろうか。」

と記している。「自らを失われた者」とは「ルカによる福音書」（十九章十）の「人の子のきたるは、失われたものを尋ね出して救うためである」に拠っている。また、「義の道」とは、「マタイによる福音書」（二十一章三十二）の「ヨハネが来て義の道を示したのに、あなた方らは彼らを信ぜず」ということ文章と、「ヨハネ福音書」（十四章六）の「わたしは道であり、真理であり、生命である」に拠っている。また、「鏡に見るようにおぼろに」とは、「コリント人への第一の手紙」（十三章十二）から引用している。

非キリスト教徒の日本人には、なぜ新渡戸がいきなり『新約聖書』の文章を引用するのかさっぱり理解できない。多分、欧米のキリスト教徒も理解できないだろう。

このように、新渡戸は、「廉直すなわち義」の話として、林子平や眞木和泉、孟子や『新約聖書』などの言葉を引用している。新渡戸は、日本人や中国人、そしてキリスト教の言葉を知っているという博識ぶりを示しているが、論理的考察ができていないことを示しているに過ぎない。

聖書は、神の霊感によって書かれた「無謬《むびゅう》の書」であり、神の重要な教えを自らの民に伝えるものであると考えられていた。ところが聖書の本文をよく調べると、まったく矛盾する記述が多いことに気づく。

『旧約聖書』の「創世記」第一章の「天地創造」の記述は、第二章以下の文脈とは全然違う。ヘブライ語の原文を読めば、言葉違いや文体が異なっており、「神」を指す呼び名も異なっていることに気づく。内容も多くの点で食い違っている。

動物は人間が生まれる以前に造られたのか、植物は人間誕生以前に造られたのか。男は最初に造られた生物なのか、それとも最後に造られた生物なのか。「創世記」の一部をとってみてもまったく矛盾していることが記載されている。

また、「ヨシュア記」の第六章で、神・ヤハウェは、イスラエルの兵士にエリコの町を襲い、子供を含む住民を皆殺しにするよう命じた。神は幼児や乳飲み子まで虐殺する必要性があるのか。『旧約聖書』の神は、あらゆるフィクションの中でももっとも不愉快な登場人物である。嫉妬深くて、そのことを自慢している。けちくさく、不当で、容赦のない支配魔である。執念深く、血に飢え民族浄化を行なう。そればかりか、ヤハウェは女嫌いかつ同性愛者嫌いで、しかも人種差別主義者である。近親相姦、幼児殺し、大虐殺、実子殺し、悪疫など、数々の悪行を引き起こし、誇大妄想的であり、サドマゾ趣味、気まぐれな悪さ、弱い者いじめをする。こんな神の言うことを聞き入れるのは実に恐ろしく、そして危険なことだ。

ユダヤ教の『旧約聖書』は三十九もの書で構成されており、少なくとも六百年という歳月をかけて多くの人たちによって書かれたものだ。また書き換えの写本づくりのたびに、改変されていったのである。

『旧約聖書』と呼ばれる青銅器時代の野蛮な教典から「生存の保障」を否定する三つの宗教、「ユダヤ教」「キリスト教」「イスラム教」が生まれた。

『新約聖書』に現われる「東方の星」「処女懐胎」「奇跡」「復活」「昇天」など、イエスに関する事象も、地中海および中近東地域ですでに存在した他の宗教から借用されたものであるという。

また、『新約聖書』には、矛盾した話が多く出てくる。その一例として「マルコ伝」と「ヨハネ伝」では、イエスの「死」の日時が異なっている。「マルコ伝」では、イエスは「過越祭り《すぎこしのまつ》」の日の午前九時に死んだことになっている。ところが「ヨハネ伝」では「過越祭り」の日の前日の午後に死んだことになっている。「マルコ伝」より後で書かれた「ヨハネ伝」は、イエスの死の日時を修正したのか。これでは、イエスはいつ死んだのか、まったくわからないということになる。

さらに、四つの福音書（「マタイ」「マルコ」「ルカ」「ヨハネ」）の中では、イエスの誕生や系譜、宣教活動の期間などに異同がある。また、ピラトの前で開かれた裁判や、ユダヤの裏切り行為と死、復活物語などでもくい違いがある。福音書のオリジナル・テキストは現存せず、後世に作られた写本が、何世紀も後に書かれ、捏造されてきた。つまり聖書は、決して神の霊感によって書かれた「無謬の書」などではなかったのだ。

新渡戸は、聖書成立の歴史的過程についての考察はなく、聖書は神の霊感によって書かれた「無謬の書」であり、神の重要な教えであるとして取り扱っている。

『旧約聖書』や『新約聖書』が生まれた地域は、砂漠地帯で、荒野の多い、きわめて厳しい自然環境だった。突然の砂嵐や暴風雨などが作物を台無しにする、農業にも不向きな環境だった。日本には四季があり、梅雨があり、台風があり、水が豊かであり、農耕に適しているなど、自然環境が根本的に異なっている。そのようなところで生まれ育った日本人の思想と、『旧約聖書』や『新約聖書』を同一の水準で取り扱うことはできない。新渡戸は、この差異をまったく無視している。

## 新渡戸はなぜ、「赤穂浪士四十七士」の討ち入りを讃美するのか

『武士道』の本文に戻ろう。次に、新渡戸は、

「義士（廉直の士）という称号は、学問や芸術の熟達を意味するどのような名称よりも優れたものと考えられた。四十七人の忠臣——わが国の民衆教育で大いに尊ばれている——は、四十七義士とふつう語られている。」

と記している。新渡戸は、浅野内匠頭《たくみのかみ》の仇討ちのために吉良邸に討ち入り、吉良義央《きらよしなか》の首をとっ

た「赤穂浪士四十七士」を「義士」と呼ぶことを讃美している。

一七〇一（元禄十四）年三月十四日、江戸城・松の廊下で播磨赤穂藩主の浅野内匠頭長矩《ながのり》がいきなり小刀で高家《こうけ》肝煎《きもいり》（筆頭）の吉良義央に背後から襲いかかる。なぜ浅野長矩は江戸城内で突然、吉良に襲いかかったのか。勅使饗応役の浅野長矩が、その指導役だった吉良に賄賂を多く手渡さなかったため、儀式の期間中、ことあるごとに吉良から妨害を受けたり、嘘の作法を教えられたりと、いじめ抜かれ、その結果、逆上して刃傷《にんじょう》沙汰になったという説がまことしやかに伝えられている。

また、吉良の領地の三河の塩田より、赤穂藩の塩田からとれる塩のほうが高級で、吉良はかねてより赤穂の塩田を狙っていたという説もある。さらに、浅野内匠頭は男色趣味を持ち、自分の児小姓《こごしょう》を可愛がっていた。吉良上野介がこの少年に惚れて譲ってほしいと頼んだが、断わられた。その怨みで内匠頭に嫌がらせをしたという噂話まである。

将軍綱吉は、朝廷からの勅使との会見儀式を台無しにされたことを怒り、たいした取調べもせずに浅野に即日切腹を命じた。浅野も当日の取調べでは、「吉良に恨みがあった」としか答えておらず、刃傷に至るまでの憎悪がいったいどこにあったのかがよくわからない。

真相は不明なのである。だがそれでは芝居は盛り上がらない。吉良が悪人であればあるほど、浪士の討ち入り成功の場面では見物客に爽快感を与えることができる。芝居をつくる者は、脚色や創作によってどんどんと吉良を悪党へと仕立て上げていった。

ところが地元では吉良義央の評判はすこぶる良い。三河国幡豆《はず》郡、現在の吉良町は吉良の領地であり、この町の人たちは昔から吉良義央を慕っていた。

吉良はお国入りのたびに赤毛の駄馬にまたがって領内を巡視し、農民と親しく交わっていたと伝えられている。農民が洪水に悩んでいると知ると、「黄金堤《こがねづつみ》」なる堤防を造成し、さらに用水や排水路を開削して領民の農業を支援し、大規模な新田や塩田を新規に開発して領内を豊かにしたという。だが、吉良義央が善人であっては、『忠臣蔵』の面白さは消え失せ、物語や芝居として成立しないことになってしまう。

さらに赤穂浪士が「忠臣」だったことを根本からくつがえす話がある。浅野長矩は精神病にかかっていたので、刃傷事件を起こした、という説である。事件を起こした後、浅野長矩は田村家にお預けとなる。その屋敷で切腹するまでの数時間の様子が「浅野内匠頭御預一件」として記録に残されている。それによれば長矩は田村家において、湯漬を平然と二杯たいらげ、酒や煙草を所望した。生まれて初めて人に斬りつけ、それから数時間もたたないのに旺盛な食欲を示すとは普通では考えられない。

また浅野は事件の三日前、持病の「痞《つかえ》」が悪化して、侍医から薬を処方されている。そのとき、突然、胸部や腹部に強烈な圧痛を訴えた。これは心身症や精神病の身体的症状として現れることがある。もしも「乱心」であるなら、「藩主引退、減封のうえ御家存続を認める」という処分ですんだだろう。そうなれば赤穂浪士たちが討ち入りを実行する必要はなかった。吉良は当日の取調べに対して、「自分は浅野に襲われることについて身に覚えがない」と明言している。吉良は浅野の精神病による被害妄想により斬りつけられ、翌年、赤穂浪士たちによって殺害されたことになり、この事件の最大の被害者になったということが考えられる。

もちろん、たいした取調べもせずに、浅野に即日切腹を命じ、浅野家五万石の断絶を命じた幕府側の非も見逃せない。あまりにも拙速すぎた処断によって、赤穂浪士の吉良殺害は起こったといえる。いずれにしても、『忠臣蔵』は幕府の圧政に対する庶民の憂さ晴らしのはけ口になっていたのだ。

## 武士の「正しい勇気」という言葉に隠された陥穽

次に、新渡戸は、

「義理は倫理においては二次的な力である。義理は動機としては、キリスト教の愛の教えには無限に劣る。愛こそが唯一の律法でなければならないのである。」

と記している。

キリスト教徒は「愛」を主張する。だが、この「愛」はキリスト教徒の中だけに通用する「愛」である。キリスト教徒のみの「生存の保障」を肯定する「愛」であり、非キリスト教徒の「生存の保障」を否定することである。この事実は人類の歴史上みられることだ。

ところが、日本のキリスト教徒は、キリスト教は「愛」と「福音」の宗教であると見なし、非キリスト教徒を殺しまくってきた歴史を知ろうとしない。彼らは「ユダヤ教」「キリスト教」の一神教の恐ろしさに関心をもたない偽善者である。「愛」を基準にすることは、「生存の保障」を肯定する場合と「生存の保障」を否定する場合のあることを知っておかねばならない。

愛は私と他者との一体性であるという意味で「生存の保障」の肯定を表わす言葉である。しかし、愛は感情であるという点で個別的な意思を原理にすることとなり、「生存の保障」の否定でもある。だから愛は「生存の保障」の肯定と「生存の保障」の否定を同時に示す言葉であり、大きな矛盾を含んだ言葉である。そして「矛盾の惹起《じゃっき》」であると同時に「矛盾の解消である」ということになる。そのため、「愛」「恋愛」「最愛」「慈愛」「情愛」「親愛」「博愛」などの言葉を使用する場合は注意を要するのだ。

新渡戸は、「愛」の論理についての無知を示すと同時に、キリスト教徒の主張する「愛」は非キリスト教徒の「生存の保障」の否定であることを述べない偽善者であることを示している。『新約聖書』にはたびたび、「愛」という言葉が出てくる。

「あなた自身のようにあなたの隣人を愛さなければならない。わたしは主である」(「レビ記」十九章十八)。この「隣人」とはユダヤ教徒のみなのである。

「自分を愛するようにあなたの隣人を愛せよ」(「マタイによる福音書」二十二章三十九)。この「隣人」もキリスト教徒のみである。

「敵を愛し、人によくしてやり、また、何も当てにしないで貸してやれ。そうすれば受ける報いは大きく、あなたがたはいと高き者の子となるであろう、いと高き者は、恩を知らぬ者にも悪人にも、なさけ深いからである」(「ルカによる福音書」六章三十五)。ここでの「敵」とは、「キリスト教徒内の敵」のことを指す。

このように、ユダヤ教とキリスト教徒の主張する「愛」は、ユダヤ教徒とキリスト教徒のみの「生存の保障」を肯定する「愛」であり、不法な犯罪的な「愛」なのである。

さらに、新渡戸は、この「第三章」の末尾として、

「スコットが愛国心について、『それは他のさまざまな感情の最も美しい仮面であると同時に、しばしばその最も疑わしい仮面である』と書いたことを、義理についても言ってよかろう。」

と記している。新渡戸は、「愛国心」についてイギリスの小説家であるスコット（一七七一〜一八三二）の文章を引用している。そこで、この「愛国心」という言葉を倫理的に検討してみよう。

われわれは、国家を私物化している支配者のみの「生存の保障」が認められているような「不法国家」を愛することはできない。しかし、「生存の保障」を拡大発展させる「理性国家」を愛することは許される。無規定で抽象的な「愛国心」を支持すると「生存の保障」は否定されてしまう。このことはこれまでの人類の歴史が明白に示している。

新渡戸は、武士の「義理」も、スコットが述べた「愛国心」と同じであると述べている。無規定で抽象的な「義理」は、「生存の保障」を否定する「義理」であり、これに対して「生存の保障」を肯定する「義理」がある。

そこで、新渡戸は、

「〈正しい道理〉より以上に、またはより以下にまで運ばれて、義理は奇怪な誤称となった。義理はその両翼の下に、あらゆる種類の詭弁と偽善をかくまった。かりにも〈武士道〉に鋭く正しい勇気の感覚、すなわち敢為忍耐の精神がなかったとすれば、義理はたやすく臆病者の巣になり果てたことであろう。」

と記している。ここでも新渡戸は、無規定で抽象的な「正しい勇気」という言葉を使っている。

武士は「正しい」と思ったことを実行する勇気を失ったら臆病者となる。つまり、新渡戸は、武士が「生存の保障」を否定するような行為をすることを薦めているのだ。

敗戦後、「教育勅語」に代わる「教育基本法」の作成委員に選ばれた新渡戸の弟子に、河井道《みち》という女性がいる。彼女は、「真理の探究、人格の完成についての特別委員会」の席上で、「いろいろとほめごとをいうとむずかしくなるでしょうけれど、私はやはりライチャンスネスというような、正義ということばがほしいと思います。世界平和といっても、正義は立たねばなりません」と発言していた。

この河井らの意見を採り入れて「教育基本法」第一条（「教育の目的」）は、「教育は、人間性の開発をめざし、民主的平和的な国家及び社会の形成者として、真理と正義とを愛し、個人の尊厳をたっとび、勤労と協和とを重んずる、心身共に健康な国民の育成を期するにあること」となった。

つまり、河井道は「正義」という言葉が必要であるといい、「教育基本法」の中に「真理と正義とを愛し」という言葉を挿入させたのである。しかし、無規定で抽象的な「正義」とは、何度も繰り返すが、「生存の保障」を否定することである。河井も教育基本法を作成した連中も、「正義」についての倫理学的な無知を示している。

このような「正義」という言葉を聞いたとき、われわれは、それが「生存の保障」を肯定するものか、否定するものかを判断しなければならない。無規定で抽象的な「正義」は、「生存の保障」を否定し、脅かすものであることを知らなければならない。

## 第四章　勇気、敢為《かんい》忍耐の精神

### 「豪胆、勇気、不屈」などの徳目は権力支配者が望んでいるもの

新渡戸稲造は、「第四章」で「武士道」の要である「勇気」と、物ごとを完遂させるための「忍耐力」について述べる。

この章の冒頭で、新渡戸は、

「勇気は、義のためにふるわれるのでなければ、ほとんど美徳の中にかぞえる値打があるとは考えられなかった。」

と記している。この「勇気」には「生存の保障」を肯定するための勇気と、それを否定するための勇気とがある。君主の使用人である武士は、君主の命に従って、「生存の保障」を否定するような行為でも、勇気をもって実行する。これが「武士道」の美徳になる。ここでも新渡戸は、無規定で抽象的な「勇気」を述べるだけで、「勇気」の内容についてはまるで検討していない。

続けて、新渡戸は、

「『論語』の中で孔子は、彼のいつもの習わしに従い、〈勇気〉を、その否定が何かを説明して定

義している。「義を見てなさざるは勇なきなり。」この警句を積極的に言いかえてみると、『〈勇気〉とは正しい事をすることである』となる。」

と記している。新渡戸は、『論語』をもち出し、孔子の言葉を引用した後で、「勇気とは正しい事をすることである」と主張している。しかし、ここでの勇気も「生存の保障」を肯定し、実践する善い勇気なのか、それを否定する悪い勇気なのかを、新渡戸は峻別していない。

さらに続けて、新渡戸は、

「(武士道にありては)死ぬだけの値打のない理由で死ぬのは『犬死《いぬじに》』と呼ばれた。」

と記している。太平洋戦争での対米英戦中に、日本軍は最初から兵を「犬死」させるような作戦を、天皇閥の重臣と米国と内通していた日本のキリスト教徒たちが行なっていた。そのような作戦を遂行する軍部はとても「武士道」とは考えられない。

続けて、新渡戸は、

「『戦場に駆《か》け入りて討死するはいとやすき業《わざ》にて、いかなる無下《むげ》の者にてもなしえらるべし。生くべき時に生き、死すべき時にのみ死するを真の勇とはいうなり』と水戸の義公は言う。」

と記し、水戸二代藩主徳川光圀《みつくに》(一六二八〜一七〇〇)の言葉を引用している。ここでも新渡戸は、「生存の保障」を否定する「死」を「真の勇気」であるとして讃美している。

さらに、新渡戸は、

「しかも義公〔徳川光圀〕は、勇気を『恐れるべきものと恐れるべきでないものとの知識』と定義したプラトンの名を、耳にしたことさえなかったのである。」

と記している。新渡戸は、あくまでも西洋コンプレックスをはねかえすために、水戸の藩主がプラトンと同じことを言っていたと主張している。日本を知らない欧米人に、日本にプラトンに匹敵する人物がいたかと思わせることになる。

## 武士の勇気の譬えに「シシュフォスの神話」まで登場させる

次に、新渡戸は、

「剛勇、不屈、大胆、豪胆、勇気は、青少年の心にきわめて容易に訴えかけ、鍛錬と模範で訓練できる魂の性質であるから、青少年の間で早いころから見習わせた、最も人気のある徳であった。」

と記している。剛勇や不屈、大胆、豪胆、勇気などの精神教育を、青少年の頃より実践させることと自体は結構なことである。しかし、国家を私物化している支配者は、決してこのような善い精神教育を青少年に施すとは限らない。彼らは、使用人である武士の青少年の頃より、剛勇、不屈、大胆、豪胆、勇気などを、むしろ「生存の保障」を否定する方向で実践する悪い教育を行なう。新渡戸はそのような教育と鍛錬を、「最も人気のある徳であった」と主張しているのだ。

続けて、新渡戸は、

「戦《いく》さの手柄の物語は、少年たちがまだ母のふところを離れないうちに、くりかえし語られた。ちびっ子がどこか痛くて泣くと、母親は子を叱ってこう言うのである――『ちょっと痛いぐらいで泣くなんて、何という弱虫です！　戦場でお前の腕が切り落とされたらどうするつもりです。ハラキリをせよと命じられたらどうするのです。』」

と記している。このように、新渡戸は、「生存の保障」を否定するような話を讃美している。

さらに、新渡戸は、

「サムライの子は、困苦欠乏のけわしい谷へ投げ落とされ、シシュフォス的な苦業にかり立てられた。ときおりは食物を与えず、寒気にさらすことが、子供に忍耐を鍛える大いに有効な試練と考えられた。」

とも記している。新渡戸は、武士の子に厳しい教育をする話を、ギリシャ神話の「シシュフォスの苦業」と同列に評価している。神々の怒りを買ったシシュフォスは、「大きな岩を山頂に押して運べ」という罰を受けた。彼は神々の言いつけどおりに岩を運ぶのだが、山頂に運び終えたその瞬間に、岩は転がり落ちてしまう。同じ動作を何度繰り返しても、結局は同じ結果にしかならないという教訓となった話である。ここでも新渡戸は、そのギリシャ神話を知っているという博識ぶりを誇示している。

新渡戸は、さらに、

「猛烈な戦闘のさなかにあっても、彼は冷静を保ち、大災害のただなかにあっても、彼は心の水準を保つ。地震も彼を震わず、嵐にも彼は顔をほころばす。危険や死の脅威にも沈着を保つ人、たとえば、危機に瀕しても歌を詠むことのできる人、死に直面しても詩を口ずさむことのできる人こそ、本当に偉い人である、と私たちはほめたたえる。」

と記している。本当に偉い人とは、常に「生存の保障」を損なうようなことを否定し、善い倫理を実行する者でなければならない。新渡戸には、そのような人類史的願望についての理解がまったくないのだ。

―第五章―　仁、惻隠《そくいん》の心

## 孔子と孟子の「仁」思想には、ほんとうの倫理的思考がない

『武士道』の「第五章」の冒頭で、新渡戸は、

「愛、雅量、他者への博愛、同情、憐れみはつねに至高の徳として、すなわち人間の魂のすべての性質中最高のものとして認められてきた。」

と記している。

キリスト教は「愛」を唱え、平気で異端派のキリスト教徒、そして、非キリスト教徒を殺しまくった。キリスト教徒の「愛」とは、キリスト教徒のみの「愛」なのである。新渡戸は、このキリスト教徒の「人殺しの歴史」に目をつむって、「愛」を唱えている。キリスト教徒が唱える「他者への情愛」の「他者」とはキリスト教徒のみであり、非キリスト教徒は排除されている。

新渡戸が主張する「愛、雅量、他者への情愛、同情、憐れみ」などは、キリスト教徒の中でのみ通用するものであり、非キリスト教徒にあてはまるものではない。

また、次に掲げている「徳」の内容についても検討してみなければならない。「王侯の徳」とは、

「王侯」のみの「生存の保障」を肯定する「徳」であり、被支配層の「生存の保障」を否定する「徳」である。新渡戸は、「生存の保障」の否定者、即ち、不法な犯罪者の「徳」を述べているのだ。

さらに続けて、新渡戸は、

「慈悲は王者にその王冠よりもよく似合うとか、慈悲は王笏《おうしゃく》をふるって行う支配以上であるとかをことばに表わすには、世界の他の人々と同様、おそらく私たちもシェクスピアを必要としたことだろうが、それを感じるにはシェクスピアは全く必要なかった。」

と記している。キリスト教徒は「慈悲」の心をもっている。しかし、非キリスト教徒を皆殺しにしてきた。この歴史的事実を無視した新渡戸は、ここでシェイクスピアを取り上げている。彼は、シェイクスピアを知っているという博識ぶりを見せびらかせている。

さらに、新渡戸は、

「(孔子も孟子も)人を治める者の最高の必要条件は仁であることを語った。」

と記している。「仁」とは、「人を思いやることを基準にすることだ」と、孔子や孟子が主張したという。ここで「人を思いやる」場合の「人」の内容について知らねばならない。「生存の保障」を肯定する善人と、それを否定する悪人がいる。どちらの「人」を思いやるのか。儒教が主張する「仁」には「生存の保障」を肯定する「倫理学的展開」はない。儒教は倫理的思考を展開していないことを知っておくべきである。

続いて、新渡戸は、

「封建制の統治はたやすく軍事優先政策に堕落することがあるが、その統治下にあって私たちが最悪の種類の専制から救われたのは、まさに仁のおかげである。」

と記している。だが、軍事優先政策は何も封建制のみの統治ではなく、国家を私物化する不法な権力者は、軍事力を背景に人々を支配していることは人類の歴史上常にみられる現象である。ところが新渡戸は、専制政治から救われたのは、「仁」のおかげだと述べている。これでは「生存の保障」を求める者にとっては救いにならない。

## 封建制が「僭主専制や圧制ではない」と考えた新渡戸

次に、新渡戸は、

「支配される者の側で『生命と身体』を全く明け渡すとき、支配者に残されるものとては、自己意志だけであり、この自己意志から生じる自然的結果は、しばしば『東洋的専制』とよばれる絶対支配の発達である——まるで西洋史には専制者が一人もいなかったかのように！」

と記している。新渡戸は、「東洋的専制」は西洋史にはなかったと述べている。西洋史には、国家を私物化する者が一人の「君主制」をとった時代がある。中国の専制君主も、国家を私物化する者が一人であった。その点で中国の「東洋的専制」が西洋史にはなかったというのは嘘である。ただ、中国の「東洋的専制体制」では、近代科学を発展させることはなかった。古代に羅針盤や火薬、印刷技術などを発明した中国は、その後、近代科学を発展させることができなかった。これに対して、西洋では「君主制」の国家体制から「民主制」の国家体制に移り、近代科学を発展させた。そこで西洋の歴史には、「東洋的専制」はなかったと主張されるのである。

国家を支配する者の数が一人の場合を「君主制」、少数の場合を「貴族制」、多数の場合を「民主制」と呼ぶ。新渡戸は、この政治体制の区別についての無知をさらけ出している。

続けて、新渡戸は、

「私は、どんな種類の専制をも断じて支持するものではない。そして、封建制を専制の一つと見るのは誤りである。フリート《ママ》リヒ大王が『王は国家第一の召使である』と書いたとき、自由の発達上一つの新時代が達せられた、と法学者が考えるのは正しい。」

と記している。新渡戸は、「封建制」を「専制」と同一であると見るのは誤りであると主張している。奴隷時代の終わりから近代資本主義国家の成立までの間を「封建制度」と呼ぶ。この封建社会には、国家を私物化する者が一人の「君主制」、または少数で私物化する「貴族制」がある。したがって「専制」とは国家を私物化する者の数が一人の場合をいう。

だから、封建制と専制を同一とみなすことはできないが、「封建制」の中には「専制」が含まれている。新渡戸は、封建制と専制の関係についての無知を示している。そこで、新渡戸は、フリードリヒ大王の名前を出し、「法学者が『自由の発達上、一つの新時代が達せられた』と述べているのは正しい」としている。新渡戸にとっては「正しい」かもしれないが、他の人は正しいとは思わない。新渡戸は主観主義を展開している。

ルイ十四世（一六三八〜一七一五）は、「朕《ちん》は国家なり」と「絶対専制主義」を示したのに対して、フリードリヒ二世（一七一二〜八六）は、「君主は国民の第一の召使」として、「啓蒙的専制主義」を表明していた。すでに英国では十六世紀に、フランスでは十七世紀に、啓蒙的絶対主義を経験したが、プロイセン、オーストリア、ロシアなどの諸国では、資本主義の発展が遅れ、市民階級の成長が遅く、十八世紀になってようやく「啓蒙的絶対主義」が重要な役割を果たすことになる。

プロイセン王のフリードリヒ二世は、十八世紀のヨーロッパに勇名を馳せた啓蒙的専制主義の君主であった。彼はベルリンの科学アカデミーを復興させ、ヴォルテールを招き、著明な学者や芸術家と交わり、重商主義の立場から、工業、とくに絹織物業の育成をはかった。また、農業振興のため、新しい耕地をつくり、農民を入植させ、新村落を創設したりしている。

その点で、フリードリヒ二世は「生存の保障」の拡大発展のために、努力してきた面がある。しかし、彼は国家を私物化する君主であり、決して「生存の保障」の全面的肯定者ではない。

新渡戸は、次に米沢の上杉鷹山《ようざん》（一七五二〜一八二二）を挙げ、

「**（上杉鷹山はフリードリヒ二世と）全く同じ宣言を行い、封建制は決して僭主専制や圧制ではないことを示した。**」

と記している。新渡戸は、フリードリヒ二世と同じことを宣言していた人物が日本にも存在したと主張しているのだ。日本の事情を知らない欧米人は、フリードリヒ二世と同様の水準の人物が日本にもいたか、日本もすばらしい文明国ではないかと思う。その点で新渡戸は日本の巧みな宣伝マンになっていたのだ。

新渡戸は、米沢の上杉鷹山は、「封建制は決して僭主専制や専制ではないことを示した」とまで述べている。しかし、徳川家康は、武力により国家を私物化した。そして武力を背後に徳川封建社

会が続いた。米沢藩主の上杉鷹山も、武力を背後にして政権を維持した徳川封建社会の体制内に生きている。厳密に言えば、「僭主専制と圧制を背後にし、国家を私物化した悪い不法な犯罪者」にすぎない。ただ、国家を私物化した者の中にも、農民を教育し、産業を興し、名君と称えられた者は確かに存在する。米沢藩主上杉鷹山はその一人であった。しかし、封建制が「僭主専制や圧制ではない」ことなど決してなかったのだ。

## 武士道は「君主を国父《こくふ》としている」という新渡戸の決定的な誤謬

次に、新渡戸は、

「孔子は『大学』の中で教えた――『民の好むところこれを好み、民の悪《にく》むところこれを悪む、これをこれ民の父母という』と。こうして、人民の世論と君主の意志、いいかえると、民主主義と絶対主義とが、互いに融け合ったのだった。」

と記している。新渡戸の言う「人民の世論」の「人民」について具体的に考察せねばならない。「人民」には「生存の保障」を否定する、悪い不法な権力者がいる。また、それを肯定する善い法的な倫理者もいる。ここでは、どちらの「人民」のことを言っているのか。新渡戸には「人民」の言葉の内容についての考察ができていない。

また、新渡戸は、「民主主義」の意味についても無知をさらけ出している。ついには、

「民主主義と絶対主義とが、互いに解け合った。」

とさえ記している。国家を支配する者の数が多数になる「民主主義」と、何の条件・制限もない「絶対主義」、即ち、国家を私物化する者の数が一人である「君主制」とは融け合うことはない。

続けて、新渡戸は、

「〈武士道〉もふつうその語に与えられているのとは違った意味で、父権政治を受けいれ、また確認した――それより関心のうすい叔父政治（つまり〈アンクル・サム〉の政治）に対置するものとしての父権政治である。」

と述べている。即ち、「武士道」は国家を私物化する者が一名である「君主制」を受け入れているという。そして新渡戸は、「父権政治」に対峙するものとして「『叔父政治（アンクル・サムの政治）』が即ち、合衆国の政治である」と述べている。新渡戸は、国家を私物化する者が一名である「君主制」と、国家を私物化する者が多数である「民主制」との区別ができていない。「君主制」と「民主制」に対峙する政治体制は、「生存の保障」を拡大発展する理念の貫徹した「理念制」の政治体制、即ち「理性国家」である。

新渡戸は、「専制政治」は「人民がしぶしぶ服従する」のに対し、「父権政治」は「かの誇り高き推服、かの品位ある従順、隷従そのものの中にあってさえ高邁な自由精神を生き生き保つ、かの心服をもって従う」という、エドマンド・バーク（一七二九〜九七）の「フランス革命」の文章を引用している。

何の条件・制限もない「絶対主義」と、君主を国父《こくふ》とする「君主制」は、国家を私物化する者の数が一名であるという点で同一である。人民が「しぶしぶ服従する」か、「自由精神を生き生きと保つ」かなどということは問題ではない。新渡戸には「君主制」「貴族制」「民主制」、そして「理念制」の政治体制の区別についての理解がない。

さらに続けて、新渡戸は、

「美徳と絶対権力とは、アングロサクソン人の心には、調和できない語のようにひびくかもしれない。」

と記している。ここでの「美徳」とは何か。国家を私物化している者は、自らの「生存の保障」だけを求めることを「美徳」とする。しかし、それは否定されるべき「美徳」である。このような「美徳」と、独裁者の「絶対権力」は同一である。新渡戸は、「美徳」と「絶対権力」の内容についての倫理的考察ができていない。

次に新渡戸は、ロシアのポベドノスツェフという政治家の言葉を引用している。

「イギリス社会は強度に発達した独立人格を特徴としている。（中略）イギリス以外の大陸諸国の社会は共通利害を基礎としており、とりわけスラブ系諸民族の間では、個人の人格は、何らかの社会的連合に、おしつめれば「国家」に依存している。」

新渡戸は、ポベドノスツェフ（ロシアのアレクサンドル三世に影響を与えた政治家で、第一次ロシア革命〔一九〇五年〕で失脚した）の名前を出すことによって、この人物についてはまったく無知な日本人に、博識ぶりを誇示している。

ポベドノスツェフは「イギリス社会は国家に依存しない強度に発達した独立人格を特徴としている」というのである。十九世紀以後、イギリス帝国は自国の発達した工業力を背景に、世界に向かって帝国的侵略を続けた。これは、強度に発達した「独立人格」が特徴だと、このロシア人政治家は主張している。これに対し、後進地域にいたスラブ系民族は、「個人の人格は国家に依存する」としている。

そして、ロシア人政治家（ポベドノスツェフ）の言葉を支持した新渡戸は、「日本人も国家に依存している」とさえ述べている。

続けて、新渡戸は、

「それゆえに、私たち日本人においては君主の権力の自由な行使も、ヨーロッパほど重くは感じられないだけでなく、その権力行使は、人民の感情にたいする父親らしい考慮によって、一般に和《やわ》らげられていた。」

と記している。日本の君主の権力は、ヨーロッパほど重くは感じられないと主張しているのだ。新渡戸は、日本では君主の権力行使は人民に対して「父親」となり、一般に和らげられていたと主張したいのだ。

わが国の遣隋使、遣唐使は、中国の「易姓《えきせい》革命」の思想を日本に輸入することだけは行なわなかった。「易姓革命」は「子供は父親に従わなければならないが、天子が悪行を行なえば亡《ほろ》ぼしてもよい」という思想である。その代わりに、「天皇が父親になり、子供は天皇の命令に従う」ことを教えた。新渡戸は、こうした歴史的事実を述べずに、日本では「君主の権力行使は父親らしい考慮がある」と主張している。

さらに、新渡戸は、ビスマルクの言葉を引用する。

「絶対主義は何よりもまず統治者に、公平、正直、義務への献身、精力と内心の謙遜を求める。」「公平や正直、義務などへの献身」は、「生存の保障」を拡大発展を実践するようなときのみ肯定される。国家を私物化する悪い統治者に、「公平、正直、義務への献身」を期待することはできない。ところが、ビスマルクは、無規定な抽象的な「公平、正直、義務への献身」を求めている。

さらに、新渡戸は、ドイツ皇帝の演説を引用している。

「王位は神の恵みによるものであり、ただ〈創造主〉だけにたいして重い義務を負い、巨大な責任を負う。何人も、大臣も、議会も、君主をこの義務責任から解き放つことはできない。」

ドイツ皇帝は、「王権神授説」を主張し、創造主であるキリストだけに義務を負っているというのである。国家を私物化する不法な統治者は、それを正当化するために「王権神授説」を主張し、キリストだけに義務があるとして、欺瞞性の仮面を隠しているのだ。そのため、マニエリスム後期の巨匠として知られるエル・グレコ（一五四一〜一六一四）のような〝御用画家〟にイエス・キリストの姿や十字架をこれでもかとばかりに描かせ、そのプロパガンダの尖兵としての役割を担わせたのである。

## 〈仁〉と〈慈悲〉は母親、〈廉直〉と〈義〉は男性的と説く新渡戸

次に、新渡戸は、「仁」の思想にふれる。

「仁は優しい美徳であり、母親のようであることを私たちは知った。」

新渡戸は、儒教の中の「仁」即ち「人をおもいやる」ことは優しい美徳であると主張している。また、「仁」は母親のようでもあると主張している。しかし、「人をおもいやる」ことに男女の区別はない。

さらに、新渡戸は、

「もし真直な〈廉直〉と厳しい〈義〉がとりわけ男性的だったとすれば、〈慈悲〉には女性的な穏やかさと人を心服させる力があった。」

と記している。ここでも男女の性別をもって表現している。新渡戸は、〈廉直〉や〈義〉と〈慈悲〉などの徳目に、男女の性別を与えるだけで、倫理的認識の展開をまったくしていない。

続けて、新渡戸は、

「〈慈悲〉には女性的な穏やかさと人を心服させる力があった。」

と記している。ここでもそうだ。「慈悲」に、女性男性の区別などあるはずがない。国家を私物化している不法な統治者は「生存の保障」の否定行為を「慈悲」をもたずに実行する。人類はそのような歴史的事実を延々と経験してきた。

さらに、新渡戸は、

「義と廉直で味付けもせずに、無分別な慈悲にふけることにたいし、私たちは警告をうけた。伊達正《ママ》宗はよく引かれる彼の寸鉄言で、それをうまく言い表わしている――『義に過ぐれば固くなる。仁に過ぐれば弱くなる。』」

と記している。陸奥仙台の戦国武将・伊達政宗の言葉を引用して、博識ぶりを示している。新渡戸は、武士たちに、「義」と「仁」のバランスをとることを説いている。

次に、新渡戸は「慈悲」についてふれる。

「幸いなことに、慈悲は稀なものではなく、むしろうるわしいものであった。というのは、『最も勇敢な者は最も優しい者であり、愛する者こそ敢為《かんい》の人である』ということは、あまねく真実だからである。」

国家を私物化している悪い不法な統治者は、「慈悲」をもたずに、「生存の保障」を否定する行為を延々と続けてきた。ところが新渡戸は、「慈悲は稀なものではなく、うるわしいものであつた」と歴史的事実を無視して主張しているのだ。また、「勇敢な者は最も優しい者である」とも述べている。「生存の保障」を否定する行為を勇敢に行なう者を、優しい者であるとみなし、「生存の保障」を肯定する倫理者を否定している。

続けて、新渡戸は、

「『ブシノナサケ』——武人の優しさ——には、およそ私たちの内にある高貴なものに直ちに訴えかける響きがある。」

と記している。国家を私物化する君主の用心棒になる武士は「生存の保障」の否定者である。その武士の「ナサケ」を、まるで高貴なもののようにみなすのは考えものである。きわめて稀に「生存の保障」を志向する善い武士が出現することがある。このような武士の優しさだけが高貴であるとみなされるのである。さらに、新渡戸は、

「サムライの慈悲が、種類上およそ他の慈悲とは違っているからではなくて、武士の情とは、慈

悲が無分別な衝動ではなく、正義にしかるべき配慮をいたすばあい、すなわち慈悲が単にある心の状態に留まるのでなくて、生殺与奪の力の裏付けをもっているばあいの慈悲を意味しているからである。」

と記している。新渡戸は、「武士の情」は、生殺与奪の力の裏付けをもっている場合のみ、慈悲として行使されると主張する。つまり、生殺与奪の力をもっている君主の慈悲を「武士の情」とみなしているのだ。君主は「慈悲」をもつことなく、「生存の保障」の否定者としてふるまう。このような君主に対して「慈悲」を要求することは根本的に不可能である。新渡戸は、成立しえない君主の「慈悲」をあるとみなし、それを「武士の情」といいくるめている。

続けて、新渡戸は、

「サムライは、自分の荒々しい力とそれを利用する特権をもっていることを誇りとしていたけれども、孟子が愛の力について教えたところに、心から同意していた。」

と記している。サムライは「荒々しい力」で人を殺す特権をもつと同時に、愛の力を受け入れているというのだ。国家を私物化する君主の番人であるサムライが受け入れる「愛」は、君主を愛する「愛」であり、「生存の保障」を肯定する善人への「愛」ではない。

## 孟子の「人を憐れむ惻隠《そくいん》の心」こそ「仁」の思想である

次に、新渡戸は、孟子の言葉を引用している。

「孟子はいう、『仁の不仁に勝つは、なお水の火に勝つがごとし、今の仁をなす者は、なお一杯の水をもって一車薪《いつしゃしん》の火を救うがごときなり』と。またいう『怵惕惻隠《じゅつてきそくいん》の心は仁の端《はじめ》なり』と。それゆえ、仁人はつねに苦しんで困っている人たちを思いやるのである。」

と記している。新渡戸は、孟子が「易姓革命」を主張したことを述べず、「仁」についてのみ述べている。いくら「仁」（人を思いやること）を主張しても、中国の歴代皇帝は「生存の保障」の否定者としてふるまってきた。人類はその発生以来、「生存の保障」を求めて生きてきた。儒教には「生存の保障」を確立する思想の展開は見出せない。一方的に儒教を教えられ、「生存の保障」の否定者である歴代皇帝の事績を肯定させられてきたのである。こうした歴史的事実を見ることなく、「仁人はつねに苦しんで困っている人たちを思いやるのである」と述べても、「生存の保障」を求める人類史的願望は叶えられない。

新渡戸はここで新しく「惻隠」という孟子の言葉を引用している。「怵惕惻隠の心」とは、「人間を本来的に信頼すべき存在」だとした孟子の思想の核心である。孟子は、「人はみな善なる性を持ち合わせて生まれる」として、「性善説」を説いた。その根拠となるのが「四端説」である。人を憐れむ「惻隠の心」、悪を恥じ憎む「羞悪の心」、譲り合う「辞譲の心」、是非善悪を見分ける「是非の心」、この四者を併せて「四端」という。孟子は誰しもこの四つの心を生まれながらにして備えているという。

続けて、新渡戸は、

「このように孟子は、倫理哲学を同情に基づいたアダム・スミスにはるかに先んじて、それを主張していたのである。」

と記している。新渡戸は、孟子がアダム・スミスよりはるか昔に倫理哲学を主張したと主張している。しかし、真の「倫理哲学」とは「生存の保障」を拡大発展させる実践哲学でなければならない。「易姓革命」を主張する孟子、そして『道徳情操論』『国富論』を著わしたアダム・スミスに、「生存の保障」である「倫理哲学」を拡大発展させる論理はない。

孟子のことを知らない欧米人は、新渡戸の文章を読んで、アダム・スミスよりはるか昔に同じことを述べた人がいたということに驚く。そして、孟子の「仁」を受け入れている日本の武士は、西欧文明と同じ価値観を持っていると思わせることになる。

さらに、新渡戸は、

「一つの国の武士の名誉の掟が他の国のそれと、どんなにぴったり一致するかは、じつにいちじるしいものがある。言いかえると、とても悪く言われている東洋の道徳思想が、ヨーロッパ文学の最も気高い格言に、それとよく似た思想を見出すのである。

平和の掟をしき、敗れたものをいたわり傲《おご》る者を征服する——これこそお前の仕事となるであろう

という有名な二行を日本紳士に示したなら、彼は直ちにマントゥアの詩人を、自国文学の盗作者だと告発するかもしれぬ。」

と記している。新渡戸は、東洋の道徳思想は悪いと言われているが、ヨーロッパ文学とよく似た思想を見出すことができるという。そして、アウグストゥス（ローマ帝国の皇帝）治世の宮廷詩人

であったヴェルギリウスの詩を引用している。彼の詩の内容は日本人の思想と同一であると主張している。

新渡戸は、ここでもローマ帝国の宮廷詩人を知っているという博識ぶりを示している。日本人のことを知らない欧米人は、日本人もアウグストゥスの宮廷詩人と同じ世界観をもっているのかと思う。新渡戸は、日本人を褒めそやす宣伝マンになっている。

## 〈優しさ〉〈憐れみ〉〈愛〉は、ほんとうにサムライの美徳だったのか

次に、新渡戸は、

「弱い人々、踏みにじられている人々、敗けた人々にたいする仁は、とくにサムライにふさわしいものとして、いつも激賞された。」

と記している。君主の用心棒であるサムライに、弱い人々、踏みにじられている人々、敗けた人を思いやる心はない。このような思いやりをもつ者は、サムライであることをやめなければならない。新渡戸は嘘をついている。しかし、日本のサムライの歴史に無知な欧米人は新渡戸の文章に騙されることになる。

続けて、新渡戸は、須磨の浦の激戦（一一八四年）の熊谷真実《くまがいなおざね》と平敦盛《あつもり》の一騎討ちの話を引き合いに出し、

「この物語は〈優しさ〉・〈憐み〉・〈愛〉が、サムライの最も血なまぐさい手柄をも飾る特質であ

ったことを示す。」

と記している。一の谷の合戦、屋島の合戦、壇ノ浦の合戦と続き、平家一門は一一八四年に滅亡した。平家一門を追討した戦いは、滅亡した側の平家の側に「優しさ」「憐れみ」「愛」など成立するはずがない。ところが新渡戸は、その成立しない話を述べている。これで日本の文化、日本の歴史に無知な欧米人は騙されることになる。

さらに、新渡戸は、

「戦さが終わり、熊谷は凱旋するが、もはや誉れも名もほとんど気にかけず、武士の境涯を捨て、頭を円め、墨染《すみぞ》めの衣をまとい、余生を聖なる巡礼にささげるのである——救助の来る浄土の在る方角、日輪が毎日急ぎ休らう方角である〈西方〉には決して背をむけないで。」

と記している。熊谷直実が平敦盛を討たなければならなかった後悔から、仏門に入ったという『平家物語』の話はまったくの嘘である。実際には、後に熊谷直実は所領をめぐって叔父と争い、裁判に敗れたことを悲観して、家督を嫡子の直家《なおいえ》に譲り、出家してしまうのである。新渡戸が褒め称えた熊谷直実の出家話は、それほど称賛されるものではなかった。

次に、新渡戸は、

「『窮鳥《きゅうちょう》ふところに入るときは猟師もこれを殺さず』という古い格言がある。とりわけキリスト教的と考えられている〈赤十字〉運動が、あんなにたやすく日本人のあいだにしっかりと地歩をおろした理由を説明するものは、おおかたこれである。私たちは〈ジュネーブ条約〉のことを耳にするより何十年も前に、わが大小説家馬琴の作品をとおして、倒れた敵に医療を行なうことに親しんだのだった。」

と記している。新渡戸は、中国・南北朝の北斎の時代（五五〇〜五七七年）に書かれた『顔氏家《がんしか》訓《くん》』の中の「窮鳥と猟師」の故事を紹介する。そして、日本にはジュネーブ条約の成立よりはるか昔に、赤十字運動があったこと、曲亭馬琴の作品には、倒れた敵に医療を行なった話が出てくることを紹介し、日本はすばらしい国であると宣伝している。曲亭馬琴の『南総里見八犬伝』の中に、倒れた敵に医療を行なうことが書いてあったとしても、どれだけの日本人が知っていることか。ただ、江戸時代の庶民には学問としての儒教思想はほとんど普及せず、曲亭馬琴の『南総里見八犬伝』を通じて儒教的な教化が試みられた。

一八六三〜六四年の「万国赤十字会議」で、ジュネーブ条約が成立した。敵味方に関係なく医療を施す「赤十字運動」はキリスト教の「愛と福音の運動」の一つであったと主張される。真相は、敵対する双方の国に金を貸し、兵器を売りつけ戦争をさせて、金儲けをする国際金融マフィアにとって、赤十字組織は実に都合のよい組織だったことに気づかねばならない。

「日本のナイチンゲール」と呼ばれた瓜生岩子《うりゅういわこ》（瓜生岩。一八二九〜九七）という女性がいる。彼女は現在の福島県喜多方市に生まれ、社会福祉に生涯を捧げ、「菩薩の化身」とも呼ばれている。一八六八（慶応四）年の戊辰戦争で、敵味方の区別なく負傷兵の救助と看護に努めた。それを契機に岩子は私費を投じ、孤児のために養育所を建て貧困者を救済するなど、本格的な慈善事業を始めた。また、当時の悪習である堕胎を正す運動を始め、産婆の育成にも尽力した。一八九三（明治二十六）年、有力者たちの援助もあり、済生病院を会津若松に設け、無料で医療を行ない、婦女子に教育も施した。野口英世の母も、岩子の協力で産婆の資格を取得したといわれる。

岩子は一八九七（明治三十）年、福島で過労のため病臥し、福島瓜生会事務所にて六十八歳で死去した。後にその業績を讃えられ、女性として初めての藍綬褒章を受章し、また、やはり女性として初の銅像が浅草公園に建てられた。

赤十字運動の日本への普及を語る新渡戸は、「日本のナイチンゲール」と呼ばれた瓜生岩子の存在を知っていただろうか。

## 武士が音楽や文学を愛したことを評価した新渡戸

新渡戸は、武士の優しさを証明するために、薩摩藩で青年が音楽をたしなむ習慣が広く行なわれたことを、次のように記している。

「武勇の精神と教育で著名な薩摩藩では、青年が音楽をたしなむ習慣が広く行われていた。（中略）悲しくも優しいメロディを琵琶に弾いて、私たちの火と燃える心を和らげ、私たちの思いを、血の香りや殺戮《さつりく》の情景から引き離したのである。」

そして、薩摩藩の青年の話と、ギリシャの歴史家のポリュピオスが、古代ギリシャの憲法で、「三十歳以下の青年がみな音楽をたしなむことが求められた」と書いた故事とを結びつけている。日本を知らない欧米人は、日本にも古代ギリシャと同じ美風があったのかと騙されることになる。

さらに、新渡戸は、

「武士階級のあいだに優しさが熱心に教えこまれたのは、日本で何も薩摩藩だけではなかった。」と記している。また、新渡戸は、

「こういった優しい感情をことばで明らかに言い表わすために、いや現に心の内に養うがために、歌をよむことが奨励された。」

と記している。そして、赤穂四十七士の一人が俳諧を学び、「鶯の音」という季題の作品をつくる話を述べている。新渡戸は、四十七士の話を取り挙げ、博識ぶりを示している。武士の中で俳句を学んだ人がいたことは間違いない。しかし、武士はあまりに優しい感情をもち過ぎると、君主の使用人であることをやめなければならないことになる。

そして、新渡戸はこの章の末尾近くで、

「ケルナーは、戦場で傷つき倒れたとき、有名な〈人生への別れ〉の詩を書いたが、彼の短い人生におけるこの英雄的な出来事を、私たちは賞賛し喜びとする。」

と記している。新渡戸は、対ナポレオン戦に義勇軍副官として従軍し、戦場で多くの詩をつくりながら戦死したドイツの詩人ケルナーを褒めている。新渡戸は、このような若者の死を賞賛しているのだ。

さらに、新渡戸は、

「およそ教育をうけた人はだれでも、上手下手はともあれ、詩人であった。往々にして、進軍する武士が駒を止め、腰の矢立《やたて》を取り出して歌をよみ、彼が戦さの庭に死んで、その歌を記した紙が、のちに兜や鎧《よろい》から取り出されることがあった。」

と記している。新渡戸は、武士が歌を詠んで戦いに死んでいく『平家物語』の武者のことを褒めている。しかし、いくら歌を詠んでも戦死することを褒めてはいけない。相手の領地を略奪する戦いに参加して戦死するよりも、死ぬことから抜け出し、「生存の保障」の肯定者として生きていくことが大切なのだ。太平洋戦争の対米英戦で、軍艦に乗せられると必ず戦死することを知っていたため、三年間の海軍生活中、敗戦の日まで一度も軍艦に乗らないようにあらゆる努力をして、戦死を免れた海軍兵がいた。その努力については家族にも知らせなかった。見つかれば非国民として軍法会議にかけられ、極刑は免れなかったからだ。「生存の保障」の肯定者として生きていくことには、大変な智恵と勇気がいるのだ。

次に、新渡戸は、

「ヨーロッパではキリスト教が、戦いの恐怖のさなかにあっても同情の念を起こさせる働きをなしたが、日本では、音楽と文学の愛好心がそれを行ったのである。」

と記している。「騙して、皆殺しにして、財産を奪え」を教えるキリスト教は人殺しの宗教である。ところが新渡戸は、戦いの恐怖のさなかにあっても、キリスト教は相手に対して、同情の念を起こす働きをすると主張している。同情の念を起こしていたら人殺しなどできない。新渡戸は、キリスト教が人殺し、戦争の宗教であることを無視している。

そして、新渡戸は、日本では音楽と文学の愛好家が、キリスト教と同じ働きをすると述べている。

この章の最後で、新渡戸は、

「優しい感情を養うことは、他者の苦しみにたいする思いやりを育てる。」

と記している。武士の死を讃美する新渡戸には、他者の苦しみに対する思いやりはない。新渡戸は、人生におけるポーズとして他者の苦しみに対する思いやりを示しているに過ぎない。これはなぜか。

新渡戸は、日本にクエーカー派の人脈づくりをすることを、フィラデルフィアのクエーカー派の中枢から命令されていた。そのために、大富豪のメリー・エルキントンを妻にすることができたのだ。そして結婚以後、新渡戸は金に困ることなく、日本国内でのクエーカー人脈づくりに奔走した。そのために、他者の苦しみに対する思いやりをもつ態度を誇示したのだ。

新渡戸は、厚かましくも、

「他人の感情を尊ぶことから生まれてくる恭謙と丁重の心は、礼の根本にある。」

と記し、次章で「礼」について解説していく。

## ―第六章― 礼

### 聖書の「愛」を「礼」に置き換えた新渡戸の作為

前の章で「武士道」の「仁と惻隠《そくいん》の心」を述べた新渡戸稲造は、この章でいよいよ「武士道」の核心である「礼」について分析していく。まず冒頭で、新渡戸は、

「行状の丁重と優雅とは、日本人の目立った特性として、外国人観光客がみな注目してきたところである。」

と、外国人から見た日本人の「作法」の丁重さを記している。続いて、

「本当の礼は、他人の感情にたいする同情的配慮が外に現われ出たものであるべきである。」

とも記している。さらに、新渡戸は、

「礼は、また、本来よろしきを得た事物にたいする、相応の尊重、それゆえに社会的地位にたいする相応の尊敬を意味する。というのも、社会的地位は、なにも金権支配的差別を表わしているのではなくて、本来は、現実に価値あるがゆえの区別であったからである。」

と記している。新渡戸は、「礼」を示すことによって、尊敬されることが生じると主張している

のだ。そこで、「礼」の内容について具体的に検討しなければならない。「生存の保障」を肯定する、善い「礼」を実行すると、「尊敬」が生まれる。しかし、「生存の保障」を否定する悪い「礼」を実行する場合には、「尊敬」は生まれない。新渡戸は、こうした倫理的区別を行なわずに、無規定な「礼」を示しているだけだ。

また、その後で、「金権支配をする社会的地位にある者は尊敬されない」と主張している。しかし、現実には彼は、金権支配をしている統治者たちを尊敬させようとするプロパカンダを行なっている。新渡戸は、クエーカー教徒の立場から、日本にクエーカー人脈をつくること、そして、国際金融マフィアの金権支配を日本に達成させるための要員として期待されてきた。彼の影響力を受け、盲目的で無批判な門下生となった仲間から新渡戸自身は尊敬されているというプロパカンダが行なわれてきた。新渡戸の門下生は、門下生であるというだけで出世できた。

さらに、新渡戸は、

「礼は、その最高の形においては、ほとんど愛に近づく。」

と記している。ここでも、無規定な「礼」について述べ、「礼」が愛に近づくなどと主張している。

続けて、新渡戸は、

「私たちは、敬虔な思いをこめて、礼は『忍耐づよい、情深い、ねたまない、自慢せず、高ぶらない。礼を失せず、自分の利益を求めず、いらだたず、恨みを抱かない』と言うことができよう。」

と記している。ここで新渡戸は、『新約聖書』の「コリント人への第一の手紙」（十三章四〜五）にある「愛」という言葉を「礼」に置き換えている。聖書に慣れ親しんでいる欧米人は、「愛」を「礼」と置き換えた構文をみて、新渡戸の博識に感心する。一方、聖書に無知な日本人は、新渡戸が「礼」について述べていることに感心する。

新渡戸は、儒教の「礼」について述べているところに、聖書の文章を持ち込んでいる。儒教と聖書を同一に取り扱っているのだ。儒教の生まれた歴史的背景と、聖書の生まれた歴史的背景は、国家を私物化する独裁者が支配していた時代という点では同一である。しかし、儒教は多神教の中国で成立し、聖書は一神教の支配する中東で成立し、ヨーロッパで支配的になった。この点で儒教と聖書を同一視することはできない。

ところが新渡戸は、それらを同一に取り扱い、儒教の「礼」を重んじる武士は聖書にも通じるのだとしている。新渡戸は、東洋と西洋の同一性を主張することに全力を傾注し、両者の成立の歴史的差異を無視している。

## 武士の「礼」の心と安直な西洋的礼儀作法は同等ではない

次に、新渡戸は、

「ディーン教授が、人間性の六要素のことを述べて、礼こそ社交の最も完熟した果実であるからという理由で、礼に高い地位を与えていることに、何のふしぎがあろうか。」

と記している。新渡戸は、突然、米国の動物学者であるディーン教授を持ち出して、彼が「礼」に高い地位を与えたことを述べている。儒教の「礼」について米国の動物学者は、「礼」は東洋だけのものではないことを主張している。しかし、この米国の動物学者は儒教の「礼」について理解していただろうか。おそらく儒教の「礼」とは関係なく「礼」について述べたにすぎない。

続けて、新渡戸は、

「礼は武人特有の徳として称揚され、美徳として、その当然ふさわしい程度以上に、高く尊敬されたけれども——あるいは尊敬されたがゆえに——その偽物が生じてきた。孔子は、外面的付属物が礼の一部でないのは、音響が音楽の一部でないのと同じだと、くりかえし教えた。」

と記している。新渡戸は、「礼」を示す武人は徳をもっており、高く尊敬されると主張している。君主の使用人である武人が、いくら「礼」を示し、徳が高いといってもむやみに尊敬することはできない。ほんとうに尊敬し、信頼することができるのは、常に「生存の保障」を肯定する行為を実践する善人に対してである。

そして、新渡戸は、この後、「孔子」の名前を出し、孔子のことも知っているという博識ぶりを示している。

さらに、新渡戸は、

「ヴェブレン氏が、その面白い本の中で、上品な礼儀を『有閑階級生活の産物であり、その特徴』と呼んでいるのは、まさに適切である。」

と、今度は、米国の経済学・社会学者であるヴェブレンの著書『有閑階級の理論』から引用している。新渡戸は、「上品な礼儀は有閑階級の産物である」ことを認めている。有閑階級は、国家を私物化する支配層の協力者であり、どちらかというと「生存の保障」の否定者である。有閑階級の「上品な礼儀」とは、これらの階級の中でのみ通じる「上品な礼儀」であり、下層階級には通じない。

次に、新渡戸は、

「最も有名な礼法の流派である小笠原宗家が次のように述べている――「礼道の要は、心を練るにあり。礼をもって端坐すれば、兇人剣を取りて向うとも害を加うること能《あた》わず」と。(中略)フランス語のビアンセアンス(礼儀)は、どんなに新しく深い意義をもつにいたることか。」

と記している。新渡戸は次に、江戸幕府に採用された小笠原流礼法の宗家で、武家礼法として儀礼弓馬の作法を伝えた小笠原宗家の話を持ち出す。そして、フランス語の礼儀と対応させている。彼は、小笠原流礼法のことを知っているという博識ぶりを示すと同時に、フランス語に言及することによって、両者を結びつけるトリックを行なっている。

さらに、新渡戸は、

「野蛮なゴール人がローマを掠奪したさい、会議中の元老院に乱入して、尊敬すべき〈元老たち〉のひげを生意気にも引っぱったとき、元老たちの態度は威厳と力が欠けていたので、それは非難されて当然と考える。では礼儀作法を守れば、高い精神領域に達することがじっさいできるだろうか。どうしてできないだろうか――すべての道はローマに通じる。」

と記している。新渡戸は、ローマを掠奪した野蛮なゴール人(ガリア人)が、礼儀作法を守らなかっただけで精神領域が低いといえるのかと反論し、「すべての道はローマに通じる」と断じている。

しかし、ローマ帝国時代は、民衆を虐げ、君臨するという、独裁者が支配する歴史である。これこそまさに「すべての『民衆支配の』道はローマに通じる」ことだ。

## 武士は「茶の湯」で、ほんとうに平安と友情を見出したのか

次に、新渡戸は、

「ほんの単純なことでも一つの芸術に仕立てられて、精神修養となった一例として〈チャノユ〉(茶の湯)をあげてよかろう。茶をすることが芸術だなんて！　どうしてそれがいけないだろうか。砂に絵をかく子供たちの中に、または岩に刻む未開人の中に、ラファエロやミケランジェロのような人になる見込みの芽があったのである。」

と記している。新渡戸は、芸術に仕立てた「茶の湯」の話を持ち出す。ところが、次に「茶の湯」と関係のない十六世紀に活躍したイタリアの芸術家の名前に飛躍する。まさか日本の「茶の湯」をラファエロやミケランジェロの芸術と同一に取り扱おうとするのか。新渡戸は、「日本文化にはラファエロやミケランジェロと同等の文化がある」と日本文化の宣伝をしたかったのだろう。日本は、明治になって開国した。そして西欧文明のすばらしさに圧倒された。そのコンプレックスを跳ね返そうとして、日本文化には西欧文化と比べて傑出したものがあるぞ、と新渡戸は言いたいのだ。確かに、砂に絵を描く子供や未開人でも、ラファエロやミケランジェロのような人類史上に残る芸術作品を生み出すこともあるだろう。だが、ラファエロやミケランジェロの芸術作品は、

あくまで時代的、社会的背景があって成立したものである。新渡戸は、日本文化の優秀性を宣伝してくれている。どうせそれをするなら、なぜこの箇所で「浮世絵」の存在に言及しなかったのか。「浮世絵」こそ、宗教画に囚《とら》われていた西欧の画家たちに衝撃を与え、後に「印象派」を誕生させる契機となった、日本が世界に誇れる芸術である。

さらに、新渡戸は、

「ヒンドゥー教の隠者の超越的瞑想で始まった茶を飲む習慣が、〈宗教〉と〈道徳〉の侍女にまで発展する資格は、十分あるではないか。」

と記している。新渡戸は、ここでも茶を飲む習慣をヒンドゥー教の隠者と結びつけ、博識ぶりを誇示している。続けて、

「〈チャノユ〉の第一要諦である心の平静、気持ちの静穏、行状の静けさと落着きは、たしかに、正しい思考と正しい感情の第一条件である。」

と記している。「正しい思考と正しい感情を生むのは、心の平静、気持の静穏、行状の静けさだ」と述べている。さらに、

「茶の湯は、戦争と戦争の噂がたえなかった時代に、一人の瞑想的世捨人によって考え出されたという事実そのものが、この礼法が気晴らし以上のものであることを、立派に示している。茶の湯の礼儀に参集した客人は、茶室の静寂境に入るに先立って、その両刀とともに、戦場の凶暴や政治の心づかいは置き去りにして、そこで平安と友情を見出したのである。」

と記している。新渡戸は、茶道を完成させた千利休の話を述べ、日本の武士は茶室で平安と友情

を見出したと述べている。しかし、茶室が成立した陰には、次のような秘密が隠されていることを、当然、新渡戸は知らない。

茶室は、南蛮船で運ばれてきた鉄砲の弾薬の原料になる硝石と鉛の取引きを行なうのに、最も好都合な場所だった。また、茶室では、日本人女性を奴隷として売買する交渉も行なわれた。日本のキリスト教徒は、戦国時代にイエズス会の宣教師やポルトガル商人が硝石と鉛の対価に、日本女性を奴隷としてヨーロッパや東南アジアや米国大陸に売り渡していた歴史を述べようとしない。新渡戸はキリスト教の歴史で都合の悪いことは決して述べない。

さらに続けて、新渡戸は、

「礼儀の要諦は、私たちが泣く者とともに泣き、喜ぶ者とともに喜ぶことである。」

と記している。

新渡戸は、礼儀の要諦として、聖書の「ローマの信徒への手紙」（十二章十五）から「喜ぶ者と共に喜び、泣く者と共に泣きなさい」という言葉を引用している。新渡戸は、儒教、「礼」の話をしているところに、礼儀の要諦として唐突に聖書の文章を引用する。しかも、「泣く者とともに泣き、喜ぶ者とともに喜ぶ」と述べている。

島国のため逃れるところをもたない日本人は、支配者に対して自己の精神状態を知られないために、泣くこと、喜ぶこと、喜怒哀楽を率直に表現しないことを美徳として教えられてきたことを新渡戸は知らない。そして、聖書の言葉を引用することによって、日本人の文化と欧米の文化を同一視しようとしている。このような新渡戸のトリックに騙されてはいけない。

この章の最後で、新渡戸は、

「中国の賢人は答える——『食の重き者と礼の軽き者とを取りてこれを比せば為《なん》ぞ翅《ただ》に食の重きのみならんや』と。『金《かね》は羽より重しとは、豈《あ》に一鉤《いっこう》の金と一輿《いちよ》の羽との謂《いい》を謂《いわん》や。』——一尺の厚さの木をとって、それを寺院の頂においても、その木が寺院より高いとは、誰も言わないだろう。」

と記している。新渡戸は、「礼」の解説として、最後に孟子の文章を引用している。新渡戸は孟子が「易姓革命」を主張したことにはふれず、孟子の文章を引用することによって儒教に精通していることを示そうとしている。「食の重き者と礼の軽き者」、「金と羽」の譬え話などを挙げても、人類史上の願望である「生存の保障」の論理は成立しない。

新渡戸は、殺傷を肯定する「武士道」を捏造することによって、欧米社会の支配階級に自分の存在を認めさせる行為を行なっていたことに気づかねばならない。

## 第七章　真実と誠実

### 孔子の〈誠〉と新プラトン派の〈ロゴス〉を並列化した新渡戸

新渡戸は、「第七章」の冒頭で、

「真実と誠実がなくては、礼は茶番であり見世物である。『礼に過ぐれば諂《へつら》いとなる』と伊達正宗《ママ》は言う。『心だに誠の道にかなひなば祈らずとても神や守らん』との誡《いまし》めをのべた古代の歌人は、ポロウニアスよりたしかにまさっている。」

と記している。「真実と誠実がなくては、礼は茶番であり見世物である」というのである。「生存の保障」を肯定する善良な武士は、日頃、君主に対して「礼」をもって対応する。しかし、彼らは生きるためには君主に対して嘘をつく。新渡戸は、この「嘘をつく礼」を「茶番」であり、「見世物」であると主張している。

次に新渡戸は、「礼に過ぐれば諂《へつら》いとなる」という伊達政宗の言葉を引用する。さらに日本人（菅原道真）の古歌を引用し、シェイクスピアの『ハムレット』に出てくる人物のポロウニアス（オフィリアスの父）より優っている、と述べている。なんと新渡戸は芸の細かいことをすることか。日本の文化に無知な欧米人はシェイクスピアより賢い日本の歌人がいたかと認識することになる。西欧文化に対するコンプレックスをもっている新渡戸は、日本文化も西欧文化に比べられるものがあると宣伝しているのだ。

さらに、新渡戸は、

「孔子は『中庸』の中で〈誠〉を神格化してのべ、それに超越的な力を与えて、それをほとんど〈神〉と同一視した。『誠は物の終始なり、誠ならざれば物なし』と。さらに孔子は、誠の博厚にして悠久な性質、動かずに変化を生み出し、ただ存在するだけで無為にして目的を達成する力について、雄弁にくわしく論じている。〈誠〉の漢字は〈言〉と〈成〉の組合わせであり、新プラトン派の〈ロゴス〉の説とそれとを比較してみたい気もする――こんなに高い所まで孔子はその並々ならぬ神秘的飛翔で天《あま》がけるのである。」

と記している。新渡戸は、孔子を「新プラトン派」と比較し、高く持ち上げている。孔子は、所詮、皇帝を頂点にした中国の身分制の秩序と「仁道政治」を実践したにすぎない。新プラトン派とは、哲学者プロティノスがローマ帝政末期のローマで復興したプラトン主義の哲学である。彼らはプラトン哲学を観念論的に神秘主義化した。そこで、「生存の保障」の論理の展開だった古代ギリシャ哲学より退化してしまう。だから、孔子と新プラトン派は「生存の保障」の論理の展開がない点で同一であり、孔子を古代ギリシャ哲学より上位におくことは無意味なことである。

続けて、新渡戸は、

「嘘《うそ》と言葉濁しは、ともにひとしく卑怯とみられた。」

と記している。日本の武士は君主に対して嘘をつくことによって、「生存の保障」を維持してきた。秀吉は「検地」を行ない、この検地を基準に米の供出が行なわれた。だがこの検地で実測の半分を見逃すことを行なった武士がいたこと、そして一九八〇年代に役所が航空測量するまで、この検地を基準にして租税が課せられてきた事実をほとんどの日本人は知らない。このように、新渡戸は、国家を私物化する支配者に対して、嘘をついてきた人類史の無知を示している。

さらに、新渡戸は、

「武士の高い社会的地位は、商人や農民よりも高い標準の真実を要求する、と武士は考えた。」

と記している。「武士は商人や農民よりも社会的地位が高いので、嘘をついてはいけない」というのだ。農民が存在しなかったら社会生活の維持はできない。その維持に必須な物流のためには、商人が必要である。社会生活にとって、農民が一番貢献しているのだ。新渡戸は、「社会生活の維持」を否定する側に立っている。農民は自然の法則性に一致して、農業に従事している。その点で農民は嘘をつけない。

## 「武士の一言《いちごん》」と「誓い」の例に、米英の宣教師や詩人の言葉を多用

次に、新渡戸は、

「〈ブシノイチゴン〉——サムライの一言《ひとこと》、すなわちドイツ語で全くそれと同じ意味の〈騎士の言《ことば》〉——は、その主張が真実であることの十分な保障であった。」

と記している。「武士の一言《いちごん》」は嘘をつかないということで重要視している。しかし、「武士の一言」で「生存の保障」を否定されたらたまったものではない。ここでいう「武士の一言」の内容を検討し、「生存の保障」を否定する「武士の一言」をいかにして拒否するかを考え、行動しなければならない。これこそ「生存の保障」を肯定する善人の役割である。新渡戸は、「武士の一言」とドイツの「騎士の言《ことば》」を同一だと主張し、日本人とドイツ人を同一に取り扱おうとしている。

続けて、新渡戸は、

「〈ニゴン〉すなわち二枚舌を死によってつぐなった人びとについて、多くのぞっとするような話が伝わっている。」

と記している。君主の命令を聞くことのできない善良な武士は、嘘をついて「生存の保障」を求める。この善良な武士の行為が露見して切腹させられることがあった。新渡戸は、「生存の保障」の否定される封建国家で「生存の保障」を求めて大きな苦労を積み重ね、どれだけ多くの民衆たちの犠牲者を出してきたかという人類史に対して無知であることを示している。

さらに、新渡戸は、

「真実はこのように高く敬われたので、一般にキリスト信徒が〈師〉の誓ってはいけないという明白な命令をたえず犯しているのとは大違いで、最善のサムライは、誓うことはその名誉を傷つけるものと考えていた。武士が八百万《やおよろず》の神々や己が刀にかけてじっさい誓ったことを、私は十分知っている。しかしその誓いは、決してふざけた形や不適切な間投詞に堕落しはしなかった。私たちはその言葉を強調するため、時としては文字どおり血判をも行った。こういうやり方の説明としては、読者にゲーテの『ファウスト』の参照を求めれば足りる。」

と記している。

ここで、新渡戸は、「マタイによる福音書」(第五章三十四)の一節、「わたしはあなたがたに言う。いっさい誓ってはならない天を指して誓うな。そこは神の御座であるから」を引用している。キリスト教徒は神に頼ってはならないが、最善のサムライは「誓うことを守る」ことにより、キリスト教徒よりも優れているというのだ。

しかし、武士も誓いを守らないことがある。新渡戸はフィクションを述べている。新渡戸は、武士が八百万の神々に、また、自らの刀にかけて誓ったことを知っているという。そのうえ、武士はその誓いに、英語やドイツ語、フランス語に見られるような不適切な「感嘆詞」を使わないというのだ。その感嘆詞とは、My God！(しまった)、Jesus Christ, Christ(とんでもない)、by God(きっと)、God bless me!(おや)、Ach Gott(うへえ)、Mon Dieu!(おやまあ)などが挙げられている。あくまでも武士のほうがキリスト教徒より立派だと主張するのだ。

そして、新渡戸は、「私たちはその言葉を強調するため、時として文字どおり血判をも行った」と記している。ここでは、彼は札幌農学校に入学後、佐藤昌介より示された「イエスを信ずる者の誓約」に署名していることを思い出していたにちがいない。そして、ゲーテの『ファウスト』の中で、メフィストフェレスがファウストに証文を求め、血判が欲しいと言い、ファウストは腕からの血で押印する話を引用している。

さらに続けて、新渡戸は、

「最近一人のアメリカ人が本を書いて、もしふつうの日本人に、嘘をつくのと無礼であるのとどちらがましかと尋ねれば、日本人はためらわず『嘘をつくこと』と答えるだろうとのべたが、これは責任ものである。ピーリー博士の所見は、一部は正しく、一部は誤りである。正しいのは、ふつうの日本人は、サムライでさえも、ピーリーの言うように答えるだろうということである。しかしまちがっているのは、ピーリーが「虚偽」と訳した語に、あまりにも重みを置きすぎた点である。この語（日本語では、ウソ）は、およそ真実（マコト）でないこと、事実（ホント）でないことを示すのに使われる。ローウェルの言うところでは、ワズワースは真実と事実の区別がつかなかったとのことだが、ふつうの日本人はこの点では、ワズワース並《なみ》である。」

と記している。

新渡戸は、日本に十一年間も滞在し、日本で『日本の真相』という本を出版したピーリーというルーテル派の宣教師を紹介する。その本に、「日本人は嘘をつく」と書かれているが、その記述は、「一部は正しく、一部は誤りである」と弁明している。そして、「日本人は真実と事実の区別がつかない」点で、米国の詩人のローウェルが、「ワズワースは真実と事実の区別ができなかった」という点で同一であると述べる。

このように新渡戸は、日本に滞在していた宣教師や米国の詩人、イギリスの詩人などの名前を羅列して博識ぶりを示している。だが同時に、新渡戸は、「論理学」の無知も示しているのだ。

## 新渡戸はなぜ「士農工商」の身分制度を肯定したのか

次に、新渡戸は、

「人生のすべての偉大な職業のうち、商業ほど武士と遠くかけ離れたものはなかった。商人は、職業分類では最下位に置かれた——士、農、工、商である。武士はその収入を土地から得ており、その気になれば、素人《しろうと》農業にうちこむこともできた。しかし、帳台とそろばんとは毛嫌いされた。私たちはこの社会的取り決めの智恵を知っている。モンテスキューは、貴族を商業取引から締め出すことは、富が権力者の手中に蓄積されないようにする点で、賞賛すべき社会政策であることを明らかにした。権力と富との分離は、富の分配を均等にいっそう近づける。ディル教授は、『西帝国最後の一世紀におけるローマ社会』の著者だが、ローマ帝国の衰亡の一原因は、貴族が商業に従事するのを許可したこと、その結果として、少数元老院家系によって富と権力が独占されたことにあることを論じて、改めて私たちに注意を促している。」

と記している。「商人と比べて、武士はその収入を土地から得ている」という。しかし新渡戸は、「武士は農民の作った米を収奪することによって生活している」ことを無視している。

日本の封建社会の身分制度では、社会的取り決めとして、武士とかけ離れた地位として「商人」を置いている。また、モンテスキューは貴族を商業取引から締め出し、「権力と富」を分離することを称賛していた。さらに、英国の古典学者のディルが唱えた「富と権力の独占によって、ローマ帝国が衰亡した」という話を結びつけ、「日本の封建社会の士・農・工・商の身分制度はすばらしい制度である」と主張しているのだ。新渡戸は、「ローマ帝国は富と権力が独占されていたから衰亡した」という話に賛成している。それなら商人を最下位においていた徳川幕府は、なぜ衰亡したのかという点で、彼は矛盾したことを述べていることになる。

新渡戸は、こうした事実を無視して、封建社会の身分制度を褒めている。

続けて、新渡戸は、

「商業であれ、他のどの職業であれ、道徳の掟なしには営まれるわけにゆかない。封建日本の商人にも、自分たち同士に道徳はあったのであって、それなしには、胎児状態であったにせよ、同業組合、銀行、取引所、保険、手形、為替などの基本的商業制度を発達させることはできなかったであろう。しかし、自分たちの職業以外の人々との関係においては、商人は、その階層の評判にあまりにも忠実に生きた。」

と記している。

新渡戸は、ここで無規定な「道徳」という言葉を使用している。商人の道徳には「社会的な秩序」を肯定する善い道徳と、それを否定する悪い道徳とがある。この両者のバランスの上に商人の道徳は成立している。新渡戸は、封建日本の商人には自分たち独自の「道徳」があったので、同業組合や銀行、取引所、また保険、手形、為替などの基本的商業制度を発達させることができたと述べている。確かに封建時代にも商人たちは同業組合や取引所をつくっていた。

## 近代資本主義をつくったユダヤ人の役割に無頓着な新渡戸

一般に、ユダヤ教、キリスト教、イスラム教は、利息を取ることを禁止している。しかし、ユダヤ教が利息を取ることを禁止しているのは、あくまでユダヤ人に対してのみであり、非ユダヤ人に対しては取ることを認めてきた。だからその後も、ユダヤ人は利息を取ってきた。そのため、非ユダヤ人たちは金貸しのユダヤ人を悪者扱いにし、彼らを攻撃の対象にしてきたのだ。

中世の時代、弾圧によりユダヤ人の移住は繰り返された。だが、ユダヤ人の金融家は、この離散状態を逆に活かし、貿易決済業に携わるようになった。そして、為替《かわせ》の技術を発達させ、貿易商人から毎月積立金を徴収した。船が海賊に遭ったときの被害損失を肩代わりする保険業や、大きな事業のリスクを多人数で分散する株式や債券の考え方を生み出した。

また、記名型の証券にするとユダヤ人であることがばれ、略奪に遭ったり、身の危険もある。そこでユダヤ人の金融家たちは、無記名の証券である銀行券を発行させ、銀行をヨーロッパ各地で運営した。これが後にヨーロッパ諸国が中央銀行をつくり、紙幣を発行する契機となった。

金融業を委されたユダヤ人銀行家は、地中海貿易が盛んになったヴェネチアで、キリスト教徒の貴族たちに対して資金運用や貸付けを行なった。こうして、王侯貴族の財産を管理するようになる。彼らを「宮廷ユダヤ人」と呼ぶ。

宮廷ユダヤ人は、金融業の他に、自らが仕えた貴族のために、外交や貿易を行ない、食糧や武器、貴金属などを、ユダヤ人同士のつながりを利用して調達するようになった。これが後の「国際金融資本家」や「死の商人」を生み出すことになる。

ハプスブルク家の神聖ローマ帝国の権力が弱体化していく一六〇〇年代以後、諸侯は皇帝権力からの脱却を目論んで、独自の領域を支配するようになった。それには資金が必要となり、金融取引のノウハウと経験を有するユダヤ人が、金融を通じて国家の中枢に入り込んだ。そして国家に対して影響力をもつようになっていく。また、王国の戦費を調達し、ユダヤ人金融家は富を蓄積していくのである。彼らは資本主義の基本的商業制度をヨーロッパで発達させていく。

ユダヤ人にとっては、金利を取ることは正当な儲けであり、金貸しこそ「時は金なり」という資本主義精神の実践である。ユダヤ人が近代資本主義体制をつくったのだ。

余談になるが、マックス・ウェーバーは、「プロテスタンティズムの倫理が資本主義発展の原動力になった」と主張した。ところが、ヴェルナー・ゾンバルトは、その著書『ユダヤ人と経済生活』や『ブルジョア』の中で、「近代資本主義はユダヤ人がつくった」と述べた。ところが世界中でマックス・ウェーバーの主張が広く宣伝され、ゾンバルトの実証的研究は無視されてきた。

これこそ、ユダヤ人に目を向けさせない国際的な宣伝であることに気づかねばならない。マルクスがユダヤ人に目を向けさせないために、資本家の打倒を叫んだ。このようなユダヤ・ロスチャイルド閥を頭目とするユダヤ人の宣伝に騙されてはいけない。なお、羽入辰郎は、著書『マックス・ヴェーバーの犯罪』（山本七平賞受賞）で、マックス・ウェーバーは詐欺師であったことを暴露している。

新渡戸は、以上のような近代資本主義をつくったユダヤ人の役割については述べようとしない。知らないから述べられないのだ。

## 明治新政府の時代に「武士道」の「正直」という徳目は破綻していた

次に、新渡戸は、

「〈武士道〉は、商業上の不名誉の流れを止めるのに無力だったのか。そこを見てみよう。

日本史をよく知っている人たちなら想起されようが、わが開港場が外国貿易に開かれたのちほんの数年で、封建制は廃止され、それとともにサムライの秩禄は召し上げられて、その代わりに公債が与えられたが、そのとき、サムライはその公債を商取引に投資する自由を与えられた。そこでお尋ねかもしれぬ――『なぜ彼らはその大いに誇りとした真実を、新しい事業関係にもちこんで、旧弊を改良できなかったのか』と。高潔で正直な多くのサムライは、新しく不慣れな商工業の領域で、全然抜目なさがなかったため、狡賢《ずるがしこ》い平民の競争相手と張り合って、こっぴどく回復不可能な大損害をこうむり、その運命にたいして、見る目ある者は泣いても泣き足らず、感じる心ある者は同情しても、し足りなかったのである。」

と記している。

新渡戸は、「武士道」の大切な徳目として「正直」を挙げてきた。ところが徳川封建制度の崩壊後、武士階級は新しい資本主義体制の中に投げ込まれた。高潔で正直な多くの武士は商工業に従事し、出資した金を失うというひどい目に遭った。彼自身、父の弟の太田時敏が東京で洋品店を開業して失敗するのを見てきた。正直な「武士道」精神をもった旧武士階層の多くは明治政府の成立後ひどい目に遭った。こうして「武士道」の「正直」という徳目は破綻していくことを述べている。

続けて、新渡戸は、

「アメリカのような産業国においてさえ、実業家の八〇パーセントは失敗すると知らされてみれば、商売を手がけたサムライの百人中わずか一人だけが、その新職業に成功したとしても、何のふしぎがあろうか。」

と記している、米国の例を挙げて、正直な「武士道」精神をもっても失敗した、旧武士階層の苦労を合理化させようとしているのだ。

江戸幕府体制の崩壊によって、武士階級は消滅した。ここで「武士道」もいらなくなった。にもかかわらず、新渡戸は、日本人の精神構造の根底に「武士道」精神があるという捏造をなおも続けていこうとする。

さらに、新渡戸は続ける。

「レッキーが教えている。真実へ導く三つの動機、すなわち産業的、政治的、哲学的のうちで、第一のものは〈武士道〉には全く欠けていた。第二のものも、封建制下の政治社会ではほとんど発展できなかった。その哲学的側面、そしてレッキーの言うように、その最高の側面においてこそ、正直が私たちの美徳の目録中で上位に達したのだった。」

新渡戸は、アイルランドの歴史家でカトリック教徒の教育に尽くしたレッキーの文章を引用して、

『正直』こそ美徳の上位」だと述べている。あくまでも正直を「武士道」の精神とすることに固執している。さらに続けて、

「私はアングロサクソン民族の高い商業道徳に心から敬意をはらうものだが、それでも、その究極の根拠を尋ねてみると、もらう返事は『正直は最良の政策である』――正直は引合うということである。」

と記している。新渡戸は欧米社会を褒めねばならない。そこで、「アングロサクソン民族の高い商業道徳に心から敬意をはらう」と讃嘆している。アングロサクソンは、世界中に侵略を繰り返し、略奪の限りを尽くした。占領した植民地の原住民を殺戮《さつりく》し、黒人を奴隷として売買してきた。彼らのどこに敬意をはらう商業道徳があったというのだ。

新渡戸は、このように「アングロサクソン」の行なってきた歴史を無視して敬意を払い、彼らに媚《こび》を売っている。そして英国国教会のダブリン大司教の「正直は最良の政策である」という言葉を引用している。英国国教会は、世界中に植民地をつくり、原住民を殺し、略奪の限りを尽くし、黒人奴隷を売買してきた「英国植民地主義」を支持し、その尖兵となってきた。この英国国教会の大司教が「正直は最良の政策である」と述べても、とても信用することはできない。

儒教から「仁・礼」の精神を学びとった「武士道」は、「正直」な心をもっていることを、英国国教会の大司教が支持しているというこじつけを新渡戸は述べている。儒教を知らない欧米人は英国国教会の大司教が支持しているのだから、「武士道」は大したものだと思ってしまう。新渡戸は、あくまでも「武士道」は西欧文明と同じ水準にあると主張したいのだ。

## サムライのもっていた「真実」という美徳は商工業で発達したのか

次に、新渡戸は、

「してみると、この正直の徳自体がその報酬ではないのか。もし正直を守るのが、正直は偽りよりも多くの現金をもたらすからだというのなら、〈武士道〉はむしろ思いきり嘘をつきはせぬかとおそれる！」

とまで記している。新渡戸は、「正直」が多くの現金を入手できるのであれば、多くの現金の入手を求めない「武士道」は正直になることをやめて、思いきり嘘をつくことになるのではないかと述べている。「武士道」はあくまでも「正直」を基準にすることに固執しているのだ。

さらに、新渡戸は、

「〈武士道〉は代償報酬の話を拒否するとしても、狡賢い商人はそれを直ちに受けいれる。レッキーがとても正しく批評しているように、真実はその成長を主として商工業に負う。（ニーチェの言うところでは、正直は美徳中最も幼いものである）――言いかえると、正直は近代産業の養子である。この母がないところでは、真実は、ただ最も教養ある人々だけがもらい受け養育できる、名門の孤児同然であった。こういう心の人々はサムライの間では一般的だったが、もっと平民的で、もっと功利的な養母がなかったため、幼児は発育できなかった。産業の進歩するにつれ、真実は、実行しやすい、いな実行すれば有利な徳であることはわかるであろう。」

と記している。商工業で「真実」が成長したと新渡戸は主張する。そしてニーチェの言葉を引用している。彼は、ニーチェを知っているという博識を示しているに過ぎない。

新渡戸は、「真実はサムライの間では発育できなかったが、産業の進歩によって実行され、有利な徳であることがわかる」と主張している。サムライのもっていた「真実」が商工業で発達した。新渡戸は、「士・農・工・商」の身分社会では、武士に儒教の「仁・礼」があることを主張してきたが、「真実」はサムライ階層では発達せず、最下位の商業階層で実行されると主張している。ここで新渡戸は、ついに「武士道」の破綻を主張しているのだ。

新渡戸稲造の『武士道』には、たびたびニーチェが出てくる。ここでニーチェの思想にふれておこう。

ニーチェ（一八四四～一九〇〇）の書いた『アンチクリスト――キリスト教批判の試み』が一八九五（明治二十八）年に出版された。ここでは、同書からニーチェのキリスト教観をわかりやすく解説している部分を紹介したい。

「キリスト教徒は心を病んだ動物」
「キリスト教は『同情』の宗教」
「キリスト教徒は異なった文化を認めようとしない。それどころか、考え方が違う人たちを憎み、徹底的に迫害する」
「キリスト教は最下層民の宗教」

「キリスト教は、野蛮人を支配しようとするが、その方法は彼らを病弱にすることによってである」

「神は僧侶たちの都合のいい道具となってしまった」

「僧侶とは、健康な人たちの精神を食いつぶして生きている寄生虫、パラサイトである」

「教会は、自然に存在しているさまざまな価値を奪い取るための組織」

「キリスト教は諸悪の根源」

「唯一の神、唯一の神の子という発想は、所詮、下層民の恨みつらみから発生したタワゴトに過ぎない」

「キリスト教徒とは、ちょっと自由になったユダヤ人にすぎない」

「キリスト教を信じることは、科学を否定すること」

「自分の意思を『神』と名づけているパウロのやり方は非常にユダヤ的」

「神は戦争をつくった。民族と民族を分断させ、人間が互いに攻撃しあい、絶滅するように仕向けた」

「キリスト教を信じることは病気の一種」

「キリスト教とは呪いである」

（F・W・ニーチェ著、適菜収訳『キリスト教は邪教です！』講談社＋α新書から要約）


新渡戸は、『武士道』の中でたびたびニーチェの言葉を引用している。しかし、ニーチェがキリスト教批判をしている箇所は絶対に引用しない。引用すると、キリスト教徒である自分の立場がなくなってしまうからだ。

ニーチェの妹エリザベートは、発狂したニーチェが有名になり始めていた頃から兄とのかかわりを再開した。彼女は晩年ナチスに協力し、ヒトラーと親交をもち、ニーチェをヒトラーに精力的に売り込んだ。ニーチェは一八八九年、狂気（進行麻痺）の中で死ぬが、この年に生まれたヒトラーは、エリザベートの行為を政治的に利用しようとして、彼女が死んだとき、盛大な国葬を行なっている。そのため、ニーチェはナチス運動の先導者とみられるようになった。

ニーチェは「キリスト教は邪教」と批判した。ヒトラーは八歳のときに聖歌隊に所属し、十五歳でカトリックの「堅信礼」を受けてキリスト教に深く傾倒し、聖職者になることを夢見ていたという。後にヒトラーは自分自身を救世主とみなし、批判する者を徹底的に弾圧した。ナチスはニーチェの作品から、都合のよいところだけを利用していたのであり、ニーチェを全面的なナチズムのイデオロギー提供者と見なすことはできない。

ニーチェのことに紙数を割き過ぎた。『武士道』の本文に戻る。

## 武士道の「正直」を「名誉」に転化させた新渡戸

次に、新渡戸は、

「まあ考えてもみられよ――先だって一八八〇年十一月に、ビスマルクはドイツ帝国の領事に訓令を発して、『とりわけドイツ船積貨物に関して、質量ともに明白に嘆かわしい信用の欠乏を示す』ことに警告を行った。今日では、貿易上ドイツの商人は、不注意・不正直について耳にすることは比較的少ない。二十年たって、ドイツの商人は、結局正直は引合うことを学んだのである。」

と記している。新渡戸は、この章の最後で、プロシアの首相をしていたビスマルクの言葉を引用し、「ドイツの商人は正直を基準にすることになった」と述べている。新渡戸は、先ほど、「武士道」の精神である「真実」は最下層の商人のモラルになったと主張している。旧武士階層のもっていた「武士道」精神は、商人のモラルになっていったというのだ。

さらに、新渡戸は、

「すでに日本の商人はそのことを見出している。その他のことについては、この点についてよく考えられた判断を示す二冊の近著を、読者におすすめする。」

と記している。「日本の商人も『正直』を基準にすることを引合うことと見出した」というのである。そして、福沢諭吉たちに迎えられ、一八八七（明治二十）年に来日した米ユニテリアン協会のナップが書いた本と、ランサムの書いた『移行期の日本』という本を読めと薦《すす》めている。

そして、この章の結びとして、新渡戸は、

「私は何度も自問してみた――〈武士道〉の真実には勇気以上に高い動機があったかどうかと。偽りの証言をしてはならぬという積極的な誡《いまし》めがないので、嘘は罪として非難されず、ただ単に弱さとして罵られ、弱さだから大いに不名誉ではあった。じっさい、正直という観念は名誉ときわめて深く混じり合っており、そのラテン語とドイツ語の語源は名誉と同一であるから、ここで一息入れて、〈武士道〉のこの特質を考察すべき時が来ていると思う。」

と記している。

新渡戸は、ここで『旧約聖書』「出エジプト記」（第二十章十六）の「あなたは隣人について、偽証してはならない」の文章を引用している。

しかし、この「聖書」のモーゼの「十戒」は、ユダヤ人のみに通用する言葉であり、他の民族に対して嘘をつくことは当たり前のことであった。ラテン語の正直 honestas は、名誉 honor から、ドイツ語の正直 Ehrlichkeit も、名誉 Ehre から出ている。そこで新渡戸は、「正直」から「名誉」にテーマを転じていく。

# ―第八章― 名誉

## なぜ武士は、恥と面目、外聞を重視したか

新渡戸は、「第八章」の冒頭で、

「名誉の感覚は、人格の尊厳と価値のあざやかな自覚を含んでおり、自己の職業に伴う義務と特権を大切にするよう生れつき、また育てられたサムライの特性とならずにはおかなかった。」

と記している。「名誉の感覚」とは、感覚をアウフヘーベン（止揚）した知覚によって生まれるものである。感覚のみに限定することはできない。

続けて、新渡戸は、

「今日英語の honour の訳語としてふつう使われている語こそ自由に使われはしなかったが、名誉の観念はナ（名）とか、メンモク（面目）とか、ガイブン（外聞）といった語によって伝えられた。この三つの日本語は、それぞれ、聖書での『名』の使用、ギリシャ語の面に由来する『人格』という語の進化、および『名声』を私たちに想起させる。」

と記している。新渡戸はこの「名声」という日本語と、『旧約聖書』「出エジプト記」（第二十章

七）の「あなたは、あなたの神、主の名を、みだりに唱えてはならない。主は、み名をみだりに唱えるものを、罰しないで置かないであろう」の中の「名」と結びつけている。

さらに新渡戸は、日本語とギリシャ語の「面」に由来する「人格という語の進化」と結びつけている。欧米人にとっては古代ギリシャは古典の始まりである。そこで、日本語は古代ギリシャの古典と同じであるという印象を与える。日本人が気のつかないこじつけを述べているのだ。日本文化には聖書や古代ギリシャの古典と匹敵するものがあり、日本文化はすばらしいと主張しているのだ。

さらに続けて、新渡戸は、

「立派な名——自己の評判、『自分の不死の部分、それ以外のものは獣と同じ』——は、その名の高潔さが侵されでもすると、恥と感じることを当然のことと考えた。」

と記している。人間は獣である。しかし、獣との区別は「恥」をもつことにある。この点を明白に知っておかねばならない。

さらに、新渡戸は、

「恥の感覚（〈レンチシン〉廉恥心）は、青少年の教育で大事に育てるべき最初の徳の一つであった。『笑われるぞ』、『名が汚れるぞ』、『恥しくないのか』といった句は、非行青少年の行動を正すための最後の訴えであった。」

と記している。「恥は青少年に教育する大事なことである」というのである。ただ「恥」についての教育は一般には行なわれない。国家を私物化している統治者は、「恥」を基準にして行動などしない。「恥」を基準にして行動することは、「生存の保障」の肯定者になってしまうからだ。そのためには、一般に「恥」を基準に行動することを表象させないようにしなければならない。そこで恥の教育はできないことになる。新渡戸は、悪人である君主は「恥」をもつことを教育していない事実を無視している。

## 「恥」をもつことは名誉であり、強い家族意識と密接に結ばれる

次に、新渡戸は、

「このように青少年の名誉に訴えかけることは、子供の心の最も敏感な点に触れたのである。まるで子供の心は、母の胎内にある間にも、名誉で養われていたかのように。（というのは、まさしくたしかに、名誉は出生以前に受ける感化であって、強い家族意識と密接に結ばれているからである。）」

と記している。

新渡戸は、「恥をもつことは名誉であり、名誉は強い家族意識と密接に結ばれている」と主張している。しかし、悪い「名誉」を家族意識にする場合と、善い「名誉」を家族意識にする場合とがある。

続けて、新渡戸は、

「バルザックは言う、『家族の連帯性を失うことによって、社会はモンテスキューが〈名誉〉と名づける根本的な力を失ってしまった。』」

と記している。ここで新渡戸は、フランスの小説家バルザック(一七九九〜一八五〇)の言葉を引用している。なんと器用な引用をすることか。

さらに、新渡戸は、

「恥の感覚は、人類の道徳意識の最も初期の指標であると思われる。『あの禁断の木の実』を味わった結果、人類にふりかかった最初のかつ最悪の罰は、私の考えるところでは、子を産む苦しみでもなく、また茨《いばら》やアザミでもなくて、恥の感覚の目覚めであった。」

と記している。新渡戸は、恥の感覚と「創世記」(第三章)の「禁断の木の実」の話を結びつけている。

「創世記」には、人類が禁断の木の実を食べた結果、「目が開け、自分たちが裸であることがわかったので、いちじくの葉をつづり合わせて腰に巻いた」とある。裸だからいちじくの葉を腰に巻く。即ち、恥ずかしさを自覚したので性器を隠した。衣服をなぜ着るのか。それは羞恥心があるからである。ここが人間と動物の区別されるところだというのだ。

ところが、国家を私物化している権力者は、「衣服」の哲学的な意味を理解しない。衣服を着ていても羞恥心をもち合わせない。新渡戸は、聖書の文章を引用する。そして恥を自覚し、名誉を重んじる「武士道」の精神と、「禁断の木の実」の話を同一に取り扱うことによって、「武士道」はヨーロッパ文明と同じ水準であるというこじつけをして、欧米人を騙すことになる。

さらに続けて、新渡戸は、

「少年時代にちょっとした屈辱を味うことで自分の品格を不名誉にも妥協することを拒んだサム

ライ（新井白石のこと）は、正しかった。彼は言っている――『不名誉は樹の切り傷のごとく、時はこれを消さず、かえってそれを大ならしむのみ』と。」

と記している。新渡戸は、聖書を引用するばかりか、次に新井白石の言葉を引用する。「日本の武士にも、自らの品格を妥協しなかった者がいた」。この武士たる新井白石は正しかったと言いたいのだ。しかし、新渡戸にとっては「正しく」ても、他の人に「正しい」とは限らない。問題は、新井白石が「生存の保障」の拡大発展にどれほど貢献したかということだ。

新井白石（一六五七〜一七二五）は語学の天才だった。イタリア・シチリア島出身のイエズス会司祭ジョバンニ・シドッティが、一七〇八（宝永五）年に、苦労の末、大隅国屋久島に単身上陸した。彼は直ちに捕らえられ、長崎に送られ、奉行所の取調べを受けた。それを知った白石は、江戸・小石川の切支丹屋敷で、公式に四回の直接訊問を行なった。そのとき、シドッティの学識に感銘を受けた白石は、彼から西洋の事情を聞き出した。

シドッティから入手した知識をもとに、白石は『西洋記聞』『采覧異言』などを著わした。白石は西洋の学芸を高く評価し、鎖国下においても西洋の発展した洋学の知識を学ぶことを支持し、出島に学ぶ日本の青年に対する弾圧を緩和した。その結果、出島には蘭学者が輩出することになり、鎖国下においてヨーロッパの近代科学の発展を理解する場となった。

しかし、新井白石は、「キリシタン布教は、わが国を征服する下工作である」という言説を否定している。シドッティに騙されていたのだ。白石は、後に徳川家宣《いえのぶ》が六代目将軍職を継いだため、枢機に参画することになった。

## 武士が「恥辱」を恐れるのは、君主への絶対服従のため

次に、新渡戸は、

「孟子は、カーライルがのちに言ったこと、すなわち『恥こそはすべての〈徳〉、良い行状、善い道徳の土壌である』ということを、何世紀もまえに、ほとんど同じ言葉で教えた。」

と記している。

トーマス・カーライル（一七九五～一八八一）は、スコットランド生まれの思想家で『衣服哲学』を書き、米国版と英国版として発表した。原書名は『サーター・リサータス』（仕立て直された仕立屋）という。三部にわかれ、第一部、第三部は哲学の部で、「自然などいっさいの目に見えるものは霊魂、神など目に見えないものの象徴、『衣服』である」と考え、自然的なものに超自然的意義を認め、道徳的実践に宗教的価値を与えている。これが「衣服哲学」である。

第二部は「伝記」で、主人公が自我に執着し、自我の超越（無関心の中心）を経て、自由と同胞愛の境地（永遠の肯定）にいたる精神的発展の跡を述べている。この「衣服哲学」には「生存の保障」の拡大発展の論理はない。

さらに、新渡戸は、

新渡戸は、孟子とカーライルを同一に取り扱っている。

「羞恥を恐れることがとても大きかったので、日本文学には、シェクスピアがノーフォークの口

に言わせたような雄弁はないとしても、にもかかわらず、羞恥の恐れはダモクレスの剣のように、すべての武士の頭上に懸《かか》り、しばしば病的性質を帯びもした。」

と記している。

新渡戸は、日本文学とシェイクスピアの作品とを並べ、「天井から髪の毛一本で吊るされたダモクレスの剣のような『羞恥の恐れ』が武士の頭上にかかっている」と述べている。日本文学に無知な欧米人には、日本文学はシェイクスピアと同じ水準にあるのかと思わせることになる。ここで新渡戸は、「武士は恥辱を恐れる」と述べている。即ち、「武士は恥をかかないようにしなければならない」と強迫的に行動させられてきた。それは生きるためには、君主に対して絶対服従を示すことであった。

さらに続けて、新渡戸は、

「〈武士道〉の掟では全く正当とされえない行為が、名誉の名において仕出かされた。最もささいな、いな想像上の侮辱を受けてさえ、短気な慢心家は腹を立て、刀に訴えて、不要な争い事をいくつも起こし、多くの罪もない命が失われた。」

と記している。「武士道は名誉を重んじると主張しながら、名誉の名のもとに人殺しをしている」というのである。新渡戸は、日本人の倫理思想として「武士道」を讃美してきた。ところがここでは、「武士道」が人を殺傷することを容認している。また、「罪もない命」とも記している。「罪」とは何か。悪事を働いたから「罪」になる。しかし、国家を私物化するという悪事を働く君主は、もともと罪を犯している。しかし、君主は自らが「罪人」であると思わさないような教育を行なう。

続けて、新渡戸は、

「異常な一例をとりあげて武士道の教えを非難するのが明らかに不公平なのは、キリストの真の教えを、宗教的熱狂や宗教的過激の果実――異端審問や偽善――から判断するのが不公平なのと同じである。」

と記している。「武士が恥をかかされたといって人殺しをすることで、武士道を非難するのは明らかに不公平である」というのである。

新渡戸は、武士道の名誉を守るために、「武士が人殺しをするのは異常な例である」と主張して、武士を守っている。そして、キリスト教の教えを世界に宣伝しようとしたキリスト教の本山・ヴァチカンの宗教的熱狂と比較する。新渡戸自身、宗教的熱狂をもってクエーカー教の宣伝マンになっていた。そのため、宗教的熱狂をもってすることは当然のことであると主張しているのだ。ヴァチカンは宗教的過激なこととして異端審問を行ない、多くの人を殺してきた。しかし、新渡戸は、異端審問を批判することは不公平であるとして、それを支持している。どこまで行っても、「武士道」とキリスト教を同一に取り扱おうとしているのだ。

## 「キリスト教パラノイア」とサムライの「名誉」を同一化した新渡戸

次に、新渡戸は、

「しかし、宗教的偏執狂にも、酔っ払いの震戦譫妄《しんせんせんもう》と比べると、人の心を動かす高貴な何かがあるのと同じように、サムライがその名誉について極端に敏感なことにも、本当の美徳の土台が認められはしないか。」

と記している。ここで、新渡戸は、「宗教パラノイア」は人の心を動かす高貴なものであると主張している。

キリスト教パラノイアになった連中が、キリスト教の宣伝マンとなって世界中に散っていく。彼らの宣伝活動を利用したのが近世の欧米帝国主義者である。非キリスト教徒の国に入り込んだキリスト教の宣伝マンは、非キリスト教徒の中にキリスト教信者をつくる。そして非キリスト教徒と争わせる。その戦いに欧米帝国主義者の軍隊が介入し、非キリスト教徒の国を軍事占領する。そして、キリスト教徒になった連中を、占領した植民地の管理人にする。新渡戸は、キリスト教パラノイアとサムライが名誉について極端に敏感なことを同一に取り扱っている。

続けて、新渡戸は、

「微妙な名誉の掟がはまりこみやすい病的行き過ぎは、雅量と忍耐を説くことにより、つよく埋め合わせがとられた。ちょっとした刺激で腹を立てるのは『短気』として笑われた。」

と記している。新渡戸は「名誉の行き過ぎは『忍耐』によって埋め合わせられる」と主張している。世の中にはちょっとした刺激で、腹を立てて殺人を起こす精神病質的人格者が存在する。このような人は不法であり、否定しなければならない。精神病質的人格者は病の自覚がない。自分では病気ではないということにしてしまう。そこでよけいに厄介な存在となる。

しかし、不法な君主は権力維持のために精神病質的人格者を利用する。そのような集団の例としては暴力団がある。不法な統治者は、暴力団を野放しにして、「生存の保障」を否定する行為を実行してきた。近現代史では、スターリンや毛沢東などが精神病質的人格者の典型であった。新渡戸はこのような存在に対しての理解がない。

さらに、新渡戸は、

「偉大な徳川家康は子孫の遺訓をのこしたが、その中に次の句がある――『人の一生は重荷を負うて遠き道を行くがごとし。急ぐべからず。……堪忍は無事長久の基《もとい》。……己れを責めて人を責むるな。』家康は自分が説いたことを自分の人生で証明した。」

と記し、徳川家康の言葉を引用している。徳川家康は、悪い我慢をして国家を私物化することに成功した。ただし、徳川家康の国家統一によって、戦国時代以来の戦乱に明け暮れした時代にストップをかけることができた。この点は徳川家康の功績だった。しかし、家康は国家を私物化するために幕藩体制を強化し、「生存の保障」の否定者となっていた。

さらに続けて、新渡戸は、

「ある文才ある人が、日本史上の三人の有名人物に、いかにもその人らしい句を言わせた――信長には『鳴かぬなら殺してしまへ時鳥《ほととぎす》』、秀吉には『鳴かずともなかせて見せう時鳥』、そして家康には『鳴かぬなら鳴《なく》まで待《まて》よ時鳥』」

と記している。

新渡戸は、信長、秀吉、家康の性格を示す有名な歌を引用して、欧米人に対して博識ぶりを示している。家康は、国家を私物化することができる時までじっと待った。「武士道」には我慢して待っという精神がある。家康はその体現者であったということになる。ところが、織田信長は家臣・明智光秀に殺されている。豊臣秀吉も信長没後は織田家に忠節を尽くさず、主家をないがしろにして天下をとった。徳川家康も秀吉に秀頼の後事を託されながら、これに違約し、強引に大坂夏の陣を起こし、秀吉の子・秀頼を殺してしまっている。ここには新渡戸の主張する「武士道」の精神はどこにもない。

日本の歴史には、国家を私物化する支配者の話がわんさと出てくる。しかし、「生存の保障」のための思想はきわめて乏しかった。新渡戸は、このことに気づかず、日本人の一般道徳としての「武士道」をとりあげ、キリスト教道徳を普遍的道徳であるとみなし、日本にキリスト教道徳と同一水準の「武士道」があると宣伝している。『武士道』を読んだ支配階級の人たちにとって、新渡戸はそのような悪人を讃美しているので安心して読めるのだ。

## 「大義」と「義憤」を武士の大事な徳目に課した新渡戸

次に、新渡戸は、

「忍耐と辛抱とは、また孟子にも大いに推賞された。ある箇所で孟子は次のような主旨のことを書いている――『あなたが裸になって私を侮辱しても、それが私にどうしたというのか。あなたの乱暴で私の魂を汚すことなどできはしない。』」

と記している。ここでは、孟子の文章を引用している。「あなたの乱暴で私の魂を汚すことはできはしない」――これは「身心二元論」である。魂と肉体は別々でも、一つになっている二つの面であり、同一の生命であり、完全な相互浸透である。そのためには身心一元論を成立させるべく、「身心二元論」をアウフヘーベン（止揚）していかねばならない。身心二元論を肯定する孟子は「悟性国家」（市民社会）を肯定しているが、「生存の保障」の拡大発展の論理を展開していない。

さらに、新渡戸は、

「他の所では孟子は、ちょっと感情を害されて怒るようでは君子に値しない。大義のため憤ってこそ義憤である、と教えている。」

と記している。ちょっと感情を害して怒る君主はいくらでもいる。こんな水準で君主の値うちをきめることはナンセンスである。君主にとっての「大義」の内容とは何か。まさか君主が「生存の保障」行為を実行するだろうか。そんな君主の出現を望むことは幻想であることを歴史が示している。君主の「大義」とは、「生存の保障」の否定された「悟性国家」を維持することであり、それらの肯定者を弾圧し、圧殺することである。また、無規定で抽象的な「義憤」などを基準にするのではなく、具体的な「義憤」の内容を知らねばならない。

続けて、新渡戸は、

「〈武士道〉がその信奉者の何人かにおいて、どれほど高い、非軍事的で従順な柔和に到達できたかは、彼らの言葉によって知られよう。」

と記している。江戸中期の武士は、戦うことよりも君主の使用人として幕府体制の番人をしていた。だから非軍事的で、君主に無抵抗かつ柔和にされることがあった。

さらに続けて、新渡戸は、

「たとえば小河立所《おがわりつしょ》の次の言をとってみよう――「人の誣《し》うるに逆《さから》わず、己が信ならざるを思え。」」

と記している。ここで、小河立所という江戸時代中期の儒者の言葉を引用し、博識ぶりを示している。小河立所は、「事実がないものをあるようにいって、人をそしることに逆らわず、自分を信じろ」という意味のことを言っていた。自分を信じることのみを基準にすると主観主義になる。問題はその自分の信ずる内容を検討することである。

続けて、新渡戸は、

「また熊沢蕃山の言をとれば――『人は咎《とが》むとも咎めじ、人は怒るとも怒らじ、怒りと欲とを棄ててこそ常に心は楽しめ。』」

と記し、江戸時代の儒者・熊沢蕃山の言葉を引用している。江戸時代の儒者は所詮、大名へのイデオロギー提供者であり、「生存の保障」の拡大発展の論理の展開はない。蕃山は、「怒りと欲とを棄ててこそ常に心は楽しくなる」という。しかし、「怒りと欲を放棄することは、即ち死ねということ」である。

## キリスト教徒だった西郷隆盛をシェイクスピアと同一に取り扱う愚かさ

次に、新渡戸は、

「もう一つの例を西郷隆盛から引こう。西郷こそは、その張り出たひたいの上には『恥も坐するを恥じる』人物である。『道は天地自然のものにして、人はこれを行うものなれば、天を敬するを目的とす。天は人も我も同一に愛したもう故、我を愛する心をもって人を愛するなり。人を相手にせず、天を相手にせよ。天を相手にして己れを尽くし人を咎めず、我が誠の足らざるを尋ぬべし。』」

と記している。新渡戸は西郷隆盛の言葉を引用して、博識ぶりを示している。ここで新渡戸は、西郷はその額《ひたい》の上に「恥も坐するを恥じる」ほどの立派な人物であると主張する。この「恥も坐するを恥じる」という表現は、シェイクスピアの『ロミオとジュリエット』に出てくる。つまり、新渡戸は、シェイクスピア作品に精通していることを誇示すると同時に、西郷のイメージをシェイクスピアと同一に取り扱っている。

西郷を知らない欧米人は西郷をシェイクスピアに登場する人物と同一のイメージをつくる。新渡戸は、あくまでも日本人のサムライの中に、ヨーロッパ人と同じ水準の者がいるというイメージづくりをしているのだ。

続けて、新渡戸は、

「これらの言葉のいくつかは、私たちにキリスト教の戒めを想い出させ、そして、実践道徳においては、自然宗教がどれほど啓示宗教に近づきうるかを私たちに示す。これらの言葉は単に弁舌に留まらなかったばかりでなく、本当に行為となって具現されたのだった。」

と記している。西郷隆盛は、横浜で、ジェームズ・バラ（一八六一年に来日し、一九一九年に帰米するまで、キリスト教の日本伝導に生きた）という宣教師から受洗しており、「私の立場を了解頂き、他言は一切無用に願います」と言っていたという。そして西郷は、一八七〇（明治三）年に、講説（『南洲翁遺訓』）の中で「敬天愛人」を説き、この四字成句を揮毫《きごう》している（「敬天愛人」とはキリスト教教理を把握した用語である）。

新渡戸は、西郷が受洗していたことには気づいていないが、西郷の言葉からはキリスト教の戒めを想い出すと記している。この点、新渡戸の指摘はまちがってはいない。

西郷は、幕末に活躍した連中と同じように、キリスト教の教義について理解することなく、ただ文明人となって欧米人の信頼を得たいがために、キリスト教を受け入れることにしたのだろう。討幕運動に参加した連中で、運動を支えたアーネスト・サトウやパークス、グラバーやジャーディン・マセソン商会の連中などに信頼され支持されるために、「ヤソ秘密結社」がつくられており、西郷もその一員になっていたのだ。

ここで、新渡戸は、「自然宗教が啓示宗教に近づく」と主張している。しかし、日本の神道はアニミズムで多神教であり、一神教のキリスト教とは根本的に異なる。

キリスト教は砂漠、荒野の多い自然環境のきわめて厳しい中東で生まれた。神道は、四季があり、水が豊かであり、農耕に適した日本で生まれた。キリスト教は聖書という啓典をもつ啓典宗教である。神道には啓典はない。キリスト教の神はイエス・キリストである。神道は、石、山、滝、大樹など自然をご神体とする。キリスト教には教義があり、神の命令が絶対である。

にもかかわらず、「自然宗教が啓示宗教に近づく」などと主張する新渡戸は、キリスト教や神道についての理解がまったくなく、デタラメなことを述べている。

西郷隆盛は、一八七二（明治六）年に参議を辞職し、鹿児島に下野した。公式には征韓派の敗北のために下野したことになっている。西郷は強硬な「征韓論者」だったといわれているが、彼は韓国に対して平和的交渉を重視しており、丸腰で単身韓国に行くことを主張した「遺韓論者」というのが真相だった。岩倉具視や大久保利通らの強行した「岩倉使節団」は何の成果も得ることのない「大掛かりな漫遊」だった。岩倉らはフリーメイソンやユダヤ・ロスチャイルド閥を頭目とする「国際金融マフィア」と接触して、次の世界謀略についての情報を得ていたにちがいない。

岩倉使節団に比べて、西郷ら留守政府は、封建的身分差別を撤廃し、士族の特権を解消した。「秩禄処分」という名の家禄削減を実行した。特に西郷によって司法卿に推された江藤新平は法制度の改革に心を配り、論理的な頭脳と、峻烈な気性と、鋭利なる手腕をもっていた。四歳年上の大久保利通にとっては目の上のタンコブだった。

そこで大久保は「佐賀の乱」を起こさせ、首謀者に仕立てられた江藤を殺した。大久保は西郷の下野によって西郷自身を葬ることを企んでいった。

## 武士に「雅量」や「忍耐力」が少なかったことを知っていた新渡戸

次に、新渡戸は、

「この雅量、忍耐、寛恕の崇高な高さに達した人はごく少数しかなかったことは認めねばならない。大いに残念なことだが、同じ名誉を構成するのかについては、何一つ明瞭な一般的なことは述べられなかった。ただ、少数の物のわかった人たちだけが、名誉は『境遇から生じない』こと、かえってそれは一人一人がその役割を立派に果たすことにあることを悟っていた。」と記している。新渡戸は、「武士道」の雅量、忍耐、寛恕の崇高な精神をもつ者はごく少数であったと残念がっている。そして何が名誉を構成する条件なのか、明白なことは述べられなかったという。ここでは新渡戸は、自己の主張を否定的に述べている。新渡戸は、「武士道」を日本人の思想であり、キリスト教文明に匹敵する思想であると、でっち上げようとする。いくら「武士道」をもち上げようと、所詮、君主の使用人の思想にすぎない。

クエーカー教徒になった新渡戸は、キリスト教が人類史上、「生存の保障」の否定活動を続けてきた最大の人殺しの宗教であることに目をつむって、日本文明にもキリスト教に匹敵する「武士道」があるのだとでっち上げているのだ。キリストの存在を信じる、信じないは各人が勝手に決めることである。各人が勝手に決めることを基準にすることは主観主義である。主観主義の立場に立つということは、個別的意志を原理にすることになり、悪い不法な犯罪行為であることを知っておかねばならない。

続けて、新渡戸は、

「孟子は言う、『貴きを欲するは人の同じき心なり。人々己に貴き者あり、思わざるのみ。人の貴くするところのもの良質に非ざるなり。趙孟の貴くする所は、趙孟能《よ》くこれを賤《いやし》くす。』」と記している。孟子の言葉である「貴きを欲する人、貴き者」の具体的内容についても検討しな

ければならない。新渡戸は、君主のイデオロギーとしての孟子の言葉を引用しているのだ。さらに、新渡戸は、

「だいたい、侮辱にはすみやかに憤激を返し、のちにみるように、死をもって報復された。」

と記している。誇りを重んじる人は侮辱されたら死ぬ。生命はいくらあっても足りない。新渡戸は、「生存の保障」を否定する行為を肯定しているのだ。

さらに、新渡戸は、

「それにひきかえ名誉は——ただの見栄《みえ》や世間的賞賛にすぎぬことがほとんどだが——この世の生涯の最高善として貴ばれた。」

と記している。「見栄や世間的賞賛を名誉とすることは、最高善として貴ばれる」というのである。新渡戸の主張する「最高善」とは、個別的意志を原理にする「見栄」と世間的称賛である。つまり、新渡戸は「悪」を最高善であるとでっち上げている。

続けて、新渡戸は、

「富や知識でなくて名声こそが、青年の追求しなければならぬ目標だった。」

と記している。名声には「生存の保障」を肯定する倫理的な名声と、「生存の保障」を否定する不法な名声とがある。どちらの名声を追求するか。明白で具体的な区別が必要になる。

そこで、新渡戸は、

「多くの若者は、親の家の敷居をまたぐとき、世の中で名を成すまでは再びこれをまたぐまいと心に誓った。そして多くの大望を抱いた母親は、その息子たちがことわざにいう『故郷に錦を飾

る』のでなければ、再び会おうとはしなかった。恥を免れ、名を挙げるためなら、サムライの少年は、どのような欠乏をも耐え忍び、身心の苦しみの最も厳しく激しい試錬にも耐えた。」と記している。新渡戸は、故郷の盛岡を後にして母親の死に目にも会えず、はるか遠い米国に単身渡り、貧乏を耐え忍び、ジョンズ・ホプキンズ大学で学び、クエーカー教徒になった。そこで、資産家の米国女性を妻にして、日本におけるクエーカー人脈拡大の尖兵となり、日本国をキリスト教国にする〝工作人〟としての地位を手にした。欧米社会で認められるために「武士道」を歪曲し、捏造する。新渡戸は自分の体験の一部を述べているのだ。

## 「命よりも名誉のほうが大事」と言った徳川後継者を肯定した新渡戸

この章の最後として、新渡戸は、

「〔少年時代に得た名誉は、年齢とともに成長することを彼らは知っていた。忘れもならぬ大坂夏の陣のとき、家康の若い息子の一人（徳川頼宣《よりのぶ》）は、先手《さきて》に加えてほしいと熱心に願ったにもかかわらず、後備《こうび》に置かれた。城が落ちたとき、彼は無念のあまりに、とてもはげしく泣いたので、老臣の一人が、できるかぎりの手をつくして慰めようとして言った、『今日御手には御合いなされず候《そうろう》とも、御せきなされまじく候。御一代にはかようの事幾度《いくたび》も御坐るべく。』少年は老臣をはったとにらんで言った――『我ら十三歳の時が又有るべきか。』〕名誉と名声がその代わりに得られるならば、命そのものも安いと考えられた。それゆえ、生命よりも高価と思われる事態が現われれば、いつでも、きわめて沈着かつ迅速に、生命を棄てたのである。」

と記している。

新渡戸は、「大坂夏の陣」の例を挙げ、生命より高価なものであれば死んでもよいと「生存の保障」行為の否定を讃美している。一六一五（元和元）年四月、徳川家康の大坂再征の命令によって、大坂城が落城した。秀頼・淀君らが自害した大坂夏の陣で、大坂城下に住んでいた町民二万人が略奪の限りを尽くされ、放火され、奴隷として売られた。

徳川軍に攻撃されたこのぞっとする恐ろしい光景を、福岡藩黒田家が絵描きに描かせた「大坂夏の陣図屛風」絵が大阪城に展覧されている。この屛風には、若い女性が大勢の雑兵たちに囲まれ、両手をつかまれて、連れ去られようとしている場面、母親と年頃の娘たち三名が、雑兵たちを率いる武士に捕まえられ、娘たちが泣き崩れる場面などが描かれている。この雑兵が背に指している小旗や武士の鎧には、「葵」の紋が描かれている。徳川正規軍は戦場で暴行していたのだ。

この集団は「濫妨人《らんぼうにん》」とか「悪党」と呼ばれる連中で、どの大名にでも雇われて、忍びや夜討ちなどのゲリラ作戦を得意としている。その代わり、大名から戦場の人や物の略奪を大っぴらに認められ、それを大きな稼ぎにするプロの略奪集団であった。このように、大坂夏の陣は、大坂の町民にとって悲惨な事件であった。

一六一五（慶長二十）年五月八日、豊臣秀頼が二十三歳で自害した。淀君も四十七歳で自害する。やっと大坂夏の陣は終わる。どうせ徳川家康との戦いに負けることがわかっているのなら、戦わずして負けていればよかったのだ。そうすれば、大坂の町民は悲惨な目に遭わずにすんだはずだといえる。豊臣秀吉に寵愛された淀君の愚かさ加減に巻き込まれた大坂の町民にとっては、何とも悲惨な話であった。

新渡戸は大坂夏の陣で悲惨な目に遭った人たち、そして、奴隷として売られた女性のことには何の関心も示さない。そして「生存の保障」の否定者である徳川家康の息子・徳川頼宣を美化している。頼宣は、大坂夏の陣で、「先陣に加えてほしい」と頼んだが、老臣に「功名を焦るな」と窘《たしな》められた。そのとき頼宣は、「命よりも、名誉や名声のほうが大事だ」と言ったのである。

―第九章―

# 忠義の義務

## 新渡戸は「武士道」を飾るためにヘーゲル哲学を利用した

新渡戸稲造は、「第九章」の冒頭で、

「封建道徳は、他の倫理体系や他の階級の人々と、ほかのもろもろの美徳は共通に分かちもつが、この徳——目上の人にたいする臣従と忠節——だけは、他とはっきり異なるその特質である。人格的忠実は、あらゆる種類、あらゆる状態の人々のあいだに存在する、道徳的結果であることを、私は知っている——すりの一味はフェイギン（すりの親分の名）にたいして忠義の義務を負う。しかし忠義が最高の重要性をおびるのは、武士の名誉の掟においてのみである。」

と記している。

新渡戸は、「封建道徳は目上の人に対する臣従と忠節である」と主張する。そしてディキンズの小説に出てくるすりの親分に対し、子分は忠誠の義務を負うという例を挙げている。また、封建道徳は精神病質的人格者の集団であるヤクザ、暴力団の道徳と同一であるとも述べている。

封建時代の君主は武士軍団を背後にした暴力装置をもって支配していた。君主は武士に対して忠節を要求する。同様に暴力団の親分は、子分に対して忠節を要求する。君主と暴力団の親分は庶民の安全な暮らしの否定者として、また子分に忠節を要求する点で同一である。ただ、この両者の違いは、君主は暴力装置の一つとして暴力団を使うという点にある。新渡戸が美化する封建道徳も所詮、暴力団の讃美に過ぎないことを自ら述べているのだ。

すぐに続けて、新渡戸は、

「ヘーゲルは、封建的臣民の忠実は、個人にたいする義務であって、国家にたいする義務ではないから、全く不当な原理に基づいて確立された紐帯《ちゅうたい》である、と批判しているが、それにもかかわらず、ヘーゲルの偉大な同国人ビスマルクは、人格的忠義こそドイツ人の美徳であることを誇りとした。」

と記している。新渡戸はここで、ヘーゲルの文章を引用する。自分はヘーゲルを知っていると博識ぶりを示している。しかし、引用したヘーゲルの文章は、ヘーゲル哲学の真髄を伝える文章ではない。ヘーゲル哲学こそ人類の普遍的要求である「生存の保障」と、実践の方向性を教えたのだ。従って新渡戸は、まったくヘーゲル哲学の真髄についての無知を示していることになる。

新渡戸は、ドイツ人ヘーゲルは「忠実」を批判しているが、同じドイツ人のビスマルク（プロイセン宰相。軍事力を背景にドイツの民族的統一を果たした）が、「ドイツ人の美徳は人格的忠義である」として、ヘーゲルの「忠義に対する批判」をビスマルクが無視していると記した。よくもここまででっち上げられたものだ。

ヘーゲルは存命中から、国家権力を私物化する連中にとっては恐るべき敵と目されていた。ヘーゲルはカトリック教徒の司祭から「無神論者」だとして告発さえされている。宮廷の保守的な面々は、さまざまな方法でヘーゲルおよびヘーゲル学徒を弾圧した。

一連の国家権力によるヘーゲル学徒に対する弾圧は、ヘーゲル自身に対する弾圧だったのだ。ヘーゲルは弾圧されるヘーゲル学徒をあらゆる手段を使って必死に守ることに努力した。プロイセンの文部大臣に就任し、ヘーゲルの後見人となるアルテンシュタインが存在しなかったら、ヘーゲル自身も逮捕拘留されていたことはまちがいない。

ヘーゲルは存命中から国家権力によって弾圧されていた。ヘーゲル哲学は真の無神論であると同時に「生存の保障」を否定するものを否定することによって、真の「理性国家」を実現することを教える革命哲学だった。だからこそ、国家権力を私物化することに固執する統治者にとっては、恐るべき敵とされていたのだ。

ヘーゲル学徒が弾圧されていた歴史を知るだけでも、ヘーゲル哲学が国家を私物化する連中にとっては恐るべき敵であったことを示している。にもかかわらず、ヘーゲル哲学の真髄に無知な新渡戸は、「武士道」を飾るために平気でヘーゲルの名前を使っていたのだ。これこそ恥ずべき偽善行為である。

## アメリカでは「忠義」の思想はそれほど重視されない

次に、新渡戸は、

「ビスマルクがそのように誇るには十分の理由があった。しかしそれは、ビスマルクの誇る〈忠誠〉が、その〈祖国〉の、もしくはおよそ一国民の、または一民族の独占だったからではなくて、この騎士道の大切な果実は、封建制が最も長くつづいた国民のあいだで、最もあとまで存続するからである。」

と記している。新渡戸は、ビスマルクの誇る「忠誠」が騎士道の大切な果実であると主張している。日本の「武士道」とヨーロッパの騎士道を同一に取り扱っている。あくまでも日本はヨーロッパと同じ文明国であると主張しようとしているのだ。

さらに、新渡戸は、

「アメリカでは、『すべての人は他の誰とも同等である』、そしてアイルランド人が付け加えていうように、『他の誰よりもまさる』のだが、そのアメリカでは、私たちが君主にたいしておぼえるような忠誠の高い観念は、『ある境界内ではすぐれたもの』だが、私たちのあいだで奨励されているようなのは非常識だ、と思われるかもしれない。」

と記している。新渡戸は、「米国人は、人間は同等であるとみなしており、君主に対する忠誠をもつことは非常識と見なすかもしれない」と述べている。これまで新渡戸は、「武士道」の忠義を讃美してきた。しかし、米国人はそんな考えを非常識だと思うかもしれないと、忠義を讃美することに水を差している。

そこで、「人間は同等である」という思想を検討しておかねばならない。同等であるとは「同一」であるということである。人間は人間として同一である。しかし、人間には男女の差異、出身や家庭環境、教育、貧富などの差異、人格の内容等々、当然ながら多くの差異がある。人間は同一であると同時に、差異があることを認識しなければならない。ところが同一のみに固執すると差異が無視されることになる。

人間は同一であるから一票の投票によって多数決原理で政治の代表を選ぶ。これが民主主義政治体制であることは常識化している。この場合、人間の差異を無視することになる。

続けて、新渡戸は、

「モンテスキューはずっと前に、ピレネー山脈のこちら側で正しい事も向こう側では誤りであると訴えたし、また最近のドレフュス裁判は、彼の言い分の真実であることを証明した。しかもおまけに、ピレネー山脈は、フランスの正義が一致を見出せない唯一の境界ではないことも証明した。」

と記している。新渡戸はここで、モンテスキューの言葉を引用している。モンテスキューは、『法の哲学』を四十年の歳月を費やして発表し、政治的自由の主張と拷問、さらに奴隷制度を非難し、啓蒙思想家の列に加えられた。ここで「正しい」という言葉の使われ方に留意しなければならない。モンテスキューが提起するピレネー山脈を境にしなくても、一方にとって正しいことが他方にとっては誤りであるのは常識である。

そして、新渡戸は、「ドレフュス裁判」の事例を挙げる。フランス陸軍参謀本部付の砲兵大尉だったユダヤ系のドレフュスが対独通謀の容疑で逮捕され、軍法会議で終身流刑の判決を受けた。本人は終始無罪を主張したが、作家ゾラが「私は弾劾する」という見出しで、大統領あての公開状を発表し、以後、フランス国内でドレフェス派（再審派）と、その反対派に分かれて激しい言論戦が始まった。一八九九年に大統領令でドレフェスは特赦され、最高法院が無罪の判決を下し、もとの軍籍に戻された。

ほんとうは、ユダヤ人の解放革命であったフランス革命の後から、ヨーロッパではユダヤ人に対する差別が少なくなった。そのため、ユダヤ人は金融家、医師、弁護士、学者、芸術家、科学者として活躍するようになった。このドレフェス事件は、ユダヤ人に対する人権差別のシンボル的事件となり、シオニスト運動の原点になっていったのである。新渡戸はこれらの話をちらりと述べる。そして、「ピレネー山脈は、フランスの正義が一致を見出さない唯一の境界ではないことも証明した」と述べている。

ここで言う「フランスの正義」とは何か。地球上の至るところに軍隊を送り込んで植民地を拡大し、略奪の限りを行ない「生存の保障」を否定することがフランスの正義だったのだ。

## 「武士道」の「忠義思想」は欧米でも理解されていない

次に、新渡戸は、

「同様に、日本人の抱くような忠義は、他の国ではほとんど賛美者を見出さないであろうが、それは、日本人の考え方がまちがっているからではなくて、思うに、日本人のような考えは忘れられているからであり、また、私たちはそれを、およそ他の国では達せられぬ程度にまで発展させたからである。」

と記している。ここで新渡戸は、「忠義」については欧米社会でも讃美者を見出せないかもしれないと思ったのであろう。「欧米社会では日本人のもつ忠義は忘れられている。それは日本社会のほうが欧米に比べて忠義が発展したからだ」と言い訳を述べている。しかし、日本の封建社会においては、君主の使用人たる武士は、生きていくために君主に対して忠義を尽していたに過ぎない。日本がヨーロッパと根本的に異なるのは、地形的な違いがあったことだ。神の存在を否定したヨーロッパの啓蒙思想家は、国境を越えて逃亡することもできた。しかし、島国である日本では逃げるところがない。国家を私物化する君主にとって、日本という国は好都合だった。

江戸時代中期、農民社会主義と無神論を唱え、日本の啓蒙思想家であった安藤昌益《しょうえき》という思想家がいた。安藤は、同志の間を逃げ続けたことがあり、自分の著書を読むと幕府体制から弾圧されるから読むなと言っていた。

また、高野長英《ちょうえい》はシーボルト（ドイツ人医師。博物学者）に学び、抜群の語学力をもつ優秀な蘭学者だった。だが、渡辺崋山《かざん》とともに幕府側に弾圧され（蛮社《ばんしゃ》の獄）、永牢の判決を受けた。高野は、獄中生活五年後に監獄に放火させ、脱獄して地下に潜行生活を続けた。その間、顔を薬品で焼いて変装して江戸に潜んでいたが、ついに、捕吏に襲われて自刃している。

このように、日本では、君主に対する忠義の話は山のように生まれている。新渡戸は、こうしたヨーロッパと日本の地勢学的な差異から生じる思想闘争の歴史にはまったく関心を示さなかった。ただひたすら、日本にも西欧の文明と同じものがあったとでっち上げることに勤《いそし》んでいるのだ。

ちなみに、高野長英が学んだシーボルト（一七九六〜一八六六）はドイツ人医師で、一八二二年にオランダ東インド会社に軍医として入社した。その翌年に長崎・出島の商館に着任した。そして五年後にシーボルト事件が起こった。その事件の契機となったのは、伊能忠敬《いのうただたか》の死によって未完成に終わった禁製品の『日本沿岸與地全図』が不法にシーボルトに贈られたことである。

シーボルトは一八二九年に、日本追放になった。シーボルトは滞日中、長崎郊外の鳴滝《なるたき》で診察のかたわら、日本人子弟を育成した。一八三〇年、ヨーロッパに帰り、オランダのライデンで日本滞在中に収集した膨大な資料をもとに著書『日本』などを執筆した。一八五九年、再びシーボルトは来日し、日蘭両国の交渉に関係した。

なお、ペリーが日本に軍艦外交に来た際、シーボルトの入手した日本地図を持参して、浦賀に入港している。また、シーボルトの収集した資料を所蔵したオランダのライデン大学は日本研究のメッカになった。クエーカー教徒で対日政策の立案に関係したヒュー・ボートンや、駐日米大使になったエドウィン・ライシャワーもライデン大学に留学している。

さらに、新渡戸は、

「グリフィスが次のように述べたのは全く正しい――すなわち、中国では孔子の倫理が両親への服従を人間の第一の義務としたのにたいし、日本では忠義に優越が与えられたということである。」

と記している。新渡戸は、『武士道』に「緒言」を寄せてくれたグリフィスの「中国では孔子が両親への服従を人間の第一の義務とした。それに対し、日本では、忠義のほうに優越が与えられた」という文章を引用し、「まったく正しい」と評価している。

グリフィスは一八七〇年から四年間、日本に滞在していた。たかが四年間しか在日していないグリフィスの書いた本『日本の宗教』から新渡戸は引用しているのだ。グリフィスは、日本の封建社会で、武士が君主に対して忠義の態度をとらねば生きていけなかった歴史をどれだけ理解していたことか。

## 「武士道」にも家族愛があることを無視した新渡戸

次に、新渡戸は、

「私の善良な読者の一部にショックを与える危険をおかして、シェクスピアのうけ合うように、「落ちぶれた主君に従って耐えぬき、」そのようにして「物語に場を得た」人のことを物語ろう。」

と記している。そして『菅原伝授手習鑑《すがわらでんじゅてならいかがみ》』の「寺子屋の段」の話を引用し、この「寺子屋の段」とシェイクスピアの物語を同一に取り扱っている。新渡戸は日本にもシェイクスピアの物語に匹敵する物語が存在すると主張しているのだ。そして、しばらく「寺子屋の段」のストーリー――「自分の恩人である菅原道真の子を守るために、寺子屋の主人、源蔵は身代わりに、寺入りしたばかりのわが子を殺し、その首を差し出した。今は敵方についてしまった松王丸は、源三がそうすることを見越して、わざと自らの子を送り込み、その首改めを誤審することで、恩人の子を救う」――を紹介する。そして新渡戸は、

「『何という残虐な話だ！』と読者が叫ぶのがきこえる。「両親が、他人の子を助けるために、罪もない自分の子を、わざと犠牲にするとは！」しかし、この子は承知の上で、すすんで犠牲になったのである。これは身代わりの死の物語である。――これはアブラハムがイサクをわざと犠牲に捧げようとした物語と、同じぐらい意味深いものであり、またそれ以上に不快な話ではない。どちらのばあいにも、義務の呼び声への服従、上からの声の命令への全き従順があった――〔目に見える天使から与えられたか、目に見えない天使から与えられたか、また、肉の耳にきこえたか、心の耳にきこえたのかはどうであっても〕――しかしお説教はよしとする。」

と記している。新渡戸は、『菅原伝授手習鑑』の松王丸の物語と、『旧約聖書』「創世紀」のアブラハムが信仰を試されるために、子のイサクを献げる話と同じ取り扱いをしている。日本の忠義の物語と聖書に出てくる話とを同一に取り扱って、日本文明は西欧文明と同一であると歪曲しているのだ。

さらに、新渡戸は、

「西洋の個人主義は、父と子、夫と妻に、それぞれ別々の利害をみとめるから、一方の他方に負う義務を必要的に大きく軽減する。ところが〈武士道〉は、家族の利害とその成員の利害は丸ごと一つ――つまり一にして不可分――だと考えた。この利害は情愛と結びつけられた――自然的、本能的、不可抗的情愛と。そこからして、私たちが自然の愛で愛する（この愛は動物さえももっている）人のために死ぬとしても、それが何であろうか。『自分を愛してくれる人を愛したところであなたがたにどんな報いがあろうか。徴税人でも同じことをしているではないか。』」

と記している。新渡戸は、西洋は個人主義であり、これに対して「武士道」は家族主義であると主張する。西洋には、家族、民族、宗教それぞれを基準にした社会体制があり、決して一概に個人主義であるとみなすことはできない。日本には少数のアイヌ民族がいるが、大多数は同一の日本民族であり、多神教であり、西洋と同一に取り扱うことはできない。ただ社会的な構成の基準で、西洋も日本も家族を基準にしており家族主義になる。西洋は個人主義であるから文明が発達した。日本は家族主義だから文明は発達しなかった。そこで日本は個人主義を発展させねばならないと、新渡戸は考えていたにちがいない。

太平洋戦争開戦の前、グルー米国大使は歌舞伎を観て、「日本人の強さは、家族主義にある」ことに気づき、日本人を弱体化させるためには、家族主義を破壊して個人主義にすべきであると考えた。それゆえ、新渡戸の弟子たちは敗戦後、日本の家族制度を破壊することに尽くしてきたことに気づかねばならない。

人間は動物であるという点においては動物と同一である。しかし、人間は哲学的な意味で衣服を着るという羞恥心がある点で、動物ではない。子供を生んで育てる。これは人間も動物も行なう。それは動物としての本能的行為である。子供を愛する、家族を愛する。この愛は後天的に教育を受けて生まれるものである。

ところが新渡戸は、「家族愛は動物も持っている自然の愛である」と主張している。新渡戸は動物の本能と、教育によって獲得されるものを同一に取り扱っている。そこで、「武士道」の家族愛の話の後に、『新約聖書』「マタイ福音書」（五章四十六）の「あなたがたが自分を愛する者を愛したからとて、なんの報いがあるか、そのようなことは取税人でもするではないか」を引用している。聖書を知らない日本人は、新渡戸がなぜ聖書の文章を引用するのかわからない。キリスト教では神がすべてであり、神以外のものを愛しても何の報いも受けないと教えている。そしてユダヤ人の行なっている最も嫌われた職である徴税人も、神がすべてであり、神以外のものを愛しても何の報いも受けることはないと教えている。これがキリスト教の愛の原理である。

「武士道」には家族愛がある。ところがキリスト教には日本人の儒教的な教えに則る「家族愛」は極めて希薄である。むしろキリスト教は個人主義をとる。新渡戸は、家族主義であり、家族愛をとる「武士道」と、個人主義であり希薄な家族愛の「キリスト教」を同一に取り扱おうとしている。

## 「武士道」では「孝」より「忠義」を選ぶことを善しとした

次に、新渡戸は、

「頼山陽はその大著『日本外史』の中で、平重盛の父清盛の反逆行為をめぐる心中の闘いを、感動的な言葉で物語っている。『忠ならんと欲すれば孝ならず、孝ならんと欲すれば忠ならず。』哀れな重盛よ！　のちに、親切な〈天〉が死をもって彼を訪ねてきてくれるように、純潔と正義の住みにくいこの世から彼を解き放ってくれるようにと、彼が全霊をあげて祈っているのを見る。」

と記している。新渡戸は、頼山陽《らいさんよう》（一七八〇～一八三二）の『日本外史』から引用している。『日本外史』は幕末の志士たちの歴史意識・尊皇思想の形式に多大な影響を与えている。そして、その話が芝居の種本として使用され、かつての日本人の精神構造に強い影響力をもたらした。新渡戸の引用する平重盛の話もよく語られていたものである。

「忠ならんと欲すれば孝ならず、孝ならんと欲すれば忠ならず」というセリフはよく知られるようになった。悲しいかな、日本の歴史小説は人殺しの話が中心になっている。「生存の保障」を否定する話が「感動的な言葉」で物語られている。歴史小説家は、権力から弾圧されることなく、安心して人殺しの読物をでっち上げることができる。

吉川英治の『宮本武蔵』、山岡荘八の『徳川家康』『春の坂道』などがその例である。日本の歴史小説で「生存の保障」の拡大発展に尽くした人たちの物語が書かれることは極めて少ない。新渡戸は、君主の使用人のイデオロギーになる「武士道」を捏造するための例証として歴史小説を引用しているのだ。

続けて、新渡戸は、

「重盛のような多くの人が、義務と情愛との葛藤に心を引き裂かれた。〔まことに、シェクスピアも、旧約聖書さえも、私たちの親にたいする敬虔の念を示す概念であるコウ（孝）に相当する、十分適当な話を含んでいない。しかし、〕このような葛藤において、〈武士道〉は忠義の方を選ぶのに決してためらわなかった。女性も、その子を励まして、すべてを王のために犠牲にさせた。〈未亡人ウィンダム〉と彼女の名高い夫とまさに同じくらい決然として、サムライの妻は、忠義のためには、その男の子をすてる覚悟ができていたのである。」

と記している。新渡戸は、親に対する敬虔の念を示す「孝」に相当する語は、シェイクスピアと

『旧約聖書』には出てこないと主張している。「武士道」では「孝」よりも「忠義」を選ぶことをためらわなかったとして、英国王がクロムウェルに敗れたとき、夫と三児がともに死んだことをその妻が惜しまなかったという同様な物語を持ち出す。そして、英国にも「武士道」の「忠義」があると主張している。新渡戸は、あくまでも人殺しの話を讃美しているのだ。

さらに、新渡戸は、

「〈武士道〉は、アリストテレスや近代社会学者の何人かと同じく、国家は個人に先立つもので、個人はその重要部分として国家の中へ生まれてくるものと考えた。——そこで個人は国家のため、または国家の合法的権威の責任を負う者のために、生きまた死なねばならない。」

と記している。新渡戸は、「武士道」とアリストテレスを結びつけ、個人は国家のために生き、また死なねばならないと主張している。日本を知らない欧米人は、新渡戸の文章によって、「武士道」はアリストテレスと同一の水準のものかと思うことになる。しかし、古代ギリシャの哲学者と、「武士道」を同一に取り扱うことはまったくのこじつけである。

続けて、新渡戸は、

「『クリトン』の読者は、ソクラテスが、その逃走の問題について、国法が彼と論争するとのべている議論をおぼえているであろう。とりわけ、ソクラテスはそれら(法または国家)にこう言わせている——『お前はわれらの下に生まれ、育ち、教育も受けたのに、よくもよくも、お前もお前に先立つ先祖たちも、われらの子われらの召使ではないと言うのか。』このソクラテスの言葉は、私たち日本人には何ら異常なことという印象を与えない。というのも、同じ事がすでに久しく

〈武士道〉の唇にのぼっていたからである——ただし、法と国家とは私たちでは、一個の人格存在で表わされるという変更はある。忠義はこの政治理論の倫理的結論である。」

と記している。

新渡戸は、「武士道」の忠義によって、君主のために死ぬ話と、ソクラテスの死刑の話を同一に取り扱っている。しかし、ソクラテスは君主のために死んだのではなく、世間の人間から与えられた不正に抗議するために死刑を受けたのである。ソクラテスの死と「武士道」の恩義による死とを同一に取り扱うことはできない。ソクラテスの死を、通俗の教科書では、「悪法もまた法なり」として脱獄のすすめを拒否した人ということにしている。新渡戸は、プラトンの文献もちゃんと読んで知っているという博識ぶりを誇示しているのだ。

さらに続けて、新渡戸は、

「スペンサー氏は、政治的服従——忠義——には、ただ過渡的機能だけを与えるが、その見解を私は全く知らないわけではない。そうなのかもしれない。その日の徳はその日で十分である。私たちは安んじてそれをくりかえしてよい。とくにその日というのが長期間であって、その期間とは、日本国歌のいうように、『小石《さざれいし》の岩《いわお》となりて苔《こけ》のむすまで』であることを、私たちは信ずるのだから。」

と記している。

新渡戸は、今度は英国の思想家で進化論を取り入れて経験論を主張したスペンサーの名前を出す。さらに、『新約聖書』「マタイによる福音書」（六章三十四）の「だから、あすのことを思いわずらうな。あすのことは、あす自身が思いわずらうであろう。一日の苦労は、その日一日だけで十分である」を引用する。

キリスト教は神の摂理によって宇宙が成立しており、「人びとの営みは神の思し召しだから未来のことをくよくよしなくてもよい。一日一日、神の思し召しによって生活すればよい」と教える。日本人は人間の努力によって生活の向上を考える。それゆえ、日本人はキリスト教の教えを完全に理解することはできない。

新渡戸は、さらに日本の国歌を引用して、「キリスト教徒はその日一日でよいが、日本人は『苔のむすまで』続くのだ」と皮肉を言っている。

## 天皇とキリスト――二人の主に仕えることを告白した新渡戸

次に、新渡戸は、

「この点に関連して、イギリス人のような民主的国民のあいだにおいてさえ、『一人の人とその子孫にたいする、人格的忠実の感情は、彼らのゲルマン人の祖先がその首長にたいして感じたものであるが、これが多少とも、彼らの君主の血統にたいする深い忠義の念へと移っていった。そのことは、王室にたいする彼らの異常な愛着に明らかである』と、ブートミー氏は最近のべている。」

と記している。

新渡戸は、英国人が王室に忠義を尽くす文章を見つけてきて引用しているのだ。近世に入って世界中を侵略し、植民地をつくり、資源の略奪の限りを尽くした英王室に仕えた臣下は、その略奪の分け前を入手することに勤しみ、その点で英王室に対して忠義の態度を示していたのだ。新渡戸は、文明国・英国が世界中を侵略し尽くし、植民地をつくり、他民族の「生存の保障」を否定したことには目をつむっている。

続けて、新渡戸は、

「スペンサー氏は予言して言う——政治的従属は、良心の命令にたいする忠義にとって代わられるであろうと。彼の推論が実現されると考えてみたまえ——忠義とそれに伴う崇敬の本能は永久に消えるのであろうか。私たちは、その忠誠心を、一人の主から他の主へ移して、しかも、そのどちらへも不信実ではないのである。すなわち、この世の王笏《おうしゃく》を振るう支配者の臣下であることから、私たちは私たちの心の奥殿の玉座にいます君主の僕《しもべ》となるのである。」

と記している。

新渡戸は、英国の新興ブルジョワジーのイデオロギストとなったスペンサーが、「忠義はなくなる」と主張したことに対して反論し、心の奥殿の玉座にいるキリストに対する忠義は続くと主張している。

さらに、新渡戸は、

「数年前、とてもばかげた一論争が、心得ちがいのスペンサー信奉者たちによって引き起こされて、日本の読書階層のあいだに、大混乱をまき起こした。皇室への不可分の忠義の主張を熱心に支持するあまり、彼らは、キリスト信徒はその〈主〉に忠誠を誓うゆえに、大逆の傾向があると非難した。彼らは、ソフィストの機知もなしにソフィスト的議論を並べ立て、スコラ学徒の精密さもないのに、スコラ的なひねくれた議論を飾り立てた。私たちが、『カエサルのものはカエサルに、神のものは神に納めて』、ある意味で、『一方に親しみ、他方を嫌うことなしに、二人の主に仕え』うることを、彼らはほとんど知らなかった。」

と記している。新渡戸は、第一高等中学校の嘱託教員をしていた内村鑑三が一八九一（明治二十四）年九月に、「教育勅語」奉読式で天皇親筆の署名に拝礼を十分にしなかった事件（不敬事件）について述べている。内村鑑三を攻撃した連中（東大教授の井上哲次郎など）は「マタイによる福音書」のイエスの言葉である「カエサルのものはカエサルに、神のものは神に納めて」という言葉と、「一方に親しみ、他方を嫌うことなしに、二人の主に仕える」という言葉を知らなかったと主張している。

ところがここで新渡戸は実におかしな論旨を述べている。「マタイによる福音書」には「だれも、ふたりの主人に仕えることはできない。一方を憎んで他方を愛し、あるいは、一方を親しんで他方をうとんじるからである」とある。どこにも「二人の主に仕える」などとは記されていない。二人の主に仕えるということは「二神論」になるからである。そこで内村鑑三はキリスト教徒として天皇の御真影に深く頭を下げなかったのである。ところが新渡戸は、二人の主に仕えてもよいという視点で、内村鑑三がキリスト教と天皇の二人の主に仕えていたのだと主張している。新渡戸こそソフィスト的議論を展開しているのだ。

新渡戸は、天皇とキリストの二つの主に仕えることに矛盾を感じないことになる。そこで「マタイの福音書」に記されている「二つの主に仕えてはいけない」という一節の一部を引用し、「二つの主に仕えてもよい」とでっち上げている。

つまり、新渡戸は、「内村鑑三はキリスト教と天皇の二者に仕えているのに、内村批判が展開されたのだ」と詭弁を弄《ろう》している。クエーカー教徒である新渡戸は、尊皇主義者として活躍していく。彼はキリストと天皇の二者に仕えており、そのような立場に矛盾を感じない偽善者の道を歩むことになる。

ところで、内村鑑三は、自著の中で、次のように言っている。

「武士道は日本国最善の産物である。然《しか》し乍《なが》ら武士道其物《そのもの》に日本国を救ふの能力は無い。武士道の台木にキリスト教を接いだ物、其物は世界最善の産物であって之《これ》に日本国のみならず全世界を救ふの能力がある。」(『武士道と基督教』)

内村は、「武士道の上に接木《つぎき》された基督教」によって世界は救われると主張しているのだ。多神教を背景に生まれた武士道の上に、一神教のキリスト教を接木することはできない。できないことを主張する内村は、宗教の原理に無知な「宗教パラノイア」だった。

内村も新渡戸も、西洋に対して、自分たち日本人がキリスト教徒になりうることを説明せねばならなかった。逆に日本に対しては、自分たちが西洋の手先ではない真正の日本人であることを説明しなければならないという二重に引き裂かれた心情をもっていた。そこで新渡戸は、武士道とキリスト教を結び付ける話をでっち上げたのだ。

主君にその誤りを説くことこそ、武士の「忠義」のはず

次に、新渡戸は、

「ソクラテスは、そのダイモーンへの忠義の一点の譲歩も断乎として拒否しつつ、ずっと、同じように忠実に、心静かに、彼の地上の主である〈国家〉の命令に従ったのではないか。〔彼は生きては自己の良心に従い、死んでは自己の国に仕えたのである。国家がその市民から、彼らの良心の命令をも要求するほど強力になる日こそ悲しいかな、である。〕」

と記している。新渡戸は、再びソクラテスの死刑の話を持ち出している。ソクラテスは「生きて自己の良心に従った」と記している。良心とは文字どおり「良い心」ということで、普遍的な行為である「善」と同義語にとられる。しかし、それは「主観的に善であると思惟することを実践せよ」というカントの原理と同一になる。そして、「良心」を基準に実践することは主観に属し、不法な犯罪行為になることもある。新渡戸は「良心」についての倫理学的理解を欠如して「良心」という言葉を使っている。

さらに、新渡戸は、

「〈武士道〉は私たちの良心を、およそ君主や王の奴隷とせよとは要求しなかった。トマス・モウブレイの次の詩は、まさしく私たちの心を代弁するものである。」

と記している。新渡戸は、心は奴隷ではない、即ち、「魂は奴隷ではないが、肉体は奴隷である」

という「身心二元論」を述べている。そこで新渡戸は、「我が生命は君の命のままなり。生命を捨つるは我が義務なり」という十四世紀の英国詩人・モウブレイの歌を引用し、博識ぶりを示している。

続けて、新渡戸は、

「自分自身の良心を主君の気まぐれな意志や、酔狂、道楽の犠牲とする人は、武士道の評価では低い位置しか与えられなかった。〔こんな人はネイシン（佞臣）、すなわち無節操なへつらいでご機嫌をとろうとする卑屈漢として、またはチョウシン（寵臣）すなわち、奴隷的追従によって、主人の愛を盗もうとするお気に入りとして、軽蔑された。これら二種の臣下は、イアゴーの描くところとぴったり一致している――一方は、自分が繋《つな》がれている卑屈な鎖に目がなく、全く主人のロバ同様、自分の時間を浪費して、従順にも、へいこらする悪漢であり、他方は、義務の体裁と顔付きをよそおいながらも、心中はずっと自分のことばかり考えている者である。〕」

と記している。

新渡戸は、これまで、日本人の精神に脈打つ崇高な「武士道」を宣伝してきた。だが、ここで「武士道」にも佞臣《ねいしん》や寵臣《ちょうしん》など評価の低い存在がいることを述べている。そして、シェイクスピアの「オセロ」に出てくるイアゴーの物語と同じものであると主張する。日本を知らない欧米人は、日本にもシェイクスピアの描いた物語と同じようなことがあるのか、日本も欧米社会と同じだったのかと思ってしまう。

よくもこれだけ次から次へと、「武士道」とヨーロッパを結びつける話を探し出したものだ。日本人にはまったく思いつかないことを新渡戸は平気でこじつけている。さすがに新渡戸は博識だ、ということになる。

この章の最後で、新渡戸は、

「臣下が主君と考えが異なるとき、臣下のとるべき忠義の道は、ケントがリヤ王にしたように、あらゆる有効手段を尽くして、主君にその誤りを説くことである。これがうまくいかないなら、主君には好きなとおりに自分を処罰させる。この種のばあい、サムライは、自分の言葉の誠実を、己が血を流して説明し、主君の理解力と良心に最後の訴えをするのが、全く通常の道筋だった。」

と記している。

新渡戸は、「サムライは、自分の言葉の誠実を、血を流して説明し、主君に最後の訴えをするべき」だという。つまり、「忠義の行きつく先は死である」と主張している。どこまでいっても「生存の保障」の否定を讃美する欺瞞者だったのだ。

―第十章― サムライの教育と訓練

## 武士の教育には「品格」と「学問」が最も重んじられた

新渡戸は、「第十章」の冒頭で、

「武士の教育で守るべき第一点は、品格形成であった。思慮、理解、弁舌といった精細微妙な能力は、目立たぬままにされた。武士の教育で美術のたしなみの果した重要な役割は、すでにのべた。教養人にはそれらのたしなみはなくてはならなかったが、それはサムライの訓練の本質というより、むしろ付属品であった。頭脳の優秀はもちろん尊重されたが、知性を表わすのに使われるチ（智）という語は、まず何よりも英知を意味したのであって、知識にはきわめて従属的な地位が与えられただけである。（中略）サムライは本質的に行動の人だった。学問はその活動の境界外にあった。」

と記している。

新渡戸は、「武士の教育は品格形成にある」と述べ、ここでは、無規定で抽象的な「品格」という言葉を使用している。武士の「品格」とはどういう内容か。「生存の保障」の否定者たる君主の使用人である武士は、君主の使用人としての品格、即ち、悪い品格を示すことになる。しかし、いくら君主の使用人であっても、武士の中で「生存の保障」の拡大発展のために尽力する善い品格を持った者も現われる。

その典型に、徳川家康に寵愛されたイギリス人、ウィリアム・アダムス（日本名・三浦按針《あんじん》）などがいる。アダムスは琉球の土産として甘藷《かんしょ》（サツマイモ）を持ち帰り、平戸のイギリス商館長リチャード・コックスに栽培させた。次に、初めて薩摩に移植された甘藷を、小石川薬園・吹上園で試植し、その栽培普及に尽くしたのが蘭学者の青木昆陽《こんよう》だった。この三人の努力で、飢えた百姓の空腹が満たされた。このような武士こそ「品格」の所有者である。

しかし、新渡戸は、武士の品格についての具体的な内容について考察をしていない。

新渡戸は、「頭脳の優秀はもちろん尊重された」として、「頭脳の優秀」という言葉を使用している。優秀な頭脳についても、「生存の保障」を拡大発展させるための優秀な頭脳と、それを否定するための悪賢い頭脳とがある。国家を私物化する悪い不法な犯罪者は「生存の保障」の否定のために、悪賢い頭脳を使う。新渡戸は、「サムライは本質的に行動の人だった」とも記している。君主の使用人である武士は、「生存の保障」を否定する悪い行動をとらされることがある。ところが中には極めてまれに「生存の保障」を肯定する善良な行動をする武士が出てくることがある。

そこで、新渡戸は、

「**サムライは、その武人の職に関係あるかぎりで、学問を利用した。**」

と記している。学問にも善い学問と、悪い学問がある。君主の使用人である武士は、「生存の保障」を否定する悪い学問を利用する。

さらに、新渡戸は、

「宗教と神学は僧侶に任された。サムライは、勇気を養う助けとなるかぎりで、宗教や神学に関わった。」

と記している。なぜ、宗教が生まれたのか。古代においては、「生存の保障」をかなえる存在として絶対者を求めた。この絶対者を「神」とした。この「神」は人間の頭につくられた妄想であった。ところがこの神に帰依《きえ》するところから宗教の形式が生まれた。だから「生存の保障」が否定される状態が続く限り、宗教に帰依することが続く。「生存の保障」が確立される傾向が強くなると、神に帰依する必要がなくなる。

宗教は教祖と教典をつくりあげ、その教祖と教典を庶民に押しつけ、教祖と教典以外のことを考察させないようにして、「宗教パラノイア」をつくっていく。教祖と教典に固執する宗教パラノイアは、他の宗教信者を平然と殺すようになっていく。宗教形式を私物化した僧侶は、宗教の本来の成立理由を無視して、「生存の保障」の否定状態を続けさせる。そこで「宗教はアヘンだ」と叫んでも、また、「神は死んだ」と叫んでも、宗教に帰依することが続くことになる。新渡戸は、本来的な宗教が成立した理由について理解せず、堕落した僧侶階級の宗教だけを支持しているのだ。

「生存の保障」の否定するものの筆頭として病気が挙げられる。だが、近代医療の発達、とりわけフレーミングのペニシリンの発見によって抗生物質万能時代が到来した。人類は数多くの病気から解放され、「生存の保障」の拡大発展が達成されている。そこで、宗教に帰依する必要性がますます小さくなる時代になっていると気づかねばならない。

続けて、新渡戸は、

「サムライは『人を救うのに信条ではなくて信条を正当化するのが人間である』と信じた。」

と記している。では、「人を救う」という場合の「人」を具体的に規定しなければならない。「サムライは信条を正当化するのが人間であると信じた」という。武士は、君主の使用人として、「生存の保障」を否定するような信条でも正当化するのが人間であると信じる。この場合の人間は「生存の保障」を否定する悪い人間である。

さらに続けて、新渡戸は、

「哲学と文学はその知的訓練の主要部分をなした。」

と記している。哲学と文学にも善い哲学・文学と、悪い哲学・文学がある。武士はどちらの哲学と文学で知的訓練を受けるのか。一般には武士は「生存の保障」を否定する悪い哲学・文学を学ばされることになる。

さらに、新渡戸は、

「しかし、これらの学習においてさえ、サムライが追い求めたのは客観的真理ではなかった――文学はおもに気晴らしの娯楽として追求された、そして哲学は、何か軍事問題や政治問題の解明のためでなければ、品格形成の実際上の助けとして研究された。」

と記している。

ここで、新渡戸は、「客観的真理」という言葉を使用している。客観的真理とは何か。客観的真理があれば主観的真理があるのか。新渡戸は何をいっているのか理解できない。

真理とは、「生存の保障」への願望と実在の一致をいう。即ち、「生存の保障」が実現する「理性国家」をいう。

## 武士の「清貧」と「倹約」はなぜ大事にされたか

次に、新渡戸は、

「武士道は非経済的である。それは貧しさを誇る。武士は（ローマの武将）ヴェンティディウスとともに、『武人の徳である大望心は、顔に泥をぬる得よりも、むしろ損をえらぶ』という。ドン・キホーテは黄金や領土よりも、その錆びた鎗と骨と皮の馬を、いっそう誇りとした。そしてサムライは、ラ・マンチャの、何でも大げさに考える同志に、心から同情するのである。彼は金銭そのものを――金をもうけ、金を貯める術を――いやしむ。金は彼にとって不浄の悪銭であった。」

と記している。ここで新渡戸は、「武士は貧しさを誇る」と述べている。江戸時代の武士は石高《こくだか》に応じて米を受け取り、その米を金銭に替えて暮らしていた。ところが物価が高騰して経済的に赤字となり、武士は借金をしてようやく生活していた。ちなみに、当時、武士の借金の金利は一五％から一八％であり、これに対して町民の金利は一〇％だった。これは、武士は町民より信用が低いことを示している。なお、大名の金利は八％から一〇％であったという。だから江戸時代の武士は、一般に借金生活による貧乏な生活を強制されていた。こういう事実を無視して、新渡戸は、「武士は貧乏を誇りにしている」などと主張する。

さらに新渡戸は、日本の武士の貧乏と、「錆びた槍と骨と皮の馬を誇りとした」ドン・キホーテの話を結びつける。よくもここまで日本とヨーロッパを一体化する話を捏造することか。日本を知らない欧米人は、日本の武士とドン・キホーテの話を関連させ、日本の武士のイメージを描くことになる。資産家の米国人を妻にし、一生涯貧乏と縁のない生活を続けた新渡戸は、武士が貧乏な生活を強制されていた事実を讃美しているのだ。

続けて、新渡戸は、

「時代の頽廃を描写する決まり文句は、『文臣銭を愛し、武臣死を愛《いと》しむ』であった。黄金と生命をけちけちすることは、非難をまき起こしたが、それはそれらを惜しみなく費やすことが、称賛されたのと同じであった。『何よりも金銭を惜しんではいけない。知恵を妨げるのは富である』と、通俗訓にもいう。」

と記している。新渡戸は、宋史に出てくる南宋の武将である岳飛《がくひ》伝にある句を引用し、岳飛は無実の罪で殺されたものの、死後に罪は晴れ、民族的英雄として廟に祀《まつ》られた話を持ち出している。そして武将が無実の罪で殺されることを讃美している。

さらに、新渡戸は、

「子供たちは、経済のことは全く無視して養育された。経済のことを口にするのは悪趣味と考えられ、硬貨それぞれの価値を知らないのは、育ちが良いしるしであった。数の知識は、軍勢を集め、また恩賞や知行を配分するのに不可欠だった。しかし、銭勘定は、下役人に任された。多くの藩において、藩の財政は、下級のサムライか、お坊主がつかさどった。」

と記している。

新渡戸は、子供には経済のことは教えられず、経済のことを口にするのは悪趣味であると考えている。お金のことを知らないのは育ちがよいしるしであると述べている。お金を入手すると、富を増加させることになり、いずれ権力を手に入れようと考える。そこで金銭に関心をもたないように教育する。そして貧乏の状態においておくほうがよい。すると武士は君主に対抗することは絶対にない。だから武士は「倹約」を強要され、簡素な生活を強要されるのだ。

しかし、新渡戸は、この武士が金銭に関心を起こさないようにされていた真の理由については考えない。それどころか新渡戸は、

「道理を弁《わきま》えた武士はだれでも、金銭は戦いの頼みの綱をなしていることはよく知っていたが、金銭評価を徳にまで高めることは思いもよらなかった。（中略）なるほど倹約は〈武士道〉によって命令されはしたが、それは経済的理由からではなく、むしろ節制の訓練のためだった。〔贅沢は男らしさへの最大の脅威とみられ、最もきびしい簡素な生活が、武士階級には求められたし、奢《しゃ》侈《し》禁止令は多くの藩で励行された。〕」

と記している。大石内蔵助が中心になって赤穂浪士らが江戸・本所の吉良邸を襲い吉良義央を殺害し、旧主の仇を討った事件があった。この「赤穂事件」で大石に軍資金を提供した者がいた。大坂の赤穂藩邸の隣に住んでいた豪商・淀屋辰五郎《よどやたつごろう》である。彼は大石と親しい関係にあったので、大

石に軍資金を提供したという話がある。そのため豪奢な生活を表の理由にして、淀屋はとりつぶされたという。また、幕末の志士である高杉晋作は奇兵隊を組織し、下関で挙兵したが、そのときの軍資金を提供したのは、下関の豪商・白井正一郎であった。

このように、新渡戸は、金銭は戦いの頼みの綱であることを、歴史の事例を示して述べている。新渡戸は、あくまでも金銭感覚をもたないことを「武士道」の特色にしようとしている。だが、動乱や革命、戦争を起こすには軍資金が必要である。誰が軍資金を提供しているかを知らなければ歴史の真実を知ることにはならない。

先の文章で、新渡戸は、「『武士道』は「倹約」を命令されているが、それは経済的理由からではなく、節約の訓練のためである」と記している。

江戸時代、新田を開発しない限り、米の生産量は増加しなかった。その限られた石高を支給されている武士は、絶えず借金をして貧乏な生活を強要されていた。武士は倹約しなければ生きていけなかった。

ところが新渡戸は、武士の苦しみを無視して「武士道」が倹約を命令しているのだと、あたかも簡素な生活は武士道の美徳とみなされると主張している。資産家の米国人を妻にした新渡戸には、倹約を強制されて生活した武士のことなど理解しなくてよいのだ。新渡戸は、欧米人に読んでもらうための「武士道」をでっち上げて、世界的に有名になった。

## 江戸時代の武士社会も、金権と賄賂にまみれていた

次に、新渡戸は、

「物の本によると、古代ローマでは、租税取立請負人やその他の財政担当者が、しだいに武士の位に昇進され、それによって〈国家〉は、彼らの職分や金銭自体の重要性を高く評価していることを示した。このことが、ローマ人の贅沢や貪欲とどんなに密接に結びついているかは、想像にあまる。〈武士道〉ではそうでなかった。それは財政を終始一貫、何か低いものとみなしつづけた――道徳的、知的職務と比べて低いということである。」

と記している。新渡戸は、ここで、古代ローマと「武士道」を比較する話を述べている。江戸時代に、武士に金儲けをさせないよう、金儲けに関する関心をもたせないようにした。そこで富の蓄積のできない武士は、いつまでたっても君主の使用人として生き続けねばならなかった。新渡戸の讃美する「武士道」は幕藩体制を守るイデオロギーとして使用され、「生存の保障」の否定者としての役割を果たされていたのだ。

続けて、新渡戸は、

「このように、金銭と金銭欲とは極力無視されたので、〈武士道〉自体は、金銭から起こってくるきわめて多数の害悪から、永いあいだ免れることができた。これは、日本の公人が永い間腐敗を免れてきた事実を説明する十分な理由である。しかし、嘆かわしいことだ！　現代、金権政治が

何とすみやかに盛んになっていることだろう！」
と記している。新渡戸は、「武士道」のある日本の公人は、永い間腐敗から免れてきたと述べている。実際は、江戸時代の武士の多くは、出世や家禄保持のため、金と賄賂まみれになっていた。そして、高潔な階級とされてきた武士の資格は、金さえ出せば誰でも簡単に手に入れることができたのである。

勝海舟の曽祖父・山上銀一は越後国三嶋郡の貧農の家に生まれた盲人だった。江戸に出て盲人だけに許可されていた高利貸しで成功し、巨万の富を得た。そして、盲官の最高位である検校《けんぎょう》の位を買い、米山検校を名乗った。銀一の子・平蔵は、御家人株を入手して男谷《おだに》家を興し、男谷家は後に旗本に昇進した。その三男が海舟の父・勝小吉だった。三男であった小吉は男谷家から小普請組《こふしんぐみ》という無役の旗本である勝家に養子に出され、そこで生まれたのが海舟であった。勝海舟の系譜は、金にものを言わせて地位を買ってのし上がってきたのである。

このように、旗本・御家人の多くは内職をして生計をたてていた。旗本・御家人の中で生活が苦しくなると、侍身分を手放す者が出てきた。彼らは、養子縁組や婿取りというかたちで、商人たちにその家系を売り渡した。そのとき、多額の金銭をもらった。曲亭馬琴《きょくていばきん》の孫はこれらの手法で御家人になっている。新渡戸は、「武士道」を美化しなければならない。そこで歴史的事実を無視した作り話をでっち上げているのだ。

先の文章中で新渡戸は、「現代、金権政治が盛んになったことは嘆かわしいことだ」とも述べている。

ユダヤ・ロスチャイルド閥は、通貨発行権さえ握れば世界は支配できるとみなした。

マイヤー・アムシェル・ロスチャイルド（一七四四〜一八一二）は、二十歳のとき、フランクフルト・ゲットー内で古銭やメダルの販売事業を始め、一年後に熱心な収集マニアであったヴィルヘルム九世に古銭を売る機会を得た。その後、彼は宮廷御用商人に任ぜられた。ヴィルヘルム九世は米国独立戦争の中で、英国に傭兵を貸しつける兵士輸出業で大いに儲けていたので、その資金運用でマイヤーは莫大な財産を得た。一八一〇年に、「ロスチャイルド父子商会」を設立し、五名の息子たちに実権を譲った。そして、四人の息子をウィーン、ロンドン、ナポリ、パリに居住させ、フランクフルトを含む五カ所で国際的ネットワークを張り巡らし、金融業で成功した。

こうしてロスチャイルド家は家族銀行帝国を築いていく。その後、ウィーン、ナポリ、フランクフルトのロスチャイルド家は消えたが、現在、ロンドンとパリのロスチャイルド家は生き残り、世界的な金融持ち株会社と投資銀行を所有し、国際金融マフィアの頭目として世界の金融を支配している。あらゆる産業に投資しており、タックス・ヘイブン（租税回避地）に資産を隠しており、どれほど巨額の財産を有しているかはわからない。

これに対して日本では、相続税のために、どんなに巨万の富でも三代で財産は消え失せる。日本の政治屋と官僚は、日本人をユダヤ・ロスチャイルド閥を頭目とする国際金融マフィアの家畜になるために追い込んできたのだ。

金権政治を嘆く新渡戸は、こうした世界の政治経済の仕組みについての無知をさらけ出している。

## 武士の教育には「知能」より「品格」、「頭脳」より「魂」が重んじられる

『武士道』の本文に戻る。次に、新渡戸は、

「今日では、主として数学の学習の助けをかりる知的訓練が、文学的釈義と義務論的討論によって提供された。青少年の教育の主目的は、すでにのべたように、品格の決断だったから、抽象的問題が彼らの心をなやますことはほとんどなかった。単に知識をつめこんでいるだけの人々は、たいして崇拝者を得られなかった。ベーコンが、学問の三つの役立ちとしてあげたもの——歓び、飾り、そして能力のため——のうち、〈武士道〉はためらいもなく、最後のものを選んだ。」

と記している。新渡戸はここで、「武士道」の教育とベーコンの言葉を結びつける。日本の武士の教育水準はベーコンの水準と同水準であったかと思わせる。よくもこれだけ日本とヨーロッパを関連づける事例を探し出すことか。思いもつかないことを述べる新渡戸の博識ぶりに、日本人自身は感心してしまうことになる。

しかし、いくら新渡戸が日本の「武士道」とヨーロッパとを対比しようと、所詮、「生存の保障」を否定する君主の使用人の話に過ぎない。

さらに、新渡戸は、

「学問の利用は『判断と用務の処理』にあるからだった。公務の処理のためであれ、克己の訓練のためであれ、教育が行われたのは、何らかの実際的目的を目指してであった。孔子はいう——

『学んで思わざればすなわち罔《くら》く、思うて学ばざればすなわち殆《あやう》し。』」

と記している。新渡戸は学問と教育の目的について述べている。この学問には「生存の保障」を肯定する善い学問と、それを否定する悪い学問がある。学問の「判断」法にも善い判断法と悪い判断法がある。新渡戸は、抽象的で無規定な「学問」、「判断」などの言葉を羅列して、倫理的判断の欠如を示している。そして、武士の教育とベーコンの関係、そして孔子の言葉を引用している。いくら孔子の言葉を引用しようと、孔子は所詮、中国封建社会の皇帝のイデオロギーを提供していたに過ぎず、「生存の保障」を拡大発展させる思想はまるで提供していない。

続けて、新渡戸は、

「知能ではなく品格が、頭ではなく魂が、骨折って発達させる素材として、教師によって選ばれるとき、教師の職業は聖なる性格をおびる。」

と記している。この教師にも「生存の保障」を肯定する「善い教師」と、それを否定する「悪い教師」がいる。どちらの教師に教育を受けるか。それによって、善い品格をもつ者と、悪い品格をもつ者の差が生まれる。国家を私物化する支配者は、「生存の保障」を肯定するような善い教育が行なわれると困る。そこで善い教師の輩出の阻止に全力を尽くすのだ。悪い教師を育成するためには、イデオロギーが必要になる。

そのためにユダヤ・ロスチャイルド閥は、使用人であるマルクスにマルクス主義を捏造させた。そして、マルクス主義は世界的な規模で宣伝され、無数の「マルクス・パラノイア」が生まれた。教師の中にもマルクス・パラノイアが急増した。マルクス・パラノイアは「生存の保障」を拡大発展させる思想を理解できない。国家を私物化する支配者には、マルクス・パラノイアの教師の存在は都合のよいことであった。

次に、ユダヤ・ロスチャイルド閥を頭目とする国際金融マフィアは、「人権パラノイア」を育成する。「人権」には、「生存の保障」を肯定する善い人権と、「生存の保障」を否定する悪い人権とがある。どちらの人権を選択するか。人権パラノイアはその倫理的判断力をもたない。抽象的で無規定な人権は悪い人権である。人権パラノイアは、悪い人権をふりまわす。教師の中には人権パラノイアが増えることが期待される。悪い教師が教育に携わってくれている限り、国家を私物化する支配者にとっては好都合なことであるのだ。「マルクス・パラノイア」や「人権パラノイア」を阻止しなければ、「生存の保障」を拡大発展させる道を推進させることはできないと理解すべきである。

『日本国憲法』の第十一条は、次のように記されている。

「国民は、すべての基本的人権の享有を妨げられない。この憲法が国民に保障する基本的人権は侵すことのできない永久の権利として現在及び将来の国民に与えられる」

『日本国憲法』が保障している「基本的人権」は、「生存の保障」を否定する不法な犯罪者の「基本的人権」までを保障している。こんな「憲法」をもっている限り、犯罪者は大手を振って不法な行為をくりかえす。国家を私物化している政治屋、官僚、司法関係者、そして、御用学者、労組ダラ幹、マスコミ関係者、人権屋、精神病質的人格者の集団である暴力団、さらに「宗教パラノイア」たちは、不法な基本的人権を要求して、不法な犯罪行為を行なっている。そして彼らは、ひっくるめて、ユダヤ・ロスチャイルド閥を頭目とする国際金融マフィアの手先になっている。

新渡戸は、先の文章の中で、「教師の職業は聖なる性格をおびる」と記しているが、「聖なる性格」の倫理的判断を示していない。国家を私物化している支配層は、「生存の保障」を否定する悪い教師を「聖なる性格」を帯びているものとみなしている。

## 武士の教師は優れた人格の持ち主でなければならない

次に、新渡戸は、

「『私を産んだのは親である、私を人間にするのは先生である。』それゆえに、この考えにてらして、教師が受ける敬意はとても高いものがあった。」

と記している。善い人間、そして悪い人間は教育のみで生まれるものではない。生んだ親とその後の生活環境、そして出会った教師の影響力などによって成長していく。新渡戸は、子供が成長することに親の影響力を無視して、教師の力のみを重視する。また、「教師が受ける敬意はとても高い」とも述べている。国家を私物化している支配者は、悪い教師が悪い教育をしてくれることに対して高い敬意を払う。しかし、「生存の保障」を肯定する善人は、悪い教師に対して敬意を払わない。

そこで、新渡戸は、

「青少年からこのような信頼と尊敬をよびおこす人は、必ずすぐれた人格をそなえ、かつ学識をも欠いていてはならなかった。」

と記している。ここでも「優れた人格」の内容を検討しなければならない。悪い教師に悪い教育を受けている悪い青少年は、善い教師を信頼し、尊敬するだろうか。善い教師に善い教育を受けている善い青少年は、善い教師を信頼し、尊敬する。信頼し、尊敬される人とは、あくまでも「生存の保障」の拡大発展に努力している善人である。

また、その学識についても、「生存の保障」を肯定する善い学識と、それを否定する悪い学識とがある。新渡戸は倫理的区別をしていない。続けて、新渡戸は、

「**彼は父なき者の父であり、誤る者には忠告者であった。『父母は天地のごとく、師君は日月のごとし』とわが格言はいう。**」

と記している。この「父なき者の父」の父には、善い父と悪い父がいる。

「誤る者」の内容についても検討しなければならない。何を基準にして「誤る」というのか。「生存の保障」を否定する不法な行為を続ければ、死滅することになる。国家を私物化する統治者に対して、うっかり「あなたは誤っている」と忠告などすれば、殺されてしまう。新渡戸は、「父母は天地のごとく、師君は日月のごとし」という寺子屋で教材として使用された格言を引用し、博識ぶりを示している。

## 教師は、逆境にもうろたえない高邁な精神の権威たれ

次に、新渡戸は、

「すべての種類の仕事にお金を払う今の制度は、〈武士道〉の支持者のあいだでは行なわれていな

かった。武士道は、金銭を離れてのみ、価格ぬきでだけ、行なわれうる仕事のあることを信じた。僧の仕事であれ、教師の仕事であれ、精神的な働きは、金銀でお返ししてはいけなかった。それは、その仕事が無価値だからではなく、はかりしれぬ価値があるからだった。この点において〈武士道〉の非算数的な名誉本能は、近代〈経済学〉以上に、真実な教訓を教えた。すなわち、賃金や俸給を支払うことができるのは、ただその結果がはっきりしていて、手で触れることができ、また計ることができる奉仕にたいしてだけである。」

と記している。新渡戸は、江戸時代の武士が出世や家禄保持のために、金と賄賂にまみれていた歴史的事実を無視して、「武士道」は金銭を離れたのみの仕事をすると信じてきたという。そして、新渡戸は、武士道が金銭をもたないことを名誉にするのと同じく、僧と教師も金とは関係がないと主張している。

日本の寺は、徳川幕府によって檀家制度を通して、農民の管理者として建てられ、保護を受けた。寺を維持するために農民から金を巻き上げる方法をつくってきた。その方法の一つが葬祭の儀式である。

寺社奉行の管理下で手厚い保護を受けた寺は、「空《くう》」を基準にすることを主張した仏教の教えと関係のない仏寺制度をでっち上げ、多くの僧侶は妻帯肉食を行なってきた。今や一部の僧侶を除いて葬式坊主、檀家坊主、観光坊主となり、金まみれになった。

そして、新渡戸は、この章の結びとして、

「教育——つまり魂の発達（そしてこれには僧侶の奉仕をふくむ）——は、はっきりした、手で触りうる、計ることのできるものではない。計ることができないから、価値のうわべの計測尺度である金銭を使うことは不適当である。弟子が先生に、一年のいろいろな折に、金品を贈ることは、慣行上よしとされていたが、これは支払いではなくて、献げ物であった。そこで、先生も喜んで受けとったのである。なにしろ先生ときたら、ふつう清貧を誇りとし、手で働くにはあまりにも威厳があり、物乞いするにはあまりにも自尊心が高い、厳格なたちの人だったからである。彼らは、逆境にもびくともしない、高邁《こうまい》な精神の権威ある化身であった。彼らは、すべての学問の目的と考えられたものの具現であり、こうして、修練中の修練として、ひろくサムライに求められた克己の生きた手本であった。」

と記している。「金まみれの日本の僧侶が金と関係がない」と、事実をまったく無視した主張を展開している。

新渡戸は、「賃金を支払うのは手で触れて計ることができる奉仕に対してだけで、教育には手で触れることも計ることもできないから金で計算ができない」と言っている。しかし、教育の効果については数量化することができる。だから、教師の仕事に対して金で計算ができないという主張はあまりにも空想的である。

また、新渡戸は、「教師は逆境にもびくともしない高邁な精神の権威ある化身である」と述べている。善い教師が逆境にもびくともせず行動することは期待できる。しかし、支配者はそう簡単には「生存の保障」を肯定する善良な教師の活動を許さない。

さらに、新渡戸は、「教師は高邁な精神をもつ」とも述べる。その高邁な精神の内容についても検討しなければならない。

「生存の保障」を否定するような悪い不法な教師が、「高邁な精神をもつ」といえるだろうか。新渡戸は最後まで、抽象的で無規定な言葉を使用している。

—第十一章—

# 克己

## 感情を面に表わさないことを「武士道」の特色とした新渡戸

新渡戸稲造は、「第十一章」の冒頭で、

「不屈不撓《ふくつふとう》の精神が、一方において、つぶやかずに耐えることをくりかえし教え、礼の教えが他方において、私たち自身の悲しみや苦痛を表わすことによって、他人の快楽や静穏をそこなってはいけないと要求し、この二つが合して、ストア的気質をうみ、そしてついには、その気質を見かけのストア主義という国民的特質にまで固めさせた。私は見かけのストア主義というが、それは、本当のストア主義はおよそ全国民の特徴となりえないと信じるからであり、また一つには、わが国民の行状習慣のうちには、外国人観察者によっては冷酷無情と見えるものもあるかもしれぬからである。」

と記している。

「生存の保障」を否定する君主が支配するような「悟性国家」（市民社会）では、不屈不撓の精神をもって「生存の保障」の拡大発展に尽くすことは大切なことである。また、そのために耐え抜く精神力を持たねばならない。ところが新渡戸は、君主の使用人である武士は、不法な君主の命令に、不屈不撓の精神をもって耐え抜くことが「武士道」の道であると主張している。さらに新渡戸は、「西欧社会では、喜怒哀楽の感情を控え、自分の欲望を抑える『ストア主義』が国民的特質にまで達した」と主張する。

日本は島国である。どこまで行っても国家を私物化する支配者が監視する体制下にある。このような状態で「生存の保障」を肯定することは一般に至難の業である。ましてやそのための思想を発表することは危険をともなう。どこに統治者の隠密がいるかわからないからである。そこで自己を表現することを極めて控えめにする。

こうした日本の現状を無視して、「武士道」は「ストア主義」であると主張している。日本人にとってはとんでもない言いがかりということになる。

さらに、新渡戸は、

「しかし、私たち日本人は、じっさい、空の下に住むどの民族とも同じほど、優しい感情には心動かされるのである。」

と記している。

「騙して、皆殺しにして、財産を奪え」と教える人殺しの宗教、戦争の宗教であるユダヤ教徒やキリスト教徒には、他民族に対しての優しい感情などはない。けれども、この歴史的事実を無視した新渡戸は、日本人と同じ空の下に住む民族は、皆優しい感情をもっていると嘘をついている。

君主の支配が貫徹している島国に住んでいる日本人は、自分の生存に精一杯で優しい感情をもつ余裕などなかった。江戸時代の武士は君主の意向に逆らうと打ち首、切腹になる。優しい感情など持ち合わす余裕はほとんどない状態であった。

続けて、新渡戸は、

「ある意味では、私たちは、他の民族以上に——まさに二倍以上も——感じやすいはずだと考えたい気がする。」

と記している。何に対して感じるのか。日本では「生存の保障」を否定する支配者の行動に対して、おかしいと感じても、異議を唱えることは死を覚悟せねばならない難事だった。その点、国境を接するヨーロッパでは、「生存の保障」を否定する支配者に対して、異議を唱える場面は容易に生じ、たとえ支配者が追いかけてきても、国外に逃れることができた。こうした日本とヨーロッパの差異を理解しておかねばならない。

新渡戸は、この差異から生じる人格形成については無視し、日本のほうが他民族に比べて二倍以上も感じやすい国民性であると主張している。

さらに続けて、新渡戸は、

「サムライがその感性を面《おもて》に表わすのは男らしくないと考えられた。『喜怒《きど》色にあらわさず』というのが、大人物を描写するのに使われる文句だった。最も自然な情愛さえも抑制された。」

と記している。君主に対して武士が、感情を面に表わすと逆鱗《げきりん》にふれ、お家断絶、切腹にされる事態までが生じてしまう。そこで武士は感情を表わさない。新渡戸は、武士が感情を表わさず、我慢して生きてきたことを理解せず、感情を面に表わさないことが「武士道」の特色であると主張している。

## 武士の妻の抑制的な心情はギリシャの『英雄伝』にも匹敵する

次に、新渡戸は、

「行動の沈着、心の平静は、およそどんな種類の激情にも乱されてはならない。私の記憶していることだが、最近の中国との戦争のさい、ある連隊が、とある町から出発したときのこと、大群衆が将軍とその部隊に別れを告げるため駅に集まった。このとき、一人のアメリカ人住民が、大声での感情表現が見られると期待して、そこへ行った。何しろ、国民そのものが大興奮しており、群衆の中には、兵士たちの父母や妻や恋人たちもいたからである。このアメリカ人は予想外にもがっかりした。というのも、汽笛が鳴り、列車が動き始めると、何千人もの人々は黙って帽子をぬぎ、頭を下げてうやうやしく別れをつげた。しかし、ハンカチ一枚振る人もなく、一言も発せられなかった。ただ、深い深い沈黙の中、耳をすませば、とぎれとぎれのすすり泣きが聞こえるだけだった。」

と記している。

ここで新渡戸は、日清戦争（一八九四〜九五年）で札幌駅から軍隊が出征したときの情景を述べている。汽笛が鳴り、列車が動き始めると、黙って帽子を脱ぎ、頭を下げて別れを告げ、ハンカチ一枚振る人もなく、すすり泣く声が聞こえた。

なぜ、こんなことが生じたか。行きたくない戦争に狩り出され、戦争で死ぬことになるかも知れない兵隊をもつことは家族にとっては悲しいことだった。明日の生命が否定されるかも知れない強制的な連行に対しては、悲しみ以外の何ものもない。当然、新渡戸は、大声で感情表現が生じると期待していた。しかし、何ごとも起こらなかったこの場面を、日本人が感情を表現しない例証としてとりあげているのだ。

人殺しの「武士道」を讃美する新渡戸にとっては、明日の生命を保障しない戦争に、強制的に連れて行かれる兵士やその家族の気持ちはまったく理解できない。なお、大日本帝国は、兵隊を運ぶために急いで国鉄をつくった。戦争に狩り出されていく兵隊の姿を見て、悲しい思いをさせないためにはこっそりと秘密に兵隊を運ばねばならない。そのために、鉄道の路線はできるだけ人の住まない場所につくられていった。

さらに、新渡戸は、

「家庭生活においても、一人の父親が、いく晩も、病気の子の息づかいに耳を傾けながら、親らしい軟弱な行為を見とがめられないようにと、扉のかげに立ちつくしたのを知っている!」

と記している。新渡戸は、一八九二(明治二十五)年一月十九日に生まれた長男の遠益《とおます》が、生後一週間で死ぬという目に遭う。そんなときでも、新渡戸は悲しみの表現を見せなかったことをここで述べている。

続けて、新渡戸は、

「また、一人の母親が、今わの際《きわ》にも、息子の勉強の妨げにならぬようにと、息子を迎えにやるのを控えていたのを知っている。」

と記している。ここでは、新渡戸が帰郷したとき、母がその二日前に死んでいた話を述べている。

さらに続けて、新渡戸は、

「わが国の歴史や日常生活には、英雄的な母親の手本がいっぱいあるが、彼女たちは、プルタルコスの最も感動的なページのいくつかとも、十分比較に耐えうる。わが国の農民のあいだでは、イアン・マクラレンのような人は、マーゲット・ホウのような人をたくさん見つけることはたしかであろう。」

と記している。新渡戸は、古代ギリシャのプルタルコス（プルターク）の『英雄伝』に出てくる人物と日本の母親の話を比較できると述べている。さらに、日本の農民と、スコットランドの牧師マクラレンが書いた「賢母マーゲット・ホウの話」とを結びつけている。日本女性の英雄的な心情は、古代ギリシャやスコットランドの話と同一であると主張しているのだ。

そして、新渡戸は続ける。

「日本のキリスト教会で、リバイバルがそれほど頻繁に起こらないことを説明できるのも、この自己抑制という修練である。男女をとわず、その魂が感動されるとき、最初に起こる本能は、その外に現れるのを静かに抑えることである。その舌が反抗できぬ霊によって自由にされ、誠実かつ熱烈に雄弁をふるうのは、まれな場合である。霊的経験を軽々しく口にするよう奨励するのは、第三戒違反を誘発することである。最も神聖な言葉、最も内密な心の経験が、雑多な聴衆の中に投げ出されるのを耳にするのは、日本人にとっては本当に耳ざわりである。『あなたの魂の土壌が微妙な思想で動かされるのを感じるか。それは種子が芽を出す時である。それを言語で邪魔するな。むしろ、静かに、こっそりと、独り働くままにしておけ』――とある若いサムライがその日記に記している。」

ここでの「リバイバル」（宗教復興、信仰復興の意）とは、神の恵みと力とが特に著しく現われ、信徒を鼓舞激励し、不信仰な人々が、信仰に導き入れられ、回心の経験を与えられることをいう。また、信仰から離れていた者が、再び信仰に立ち帰らされるような状態に対して用いられるキリスト教用語である。それは「聖霊」の働きによるものとされている。

日本でも一八八三（明治十六）年、横浜で開かれた祈禱会が数週間も続き、三月にはリバイバル化し、さらに、東京、京阪神に及んだことがある。そのとき、教会は活気を帯び、入信者が激増した。翌一八八四年、京都の同志社でも「リバイバル」が生じ、学生二百名がこぞって信仰を告白した。さらに復興運動は、日本各地へと伝わった。

新渡戸は、この日本における「リバイバル運動」の実態については知らなかったにちがいない。そこで、彼は、米国で盛んなキリスト教の信仰復興運動が、日本のキリスト教会ではあまり起こらないのは、日本人には修練した「自己抑制」が備わっているからだと主張しているのだ。

明治以後、無数の宣教師がキリスト教の宣教のために来日した。彼らは日本をキリスト教国、即ち、欧米帝国主義者の植民地にしようという信念をもつ「宗教パラノイア」である。

現在も日本人の中でキリスト教徒は一％未満である。世界中をキリスト教国にしようとする宣伝機関にとって、日本をキリスト教国にできなかったことは、まれにみる失敗例だったということになる（ただしその際、天皇閥に属する人たちだけをキリスト教徒にしたことを忘れてはいけない）。それではなぜ、日本でキリスト教徒は増えなかったのか。

## イエズス会が密かに推進していた「日本植民地化計画」

ここからは、キリスト教の日本宣教の足跡を手短かに述べたい。

スペイン・バスク地方の貴族出身で、イエズス会創立の中心人物となったフランシスコ・ザビエル（一五〇六〜五二）は、一五四九（天文十八）年、日本での宣教を開始した。そのとき、ザビエルは日本人で初めてキリシタンになったヤジロウの案内で鹿児島に上陸した。宣教師とは表向きの姿で、本当の目的は日本の国情をスパイして、ポルトガル国王に報告すること、そしてポルトガル商人と組んで財産を入手することにあった。そして最終的な目標は、日本をポルトガル・スペインの植民地にすることであった。

近年解読された「イエズス会文書館」所蔵の資料から、当時のイエズス会が密かに推進していた日本植民地化戦略の全貌がわかる。日本において宣教活動を行なっていたイエズス会・東インド巡察師のヴァリニァーノは、一五八二（天正十）年十二月十四日付で、マカオからフィリピン総督のフランシスコ・デ・サンデ宛てに次のような書簡を送っている。

「私は閣下に対し、霊魂の改宗に関しては、日本布教は、神の教会の中で最も重要な事業のひとつである旨、断言することができる。なぜなら、国民は事業に高貴かつ有能にして、理性によく従うからである。尤《もっと》も、日本は何らかの征服事業を企てる対象としては不向きである。なぜなら、日本は、私がこれまで見てきた中で、最も領土が不毛かつ貧しい故に、求めるべきものは何もなく、また国民は非常に勇敢で、しかも絶えず軍事訓練を積んでいるので、征服が可能な国土ではないからである」

さらに、日本に十五年間滞在したペドロ・デ・ラ・クルスは、一五九九（慶長四）年二月二十五日付でイエズス会総会長へ宛てた書簡で、次のように書いている。

「日本は海軍力が弱く、兵器が不足している。そこでもしも国王陛下が決意されるなら、わが軍は大挙してこの国を襲うことが出来よう。この地は島国なので、主としてその内の一島、即ち九州又は四国を包囲することは容易であろう。そして敵対する者に対して海上を制して行動の自由を奪い、さらに塩田その他日本人の生存を不可能にするようなものを奪うことも出来るであろう」

これらイエズス会士の書簡にあるように、当時の日本はキリスト教布教のターゲットとして狙われていた。日本に来たイエズス会の宣教師は、日本には鉄砲軍団があるので、スペイン・ポルトガルの軍団といえども、簡単には日本を侵略し略奪することはできない。そこで宣教によって日本をキリスト教国にすることを考えた。このため、日本はスペイン・ポルトガルの植民地にならなかったのだ。

ところが戦国時代の大名の中でキリスト教徒になる者が多数出てきた。そして領地内に教会を設立することを認める事態まで生じた。特に鉄砲を撃ちまくって、時の権力者に成り上がった織田信長は、一向宗（真宗）の石山本願寺を壊滅すると同時に、寺院の焼き打ちを行なった。

なぜ、大名がキリスト教徒になったのか。ポルトガル商人とイエズス会の連中は、鉄砲の火薬にする硝石と鉄砲の弾の材料にする鉛をもってきた。日本の大名の多くは、この硝石と鉛を入手するためにキリシタン大名になったのだ。

ところが、硝石と鉛を売って得た代金は、銀と日本の女性を買うことに充てられた。戦国武将が群雄割拠した戦国時代、戦いに負けると、男はもちろん女子供まで捕らえられ、奴隷として売買された。こうして、戦いのたびに多数の奴隷が生まれた。イエズス会の連中は日本の女性を金銭で買い、奴隷としてヨーロッパ、東南アジア、米国大陸に売りさばいた。その数は数十万人に及ぶといわれている。

一五五五年、マカオ発のパードレ・カルネイロの手紙には、「多くの日本人が、大きな利潤と女奴隷を目当てにするポルトガル商人の手で、マカオに輸出されている」と記されている。日本人の「女奴隷」はポルトガル商人の重要な商品とされ、大きな利潤を生んでいたのである。

## 天正遣欧使節の少年たちも目撃した日本人奴隷の実態

一五八二（天正十）年、イエズス会巡察師のヴァリニァーノが帰路に就くにあたって、日本の少年らが「天正遣欧使節」として長崎を出帆し、スペインに渡った。そして、マドリードでスペイン・ポルトガル王であるフェリーペ二世と会い、さらにローマでは教皇グレゴリウス十三世に会った。その少年使節団が帰国の途に就く頃、日本ではバテレン追放令が発せられていることを知り、二年近くマカオに滞在した。そして、一五九〇（天正十八）年七月にようやく長崎に帰った。

そのとき、天正遣欧使節の少年たちは、寄港先で膨大な数の日本人奴隷を見て、驚いたという。彼ら少年たちは次のように述べている。

「行く先々で同じ日本人が、数多く奴隷にされ、鉄の足枷《あしかせ》をはめられ、ムチうたれるのは、家畜なみで、見るに忍びない」

「われらとおなじ日本人が、どこへ行ってもたくさん目につく。また子まで首を鎖でつながれ、われわれを見て哀れみを訴える眼ざしは辛くてならぬ。肌の白いみめよき日本の娘らが、秘所をまる出しにつながれ、弄《もてあそ》ばれており、日本の女が転売されていくのを、正視できるものではない」

信長の後、権力を入手した秀吉は、日本の女性の売買を禁止した。そして一五八七（天正十五）年、秀吉は「伴天連《バテレン》追放令」を発布したのである。

一六〇〇（慶長九）年、関ヶ原の合戦が起こり家康が勝利した。この頃、キリシタン大名の出現によって、強制的にキリスト教徒になる日本人が増加した。当時の日本の総人口二千三百万のうち、キリシタン人口は全国で三十万から四十万人、あるいはそれ以上に達しており、日本に何十もの教会ができ、百二十名もの宣教師が滞在していたという。日本におけるキリシタン全盛時代といわれている。

家康は、キリシタンを禁止したが外国貿易だけは奨励した。ところが宣教師の入国は依然として続いた。二代目将軍秀忠も徹底的なキリスト教禁止を実行している。三代将軍家光は通交貿易を制限し、「鎖国令」を出し、宣教師の入国禁止と伴天連の弾圧を徹底していった。宣教師の入国を拒否した理由は、宣教師が硝石と鉛を日本国内に持ち込むのを防ぐことにあった。

そして、スペイン、ポルトガルに代わり、新しく世界に進出していった英国とオランダから武器を輸入する藩が出ないようにするため、徳川幕府は「鎖国」を強化した。

バテレンの弾圧の中で少数の日本のキリスト教徒は「隠れキリシタン」になっていった。それでも日本はスペイン・ポルトガルの軍隊の侵略を受けることなく、植民地にもならず、また、日本人はカトリック信者にならずにすんだ。この日本の歴史を十分に理解しておかねばならない。鉄砲をつくる能力のなかった世界の各国は、スペイン・ポルトガル軍に略奪され、皆殺しにされ、奴隷化され、強制的にキリスト教信者にされてきた歴史のあることを決して忘れてはいけない。

秀吉のキリシタン禁止命令、そして徳川幕府の「鎖国」によって、日本の女性が外国に売られていくことはなくなった。ところが明治になって再び日本の女性が外国に売られ、売春婦としての道に追い込まれることになった。

福沢諭吉は、一八九六（明治二十九）年一月十八日付けの論文で、

「賎業婦人の海外に出稼《でかせぎ》するを……禁止す可《べ》しとて熱心に論ずるものあり。……人間社会には娼婦の欠く可《べか》らざる……経世の眼を以てすれば寧《むし》ろ其《その》必要を認めざるを得ず。……現に外に出稼《でかせぎ》して相応の銭を儲け帰国の上、立派な家を成したる輩も多きよしなれば、等しく賎業を営まんとならば寧《むし》ろ外に出でて利益の多きを望むことならん。……賎業婦の外出は決して非難す可きに非ざれば、……自由にするは経世の必要なる可し」（「人民の移住と娼婦の出稼」『福沢諭吉全集』十五巻）

と記している。福沢は日本の女性が娼婦として海外に稼ぎに行くことを奨励していたのである。

こんなことを主張する福沢を、「日本の啓蒙主義者」などといえるだろうか。

福沢諭吉は、一八七一(明治四)年十二月に発表した『學問のすゝめ』の冒頭で、「『天は人の上に人を造らず、人の下に人を造らず』と言えり」と述べている。これは米国十三州の「独立宣言」(一七七六年)の一節、「すべての人は神から平等に造られている」(All men created equal, etc.)を、福沢流に表現したものであるといわれている。また、当時流行した「天賦人権思想」(人が生まれながらに持つという普遍的な自然権思想)を示しているといわれている。この「天」とはキリストのことであり、キリストは人の上に人を造らず、人の下に人を造らずといったということになる。また、「人」とはキリスト教徒のことであり、非キリスト教徒のことではない。

明治以後、日本女性は「からゆきさん」として、アジアから北米の各地に売春婦として売られていった。特に島原の口ノ津が輸出港になっていた。当時の輸出品の第一位は石炭だった。その石炭輸送船に乗せられた日本人女性が、奴隷売春婦として売られていくことがあった。

島原・南串山出身の伊平次は、明治時代にシンガポールで娼館を経営していた。彼は、前科者や犯罪者を集め、日本女性を誘拐させていた。伊平次は次のような持論を、シンガポールを訪れた伊藤博文に対して進言した。

「海外で女郎屋をしている前科者に女郎屋を経営させるためには、内地から娘を誘拐するとよい。かりに十名を誘拐してくれれば、一名六百円として六千円となる。そのうち二名を売って千二百円を得て、それで諸雑費を払い、残りの八名の娘を女郎にして、シンガポールで商を始めれば、一、二カ月で立派に独立できる」

これを聞いた伊藤博文は、「それは良い考えだ」と言って、貧家の娘たちを誘拐し、奴隷売春に落とし込むことを、当然のこととみなした。

明治政府における人権の軽視はこのような状態だった。しかし、明治になっても、キリスト教になることに、政治的な強制はなかった。キリスト教徒になるのは各人の意志であった。

## 日本でキリスト教会の「リバイバル」が起こらなかった理由

新渡戸は、先の『武士道』の記述の中で、「日本でキリスト教会の『リバイバル』が起こらない理由は、日本人の『自己抑制の修練にある』」という主張をしたが、それはまったく間違っている。新渡戸は、キリスト教の歴史についてまったくの無知を示している。

明治開国以来、欧米の宣教師や牧師が大挙してやってきた。そして、日本にキリスト教系の学校を多数つくった。太平洋戦争で米英に敗戦後、日本に進駐したマッカーサーは、日本をキリスト教国にする最大のチャンスとみなして、欧米の聖職者を招聘した。そしてマッカーサーは、キリスト教系の学校の拡大発展のためにあらゆる便宜を図った。例えば、キリスト教系の学校の周囲にある米軍の爆撃で焼け野原になった土地を、強制的にキリスト教の学校の敷地にした。ところが現在、日本人の中でキリスト教信者は総人口の一％未満である。

なぜキリスト教徒に日本人はならなかったか。日本には強制的にキリスト教徒にされた歴史がなかったからだ。

日本人はどうしても一神教のキリスト教徒にはなれない。ただし、キリスト教の教義内容について理解することはなくても、宣教者の人格にふれてキリスト教徒になる日本人はごく少数ながらも存在する。

幕末に討幕運動に参加した志士たちの中には、パークスやアーネスト・サトウ、グラバーやジャーディン・マセソン商会など、討幕運動を背後より支えた外国人権力者に信頼されるためにキリスト教に入信した者たちが多数いた。彼らによって「ヤソ秘密結社」（フリーメイソン）がつくられ、明治政府を成立させた。この倒幕、新政府の成立の背後には、ユダヤ・ロスチャイルド閥に代表される「国際金融マフィア」がいたことを明白に知っておかねばならない。

この「ヤソ秘密結社」の伝統を受け継いで、天皇閥を中心にして日本を支配した階級の中に、キリスト教信者が多数いた。彼らは国際マフィアに操られて、日清戦争、日露戦争を引き起こした。また、日本国内の情報をスパイして、米国の情報機関に通報していた。さらには、中国大陸への侵略、そして対米英戦へと突き進ませ、大日本帝国を壊滅させることに協力してきた。それらはすべて、日露戦争開戦前の一八九七（明治三十）年、セオドア・ルーズヴェルト海軍次官（後に大統領に就任する）が策定した日本征服計画である「オレンジ計画」に則ったものであった。そして日本のキリスト教徒らは「オレンジ計画」の推進に協力する売国者となった。現在も日本の政治、経済をはじめ、あらゆる分野で彼らの影響下にあることに気づかねばならない。もちろん、日本のキリスト教徒は、日本が米国の従属国の状態であることを肯定している。

新渡戸は、自分のことを「若いサムライ」と称している。そして、クエーカーの思想で魂が動かされたとき、それはクエーカーの芽が出るときであり、言葉でしゃべることなく、「静かにこっそりとクエーカー教徒になるのだ」と自分の日記の中で告白している。

## 「寡黙」や「笑い」は「武士道」の美徳とされた

再び『武士道』の本文に戻ろう。

次に、新渡戸は、

「自分の心の奥底の思想や感情――とくに宗教的なもの――を、はっきりした言葉でながながとのべ立てるのは、私たちのあいだでは、そんな思想感情は大して深くもなく、大して誠実でもないことの、間違いないしるしだと取られる。」

と記している。新渡戸は、宗教は長々と述べたてるものではないと主張しているのだ。

続けて、新渡戸は、

「私たちの情緒が動かされたとたん、それをかくすため唇を閉じようとするのは、決して東洋的な心のひねくれではない。あるフランス人が定義するように、言語というものは、私たちにあっては、大かたは『思想をかくす技術』なのである。」

と記している。自らが感じた情緒を口にしないことがある。むやみに口にすると国家を私物化する支配者に知れ、弾圧されてしまうからだ。ところが新渡戸は、このような無口は東洋のみのことではないと述べ、「口唇を閉じるのは思想を隠す技術」だというフランスの政治家の言葉を引用している。新渡戸にとっては「寡黙」は「武士道」の美徳であると主張したいのだ。君主の使用人である武士が発言すると、その発言内容が君主の逆鱗にふれて打ち首、切腹になることが生じる。そこで武士は「寡黙」を本分とすることになる。新渡戸は、武士がなぜ発言を控えるかの正確な理由を理解していない。

さらに、新渡戸は、

「じっさい日本人は、人間の本性の脆さ弱さが、最もきびしい試練にかけられるときはいつも、笑顔をつくる癖がある。」

と記している。島国に住む日本人は、常に役人とその手先の追っ手がやってくる厳しい状態に置かれている。そのような厳しさに耐えるために、ほんとうに笑顔をつくることができるだろうか。新渡戸は、ここでも日本人の置かれている現実を無視して、最も厳しい試練にかけられるときでも、笑顔をつくるのが武士道の美徳であるとみなしている。

さらに続けて、新渡戸は、

「私たちのアブデラ的傾向にたいしては、デモクリトスその人以上に、すぐれた理由があると思う——というのも、私たちにあっては、笑いは大かた、逆境に困惑したとき、心の平衡を取り戻そうとする努力を覆いかくすものだからである。それは、悲しみや怒りの均衡をとるものなのである。」

と記している。新渡戸は、「私たちのアブデラ的傾向」という言葉を使用している。欧米人にとっては理解できても日本人は何をいっているのか理解できない。「アブデラ」とは、ギリシャの北東、エーゲ海に面するトラキア地方にかつて住んでいた民の名称である。アブデラの民は「愚かで、笑う」という評判があったという。日本人は彼らのように愚かで笑ってばかりいるだろうか。そんなことはない。新渡戸は、日本人をギリシャ時代の人間と同一に取り扱っているのだ。また、新渡戸はデモクリトスという古代ギリシャの唯物論者の名前を出している。

新渡戸は、悲しいとき、怒りをもつとき、「武士は笑いで心の平衡を取り戻す」と主張している。しかし、国家を私物化する支配者に対して不都合が露見したとき、武士は笑って過ごせることができるだろうか。

## 武士の「自己抑制力」は「克己の修練」によって生まれた

次に、新渡戸は、

「私たちが苦痛に耐え、死を何とも思わないのは、神経鈍感のためだと主張されてもきた。これは、そのかぎりではもっともである。次にくる問いはこれである――なぜ私たちの神経はあまりピンと張りつめていないのか。その理由は、私たちの国の気候がアメリカの気候ほど刺激に富んでいないからかもしれない。」

と記している。

新渡戸は、「私たちが苦痛に耐え、死を何とも思わないのは、神経が鈍感なためだと主張されてきた」と述べている。君主の使用人の武士は、君主の逆鱗にふれて、いつ、お家取り潰しや、切腹させられるかも知れない。そこで武士は苦痛に耐え、神経鈍感な状態になって君主に仕えてきた。武士が封建体制の中で耐え忍び、その結果として、仕方なく神経鈍感な状態になって生きてきたことを新渡戸は無視している。さらに、日本人の神経鈍感は日本の気候が米国の気候ほど刺激に富んでいないからかも知れないなどと述べている。日本と米国との地勢的な違いをまったく無視して、日本人の神経鈍感の理由を新渡戸は説明している。

さらに、新渡戸は、

「私たちの君主政体が、〈共和制〉がフランス人を興奮させるほどには、私たちを興奮させないかもしれない。」

と記している。新渡戸は「日本の天皇制はフランスの共和制をつくるほど、日本人を興奮させないのかもしれない」と言いたいのだろう。「日本人は自己抑制があるから君主制になっても共和制にはならない」とまで主張している。

フランス革命が生じた前提にはフランス啓蒙思想の運動があった。日本にも江戸時代には、神の存在を否定し、実証主義を貫いた啓蒙思想家がいた。しかし、彼らの日本国内での影響力はきわめて限られていた。明治維新以後、フランスに留学してフランス啓蒙思想を日本にもたらそうとした人もいた。その代表に中江兆民がいる。彼らの運動は自由民権運動となって発展しようとしたが、初期の段階で明治政府に弾圧されてしまった。なぜ、フランスに啓蒙思想が発展したのか。それはヨーロッパでは国境が接していたために、「王権神授説」をとる君主やキリスト教会から厳しい弾圧を受けても逃れることができたからだ。

この点、島国の日本では、明治になってフランスに留学した人たちが「近代啓蒙思想」を日本に輸入しても、天皇を神とする「国家神道」を創り上げた明治政府や官僚によって完全に弾圧されてしまった。天皇をはじめとする皇族への一切の批判を禁止する「不敬罪」、国体や私有財産制を否定する運動の取り締まりを目的とした「治安維持法」によって支配されてきた。新渡戸は、フランス革命が興ったフランスの国情と、「国家神道」をでっち上げた「天皇絶対制」の明治政府の違いについてはまったく無知で、「フランス人は興奮するが、日本人は興奮しない」などという馬鹿げた文章を羅列している。

続けて、新渡戸は、

「私たちはイギリス人ほど熱心に『衣服哲学』を読まないからかもしれない。私個人としては、たえず自己抑制をみとめそれを強制する必要を生み出すのは、まさに私たちが興奮しやすく、また敏感だからだと思う。しかし、その説明がどうであろうと、克己の長年にわたる修練を考慮に入れなくては、どんな説明も正しくはありえない。」

と記している。新渡戸が読みふけったカーライルの『衣服哲学』を日本人が読まないことを嘆いている。

新渡戸は、英国が近代において、世界中を侵略し、略奪の限りをつくし、植民地にした国であることを無視している。そして日本人は、興奮しやすく敏感だったものの、長年にわたる「克己の修練」によって、自己抑制が生まれたなどと主張する。

クエーカー教徒になり、資産家の米国人を妻にし、金に不自由せずに世界中を旅行することのできる新渡戸には、武士の苦しみなど理解できるはずがない。そんな武士の苦しみを理解せずに、あつかましくも、「日本人の精神構造の根底に『武士道』がある」などと、よくもでっち上げたものだ。日本を知らない欧米人は、新渡戸の著書を読んでまったく誤った日本人に対する認識をもつことになる。

新渡戸は、この章の最後に、

「克己の修練はたやすく行き過ぎとなりうる。それは、魂の生気ある流れを抑制することがある。それは柔順な性質の人をむりやり、ゆがんだ怪異なものにしてしまう。それは、頑迷固陋《がんめいころう》を生み、偽善の発生源となり、情愛を鈍《にぶ》らすこともある。」

と記している。新渡戸は、「欲望を捨てさる修練も、行き過ぎると頑迷固陋を生み、偽善の発生源になる」と主張している。平和を表看板にするクエーカー教徒の新渡戸は、人殺しを職業にしている武士を美化する「武士道」をでっち上げている。新渡戸こそ偽善者なのだ。

さらに、新渡戸は、

「美徳がどんなに高貴であっても、その偽物があり、模造品がある。私たちは、それぞれの美徳の中に、それ自身の積極的長所をみとめて、その積極的理想を追求しなければならない。そして、自己抑制の理想とは、心の水準――日本風にいうと――を保つこと、あるいは、ギリシャ語を借りるなら、デモクリトスが最高善と呼んだエウテュミアの状態に達することである。」

と記している。ここに出てくる「美徳」という言葉の内容についても検討しなければならない。

「生存の保障」を拡大発展させる「美徳」か、それを否定する支配者の下僕としての「美徳」かを選択しなければならない。

最後に新渡戸は、武士の「自己抑制」の話と、古代ギリシャのデモクリトスという哲学者が説いた「エウテュミア（何ものにも動かされぬ内心の平安）」とを結びつけている。しかし、封建社会で生きていくために自己抑制している日本の武士と、「エウテュミア」とを同一に取り扱うことはできない。

―第十二章―

# 自殺（切腹）と敵討ちの制度

## 「切腹」は武士にとって法的かつ儀式的な重要な制度

新渡戸稲造は、「第十二章」で、外国人から見た「腹切り」と「敵討ち」について述べている。

まず、この章の数ページ先で、新渡戸は、

「名誉の問題を含んでいる死は、〈武士道〉においては、多くの複雑な問題を解決する鍵と考えられた。そこで、大望を胸にしたサムライにとっては、自然死はむしろ意気地ないことと思われ、心から願い求めるべき人生の終わりではないと考えられた。おそらく、善良な多くのキリスト教徒は、まずまず正直でさえあれば、カトーやブルートゥスやペトロニウスや、他の古代の多くの偉人たちが、自らの地上の生存を断ったさいの、崇高な心の平静を、積極的に賞賛しないまでも、それに心ひかれると告白することだろう。」

と記している。新渡戸は、ここでは「武士道」でサムライが「名誉」のために自殺することを讃美している。

しかしキリスト教では、神から預かった命を自ら絶つ「自殺」行為は神への冒瀆《ぼうとく》になり、自殺をしてはいけないと教えられている。ところが新渡戸は、「善良な多くのキリスト教徒は自殺に心を惹かれる」と告白している。新渡戸は、キリスト教では自殺は禁止されていることを知らないか、キリスト教を知らずにキリスト教のことを述べていることになる。

日本文明のイデオロギーである「武士道」は、西欧文明のイデオロギーである「キリスト教」と同等なものであると主張する新渡戸は、「武士道」が自殺を讃美している以上、キリスト教も自殺を讃美するものでなければならなくなる。まったく整合性の成立しない「武士道」と「キリスト教」を同等に扱おうとするから、ますます整合性の成立しない文章で「武士道」を歪曲化していくことになる。

そこで新渡戸は、ローマ共和制末期の政治家で、カエサルに抵抗して敗北し自殺したカトー（前九五～前四六）や、ローマの作家でネロの寵愛を受けたが、陰謀の疑いを受けて自殺を命ぜられたペトロニウス（?～六六）などの名前を出し、これらの人の自殺にはキリスト教徒も心惹かれているという文章をでっち上げる。

ここに名前の出た政治家は古代ローマ時代の人たちで、キリスト教徒ではない。だから自殺する事態が生じた。新渡戸は、自殺を讃美する「武士道」と、自殺を禁止している「キリスト教」を同等に取り扱おうとする矛盾した主張をするために、古代ローマ時代の政治家の自殺の話を持ち出しているのだ。

所詮、多神教の日本と、一神教の西洋を同等に取り扱うことは根本的にまちがっている。西欧文明には「キリスト教」がある。そこで日本にも「キリスト教」に匹敵するものがないか。「儒教」は中国、仏教はインド、そこで日本には「武士道」があるということで、新渡戸式の「武士道」を創作したのだ。

さらに数ページ先で、新渡戸は、

「切腹は法的かつ儀式的な一つの制度であった。中世に作られたものとして、切腹は、武士がその罪滅しをし、誤りを詫び、恥をまぬがれ、その友を救う犠牲となり、自分の誠を証明する行動であった。法律上の罰として強制されるさいには、切腹はそれ相応の儀式で執り行なわれた。それは自殺の洗練であって、誰一人、心の極度の冷静、行動の平静なしには行なうことはできなかった。そして、これらの理由で、切腹は武士の職分にとくにふさわしかった。」

と記している。ここで新渡戸は、「切腹は武士の職分にとくにふさわしかった」と述べている。切腹という「生存の保障」を否定する行為を絶賛している。

ここから数ページにわたって、新渡戸は武士の「切腹」と「介錯《かいしゃく》」の様子を生々しく叙述していく。そして新渡戸は、

「セップクを賛美したことは、まずおのずと、むやみに切腹したがるその乱用への大きな誘惑をもたらした。全く理屈に合わない事由で、あるいは全く死ぬに値しない理由から、せっかちな青年は、飛んで火に入る夏の虫のように、軽々しく切腹に走った。雑多で疑わしいいろんな動機からして、サムライがこの行為に走ったのは、尼僧が修道院の門外に走ったのより多数だった。命は安かった——世間一般の名誉の標準にてらして勘定しても安かった。」

と記している。新渡戸はこの文章の中で、「命は安かった——世間一般の名誉の標準にてらして

勘定しても安かった」と述べている。「日本人の命は安い。そこですぐに切腹させられることが常態化していた」。こんな日本で「生存の保障」を肯定するのは大変なことだった。この新渡戸の言葉が、日露戦争以来、太平洋戦争の対米英戦まで利用された。「日本人の命は安い」から、いくら殺してもよい。新渡戸の『武士道』は、大日本帝国の侵略戦争、そして敗戦に至る戦争のイデオロギーとして利用されることになったことに気づかねばならない。第二次世界大戦の間に、三百十万もの日本人が殺されたことを忘れてはならない。

## 武士の切腹を「天命を成就する名誉」とこじつけた新渡戸

次に、新渡戸は、

「最も嘆かわしいことは、名誉にはいつも打歩《うちぶ》（割り増し）がついていたこと、つまり、必ずしも純金ではなくて、卑金属が混じっていたことである。〈地獄〉のどの圏でも、第七圏以上に日本人の人口密度が大を誇る圏はなかろう。なにしろダンテは自殺者は皆そこへ入れているのだから。」

と記している。「〈地獄〉のどの圏でも、第七圏以上に日本人の人口密度が大を誇る圏はなかろう。なにしろダンテは自殺者を皆そこへ入れているのだから」というのである。新渡戸は、ここでダンテの『神曲』の話を持ち出して、そこには切腹した武士が多いことを述べている。しかも新渡戸は、切腹で殺された武士の数の多いことを讃美している。

続けて、新渡戸は、

「だから、〈武士道〉の教えるところは次のことであった。――忍耐と純粋な良心で、すべての災禍や逆境に真っ向から耐えよ。」

と記している。「忍耐」をもつことは大切なことである。しかし、君主の「生存の保障」を否定する行為に対しての忍耐は否定しなければならない。また、「純粋な良心」の内容もよく検討しなければならない。「生存の保障」の拡大発展のためには、災禍が降り注いできて逆境に立たされたときにこそ、その逆境に耐えるエネルギーが要求される。しかし、「武士道」では、君主の強いる災禍と逆境に対しても、真っ向から耐えていかねばならない。

さらに、新渡戸は、

「まことの名誉は〈天〉命を成就するにあり、それを行うために招いた死は、不面目ではない。それに反し、〈天〉が用意したものを避けるための死は、まさに臆病である。」

と記している。キリスト教では神から預かった命は、神の命令に従わねばならない。そこで、神が「死ね」といえば、死ぬことが名誉になり、死ぬことから逃れることは「臆病になる」と教えている。そこでキリスト教徒は神の命令だとみなして、「騙して、皆殺しにして、財産を奪え」という教えのもとに、人殺しや戦争をも行なうことができるのだ。

十字軍によってイスラム教徒を殺戮した歴史以来、キリスト教徒は今日に至るまで世界的規模で殺人、戦争を繰り返してきた。新渡戸は、「天命によって死ぬのは名誉であり、死ぬことから逃れるのは臆病である」と主張し、人殺し、戦争を讃美しているのだ。

## 武士道の「切腹制度」は不合理でも野蛮でもない論理

次に、新渡戸は、

「サー・トーマス・ブラウンの風変わりな本『医者の宗教』の中には、日本の〈武士道〉でくりかえし教えられていることと、全く同じ意味のことがある。それを引用しよう――「死を軽蔑するのは勇敢剛勇の行為であるが、生の方が死よりも恐ろしいばあいには、あえて生きることこそまことの勇気である。」〔十七世紀の名高い僧が諷刺をこめてのべている――『平生何程口巧者《くちごうしゃ》に言うとも、死にたることのなき侍は、まさかの時に逃げ隠れするものなり』と。また、『一たび心の中にて死した者には、真田《さなだ》の槍も為朝《ためとも》の矢も透《とお》らず』と。〕」

と記している。

新渡戸は、英国の医師の文章や、江戸時代の天台僧である天海の言葉を引用して「生存の保障」の否定を讃美している。

続けて、新渡戸は、

「〔私たちは、『わたしのために命を失う者はそれを得る』と教えた〈大建築者〉の宮の正門に、何と近づいていることか。〕これらは、キリスト信徒と異教徒とのあいだの違いをできるだけ大きくしようとする熱心な試みがあるにもかかわらず、人類の道徳的同一性を確認させるとおもわれる多数の実例のほんの二、三にすぎない。」

と記している。

新渡戸は、『新約聖書』「マタイ福音書」（十六節二十五）の「自分の命を救おうと思う者はそれを失い、わたしのために自分の命を失う者は、それを見いだすであろう」を引用し、平然と君主のために命を失う者（武士）が、キリストの宮の正門に近づいたことを記している。自分の命を救おうとする者は死に、キリストのために死のうと思う者は生きるという。イエス・キリストはこのように強迫しているのだ。融通無碍《ゆうずうむげ》な「八百万《やおよろず》の神」の文化の中で育った日本人には、このキリストの強迫によってキリスト教徒になることをまったく理解することはできない。

ところが新渡戸は、そのように強迫するキリストを「大建築者」とみなしている。キリスト教徒は、非キリスト教徒を殺すことを当然として行なう。この事実が人類の歴史で続けられていることを私たちは知っている。にもかかわらず、新渡戸は、キリスト教徒と異教徒の間に人類の「道徳的な同一性がある」などと言う。

新渡戸は、ありもしない道徳的同一性があると主張する。そこで整合性のない文章、理解できない文章を記すことになるのだ。

さらに、新渡戸は、

「このようにして、私たちは〈武士道〉の自殺の制度は、その乱用が当初私たちに印象を与えるほど、不合理でも野蛮でもなかったことをすでに見た。」

と記している。どこまでいっても新渡戸は「生存の保障」を否定する行為を認めているのだ。

## 敵討ち、復讐には正義感を満足させるものがある

次に、新渡戸は、

「そこで、その姉妹制度である敵討《かたきう》ち——よければ〈復讐〉とよんでよい——にも、そのむごさを和らげる特徴があるかどうかを見てみよう。」

と記している。

これから先、新渡戸は、敵討ち、復讐について記述していく。

「復讐の中には、何か人の正義感を満足せしめるものがある。復讐者はこう推理する——『父上は死なれる理由はなかった。父上を殺した者は大悪を犯したのだ。もし父上がご存命なら、そんな行為をお赦しにはならぬだろう。〈天〉そのものが悪行を憎むのだ。悪を犯した者にその悪業をやめさせるのは、父上の意志であり、また〈天〉の意志である。私の手で彼を滅さねばならぬ。彼は父上の血を流したのだから、父上の血肉である私が、殺した奴の血を流さねばならぬ。彼は不倶戴天《ふぐたいてん》の敵である』と。この推理は単純で子供じみている。(中略)にもかかわらず、この推理は、人間がもって生まれた精確な均衡感と平等な正義感を示している。『目には目を、歯には歯を。』私たちの復讐感は、私たちの数理能力と同じくらいに精確であり、(後略)」

と記している。ここで新渡戸は、復讐の中にも正義感を満足させるものがあると述べている。そして、父を殺した者を殺す復讐は「正義」であると主張している。新渡戸は、「出エジプト記」(二

十一章二十四）の「目には目、歯には歯、手には手、足には足」を引用している。ユダヤ人は復讐を誓っている。人殺しの誓いを宗教にしているユダヤ教を新渡戸は、支持しているのだ。

ユダヤ教、キリスト教、イスラム教の人殺しの宗教は「復讐」を奨励する。クエーカー教徒である新渡戸も人殺しの宗教の一派である以上、「生存の保障」を否定する復讐を支持することになる。そして人殺しを讃美する「武士道」をでっち上げるのだ。

さらに、新渡戸は、

「ユダヤ教は妬む神を信じ、ギリシャ神話にはネメシス神があるから、この両者においては、復讐は超人間的な力に委ねられるであろう。しかし、常識が〈武士道〉に、一種の倫理的衡平裁判所として敵討ちの制度を与え、ふつうの法律に従っては裁かれない事件をそこに提出させるようにしたのである。」

と記している。新渡戸はさらに、「出エジプト記」（二十章五）に出てくる「妬む神」について記している。「あなたの神、主であるわたしは、ねたむ神であるから、わたしを憎むものには父の罪を子が報いて、三、四代に及ぼし、わたしを愛し、わたしの戒めを守るものは、恵みを施して、千代《だい》に至るであろう」

ユダヤ教の神は、非ユダヤ人の幸福を恨み、憎む神である。そして、恨みをはらす復讐を三、四代、行なえと命じている。新渡戸は、ユダヤ教が人殺しの宗教であることを知っているはずである。ところが、そのことを述べずにユダヤ教の復讐を支持している。また、ギリシャ神話に出てくる報復の神である「ネメシス神」の名前を挙げている。そして、武士道には敵討ちの制度があることを述べる。

## 吉良義央《きらよしなか》に復讐した四十七士の行動を称賛した新渡戸

次に、新渡戸は、

「四十七士の主君は死罪の宣告を受けた。彼には訴えるべき高等裁判所がなかった。そこで彼の忠義な家来たちは、当時存在した唯一の〈最高裁判所〉である復讐に訴えたのであった。そして次には彼らもまた、普通法によって罪の宣告を受けた――しかし〔民衆の本能は違う判決を下した。それゆえに〕四十七士の記憶は、泉岳寺のその墓が今日まで苔《こけ》むして香華《こうげ》がたえないのと同様に、今なおみずみずしく香りを放っているのである。」

と記している。

新渡戸は、四十七士が吉良義央に復讐した話をもち出し、四十七士の行動を称賛している。日本の封建社会でこれほど凄惨な話はない。江戸封建社会が「生存の保障」を否定する行為を貫徹したことを如実に示している事件だ。新渡戸は、四十七士の行為を「武士道」の鑑《かがみ》と見なしている。一応表向きは反戦平和をとなえるクエーカー教徒である新渡戸が、人殺しの話を得々としているのだ。

さらに、新渡戸は、

「老子は『怨みに報いるに徳をもってす』と教えたけれども、孔子の声の方がずっと大きかった。直きをもって怨みに報いなければならぬ、と孔子は教えたのだった。――しかも、復讐が正当とされるのは、ただ、私たちの目上の人たちや恩人のために企てられるときだけだった。自分自身がうけた害悪は、妻子に加えられた害も含めて、忍耐し赦さねばならなかった。」と記している。新渡戸は、「老子が怨みに報いるに徳をもってす」と教えたと述べている。何を基準にして怨むのか。問題はその怨みをどのような形で示すことができるかである。さらに新渡戸は、老子の言葉を引用し、無規定な「徳」を基準にすることを主張している。

ドイツ観念論哲学の祖であるカントは「善と思うことを実行せよ」と主観主義を唱えた。だが、主観によって善の内容は変わる。これほど恐ろしいことはない。

新渡戸は先の記述の中で、孔子が「直きをもって怨みに報いなければならない」と教えたと述べている。これも無原則な怨みに報いるという話で人殺しである。新渡戸は、あくまでも「生存の保障」の否定を主張しているのだ。

新渡戸は、また、「復讐が正当とされるのは、ただ、私たちの目上の人たちや恩人のために企てられるときだけだった」と述べている。目上の人や恩人のための復讐を正当化している。しかし、目上の人や恩人であることを誰が決めるのか。自分が目上の人や恩人と思うことは、それこそ主観主義である。新渡戸は主観で人殺しをすることを奨励していることになる。

続けて、新渡戸は、

「それゆえに、サムライは、祖国の仇に報いようと誓ったハンニバルの誓いには全幅の同情ができたが、ジェイムズ・ハミルトンが妻の墓から一握りの土をとって帯の中にたずさえ、妻の仇を摂政マリーに報いるための不朽の刺激としたことは、いさぎよしとしない。」

と記している。サムライはカルタゴの「ハンニバルの誓い」には同情できるという。ハンニバルは最強のローマ帝国と戦った。日本のサムライは最強のローマ帝国のような敵国と戦ったことはない。ところが、新渡戸は、サムライとハンニバルを強引に結びつける。新渡戸は、結びつけることのできない話をでっち上げているのだ。

ハンニバル・バルカ（前二四七～前一九三）は、ハミルカル・バルカの長子で、カルタゴの将軍である。第二次ポエニ戦争で共和政のローマと戦った人物とされており、カルタゴが滅びた後も、ローマ史上最大の強敵として後世まで語り伝えられている。二千年以上の時を経た現在でも、ハンニバルの戦術は研究対象として、各国の軍隊組織から参考にされるなど、戦術家としての評価は非常に高い。

さらに、新渡戸は、ジェイムズ・ハミルトンの「妻の仇討ち」の話を挙げ、サムライにとっては潔しとしないと述べている。日本人はスコットランドの政治家ハミルトンのことは知らない。ハミルトンは妻の仇討ちを忘れないために、墓から一握りの土をとって自分の帯の中に隠していたという。なぜ、サムライがこの話を潔しとしないことになるのかわからない。新渡戸は、単に博識ぶりを示しているだけだ。

## 切腹と敵討ちという制度は、刑法ができてから不要になった

次に、新渡戸は、

「切腹と敵討ちの両制度はともに、〈刑法〉の発布で存在理由を失った。美しい乙女が、なりを変えて親の敵をつきとめるロマンチックな冒険を耳にすることは、もはやない。家代々の復讐が行われたという悲劇を目にすることももはやない。宮本武蔵の武者修行は、今では昔の物語である。立派に秩序ととのった警察が、被害者側に代って犯罪人を捜し出し、法律が刑罰を与える。」と記している。

新渡戸はここで、「立派に秩序のととのった警察が、被害者側に代わって犯罪人を捜し出し、法律が刑罰を与える」と述べている。しかし、抽象的な「警察」ではなく、具体的な「警察」について考察しなければならない。「生存の保障」を否定する悪い警察は、国家を私物化している統治者を守る。さらに、「法律」には善い法律と悪い法律とがある。悪い警察は善人を犯罪者として取り扱い、悪い法律で刑罰を下している。倫理的に判断力の欠如している新渡戸は、悪い警察が、善い法的倫理者を犯罪者として、悪い法律で刑罰を加えることを述べているのだ。

新渡戸は、国家を私物化する支配者側の同盟者なのだ。だから尊皇主義者になれた。新渡戸の門下生たちは、敗戦後の日本で最高の戦争責任者でもある昭和天皇の生命と地位を守ることに全面的に協力した。このことを明白に知っておかねばならない。

さらに、新渡戸は、

「国家と社会の全体が罪悪を正すよう配慮しようとする。正義感が満たされる以上は、カタキウチの必要はない。もし敵討ちとは、ニューイングランドの神学者が書いたように、『心の飢えを犠牲者の血で満たそうとする望みで生きている心の飢え』ということなら〈刑法〉の二、三条で敵討ちがこんなにすっかり終りはしなかったであろう。」

　と記している。国家を私物化する不法な犯罪者が刑罰をつくる。だから刑法自身が不法な犯罪行為になるのだ。ところが国家を私物化する支配者は、善人を犯罪者に仕立てて刑罰を下す。彼らは国家と社会全体を監視し、善人に罪悪をなすりつけ、自分たちの罪悪は正当化する。新渡戸には、国家を私物化する者こそ悪い不法な犯罪者であり、彼らのつくった刑法こそ悪い不法な犯罪であるという認識がないのだ。

　また、新渡戸は、「正義感が満たされる以上は、カタキウチの必要はない」とも述べている。ここで、正義感という言葉を使用している。「正義」の「正しい」とは誰が決めるのか、己れが決めると「主観主義」になる。正義感という言葉ほど主観に属する悪い言葉はない。主観主義こそ悪い不法な犯罪になる。カントは、「自分が善だと思うことを実行しろ」という主観主義を主張した。善は自分が決定する。基準は自分である。こんな恐ろしいことはない。これこそ悪い不法な犯罪行為である。だから、「正義感」という言葉に振り回されてはいけない。新渡戸は、「正義感」こそ、不法な犯罪になることへの無知を示している。

　弁護士法第一条には次のように定められている。

「第一項　基本的人権を擁護し、社会正義を実現することを使命とする」

　しかしここでいう「基本的人権を擁護する」という抽象的な言葉にも騙されてはいけない。人権には善い人権と、悪い人権がある。どちらの人権を擁護したらよいのか。

　また、「社会正義を実現する」ための「社会正義」の基準は「私」が決定する。これも主観主義である。それはともすると、悪い不法な犯罪行為になる。日本の弁護士は、不法な犯罪行為までも弁護するということを職業にしている。だから「生存の保障」の否定者の弁護士になって、ゼニ儲けに励む。抽象的な言葉に騙されてはいけない。

裁判官の側も、相手を犯人であるとみなして判決を下す。これが「悟性国家」（市民社会）で日常行なわれていることである。裁判官の主観が犯罪人を決める行為は、悪い不法な犯罪行為である。日本の裁判官は、悪い不法な犯罪行為を行なっているのだ。これを許している限り永遠に「生存の保障」を拡大発展させる道は成立しないことになる。

―第十三章―

# 刀、サムライの魂

## 刀は武士にとって「力と武勇」の象徴だった

「第十三章」のテーマは、「武士道」における「刀」のもつ特性についてである。

この章の冒頭で、新渡戸は、

「〈武士道〉は刀をその力と武勇の象徴とした。ムハンマドが『刀は〈天国〉と〈地獄〉の鍵である』と宣言したとき、彼は日本人の感情を反響しただけであった。」

と記している。

新渡戸は、「刀を武士の力と武勇の象徴」であるとして、人殺しの道具を讃美している。しかし、大日本帝国においては将校が軍刀をぶらさげて、威張り散らした。種子島《たねがしま》に伝わった鉄砲と同じ銃をつくった日本人は、後に、「鉄砲軍団」をつくった。

この日本の鉄砲軍団に対抗するような軍団を船で運ぶことができないと知ったポルトガル、スペインの侵略者は、軍事的に日本を占領することを諦めた。そこで日本は、地球レベルで生じた欧米帝国主義の植民地になることから免れたのである。戦国時代、刀を振り回した武将は鉄砲の前に全滅した。織田信長が勝ったのは、鉄砲を撃ちまくったからだ。

一八五三（嘉永六）年に、ペリーが浦賀にやってきたとき、日本人が驚いたのは軍艦から見えた巨大な大砲だった。小軍の長州が大軍の幕府軍を攻め落としたのは、グラバーが提供した連発銃だった。なぜ、大日本帝国の軍人将兵は、兵器として何の役にも立たない邪魔な日本刀をぶらさげたのか。新渡戸が「刀は武士の魂である」と主張したことにその遠因があるとしたら、彼が大日本帝国の愚かな将校たちに対して誤ったイデオロギーを与えたことになる。

さらに新渡戸は、銃のない時代のイスラム教の始祖であるムハンマド（五七〇～六三二）の「刀は〈天国〉と〈地獄〉の鍵である」という言葉を引用して、ムハンマドは日本人の感情を反響していると述べている。しかし、周囲を海で囲まれ、そのため極端な暑さと寒さのない四季があり、水の豊かな国に住む日本人には、熱暑の国、岩と砂の国で生まれたイスラム教を理解することは難しい。新渡戸は、まったく結びつけることのできないことを歪曲化している。

さらに、新渡戸は、

「『腰の刀は伊達にはささぬ。』腰にさしているものは、彼がその心と胸に帯びているもの――忠義と名誉――の象徴なのである。」

と記している。

新渡戸は、武士が刀を腰に差すのは君主に対する忠義と名誉の象徴だと美化している。

秀吉の刀狩り以来、日本人は武器をもつことを禁止された。しかし武士だけは帯刀を許された。君主は武士に刀を所持させることによって、農民や町民に対する弾圧装置のシンボルにしていた。

武士のもった刀でどれだけの農民や町民が殺されたことか。武士にもたせた刀は「生存の保障」を否定する装置であったのだ。

続けて、新渡戸は、

「刀はいつも一緒にいる友として愛用され、親しみをこめた固有名が与えられる。崇敬されて、ほとんど神さま扱いされる。」

と記している。ここでも新渡戸は、人を殺傷する刀が崇敬され、神さま扱いされているとして、殺人の武器を美化している。

さらに続けて、新渡戸は、

「〈歴史の父〉が、風変わりな情報として記しているところによると、スキタイ人は鉄の偃月刀《えんげつとう》に犠牲を献げたそうである。日本の多くの神社、多くの家庭では、刀を礼拝の対象として大切に保存している。」

と記している。新渡戸は、古代ギリシャの歴史家の書いた『歴史』に出てくるスキタイ人の話と、日本の神社や家庭で、刀を礼拝する話とを結びつけて博識ぶりを示している。神社で保存されているその刀とは、名古屋の熱田神宮にある「草薙剣《くさなぎのつるぎ》」や、天理市の石上《いそのかみ》神宮にある「七支刀《しちしとう》」のことである。

この後、新渡戸は、サムライの子は五歳で初めて本物の刀を腰に差し、十五歳で成人に達すると、正式に刀を所持するという武家の風習のことなどを述べる。

## 刀鍛冶の優れた技術のお陰で日本は植民地化を免れた

次に、新渡戸は、

「刀鍛冶《かじ》は単なる職人ではなくて、霊感を受けた芸術家であり、その仕事場は聖域であった。彼は毎日祈り、身を潔めてから仕事を始めた。または、いわゆる『彼はその魂と霊を、鋼鉄を練《ね》り鍛えるのに打ちこんだ』のである。鎚《つち》を揮《ふ》り、湯に焼きを入れ、砥石《といし》で研《と》ぐその一挙一動は、重大な意味ある宗教的行為であった。私たちの刀全体に恐るべき魔力を与えたのは、刀匠の霊もしくは守護神の霊であったろうか。」

と記している。ここで、新渡戸は、刀鍛冶が刀をつくる苦労を述べ、彼らを霊感を受けた芸術家だと称賛している。しかし、日本はこの刀鍛冶の技術のために、植民地にならなかった歴史があったことを知らねばならない。

一五四三（天文十二）年夏、種子島の西村小浦に一隻の大船が漂着した。船員は百余名、領主時尭《ときたか》はポルトガルの商人の持っていた長さ二、三尺の鉄砲二挺を買い取った。そして時尭は島の刀工に、鉄砲の技術を学ばせ、国産第一号の鉄砲をつくらせる。種子島に伝わった西洋式火縄銃である鉄砲は、紀州の根来《ねごろ》、雑賀《さいか》地方に生産技術が伝わり生産された。また大坂の堺でも鉄砲の生産が発展した。室町幕府になっても、将軍足利義晴が種子島に伝わる鉄砲の存在を知り、近江の国友《くにとも》村で鉄砲が生産されるようになった。しかし義晴は、鉄砲のもつ革新性と鉄砲の用い方によって、合戦そのものが大きく変わってしまうことに気づいていなかったのではないか。後年、織田信長は国友村に対して鉄砲の注文を出しており、国友村の鉄砲鍛冶は信長によって発展させられたといえる。義晴自身は鉄砲を操ることはしなかった。その点、信長は自分で鉄砲を撃っていたので、その長所も短所も把握しており、鉄砲を有効に用いて天下を手中にしたのである。

日本で銃砲の製造ができたのは、中国地方で古来から鑪《たたら》製鉄という高度な精錬技術と鍛冶技術があったからである。もしも、この日本刀をつくる技術がなければ、果たして種子島に鉄砲が伝来以来、急速に日本で大量の鉄砲製造ができたであろうか。

日本に来たイエズス会宣教師は、「日本は優秀で勇敢な鉄砲軍団を組織しているので、自分たちの国の船軍団を派遣しても、簡単に日本を占領することはできない」と宗主国に伝え、日本人に対して恐れを抱いた。そこで船軍団による日本侵略は行なわれず、宣教師によるバテレン宣教のみを行なうことにした。

アフリカや南北アメリカ、フィリピンなどでは銃砲軍団をつくることができず、スペイン・ポルトガル軍の侵略を受け、皆殺しにされ、完全な植民地にされた。そしてカトリック信者にされ、スペイン語やポルトガル語が公用語となり、白人との混血の比率が高くなっている。

世界でも実に稀にして欧米帝国主義の植民地にならず、キリスト教国にならなかった日本の歴史を知らねばならない。

## 沈着冷静な武士は刀の正しい使用法を心得ていた

次に、新渡戸は、

「〈武士道〉は刀の見境ない使用を正しいと見ていたのか。その答えははっきりと否である！　武士道は刀の正しい使用を大いに強調したのと同様に、その誤った使用を非難嫌悪した。揮《ふる》う必要もないのに刀を振りまわした者は、卑怯者でありほら吹きであった。冷静沈着な人は刀を使う正しい時を心得ているが、そのような機会はまったく稀にしかこない。」

と記している。ここで新渡戸は、「武士道は刀の正しい使用を心得ている」と主張している。しかし、刀の「正しい使用」とは具体的に何をさすのか。新渡戸にとって「正しい使用」であっても、他者にとっては「正しい使用」とはならない。ここでも、新渡戸は「正しい」という論理についての考察を避けている。

この後、新渡戸は、勝海舟が暗殺、自殺など人殺しの横行した幕末に生き残ったことの自慢話を引用している。自慢話はいくらでもできる。勝海舟の文章をそのまま鵜《う》呑《の》みにはできない。

勝海舟（一八二三〜九九）は、幕府の禄を食《は》んでいながら幕府を潰す行為を行なった。幕府側にとっては裏切り者だ。その点、幕臣として、あくまでも幕府の側に立って、日米通商条約の批准交換のために米国に行き、帰国後、将軍徳川慶喜《よしのぶ》に米国の大統領制を教えた小栗上野介忠順《おぐりこうずけのすけただまさ》（一八二七〜六八）は立派である。小栗は軍艦奉行、歩兵奉行、陸軍奉行、海軍奉行を歴任し、親仏派の中心人物となり、仏駐日公使レオン・ロッシュの支持を受けて幕府改革にあたった。後にフランス士官を招聘し、陸軍軍制を改革し、フランスの援助で横須賀製鉄所、横浜製鉄所をつくって造船事業を起こした。小栗は鳥羽伏見の戦後、将軍徳川慶喜の退位に反対して、知行所である上野国群馬郡権田村に隠居したが、一八六八（慶応四）年四月、岩倉具定《ともさだ》の軍に捕えられて斬り殺された。小栗の存在は勝海舟には目の上のコブだったので、海舟はそれを喜んだ。

この章の最後で、新渡戸は、

「**結局、武士道の究極の理想は平和であったことである。**」

と記している。人殺し、戦争のイデオロギーである「武士道」は、根本的に「生存の保障」を拡大発展させ、平和を求めるイデオロギーにはなりえない。一応表向きは平和を主張するクエーカー教徒の新渡戸にとって、「日本人の精神的バックボーンとしての武士道は、平和を求めている」とでっち上げているだけだ。

この「武士道」のイデオロギーは、日露戦争以後、一九四五（昭和二十）年八月十五日の敗戦の日まで、日本の兵士たちを犬死にさせる戦争のイデオロギーになっていった。

矢内原忠雄訳による新渡戸の『武士道』が岩波文庫より出版された二年後の一九四〇（昭和十五）年に、十八世紀の佐賀藩士・山本常朝が口述した『葉隠《はがくれ》』の和辻哲郎校訂本が出版され、学徒出陣の学生たちに愛読された。その冒頭の「武士道といふは、死ぬ事と見つけたり」が合言葉のように言いふらされ、この呪文は戦地に赴く兵士にたたきこまれ、大日本帝国の敗北戦争に駆り出され、彼らの多くは犬死にさせられていった。

―第十四章―
# 女性の訓育ならびに地位

## 「内助の功」なしには武士道は形成されなかった

新渡戸稲造は「第十四章」で、武士道に生きる夫を支えた日本女性について述べている。

新渡戸は以下のように記している。

「女性がその夫や家庭や家族のために身を捨てるのは、男子がその主君と国のために身を捨てるのと同じく、すすんで見事になされた。自己放棄――これがなくては、およそ人生の謎はとけない――は、男性の忠義の基調であると同様に、女性の家庭中心の基調だった。女性は夫の奴隷でないのは、夫がその主君の奴隷でなかったのと同じである。〔女性が果たした役割はナイジョすなわち『内側での助け』としてみとめられた。〕奉仕の上昇階段上にあって、女性は夫のため身を捨てるが、それは夫が主君のために身を捨て、主君も次にまた〈天〉に従うことができるためである。」

新渡戸は、この文の中で、「女性が身を捨てるのは夫のためであり、夫は主君のために身を捨てる。それにより、主君は〈天〉に従うことができる」と主張している。ここで新渡戸は、日本人の精神構造について無知をさらけ出すとともに、キリスト教の論理をあまりに安易に日本に持ち込んでいる。主君が〈天〉に従うという思想は日本にはない。

続けて、新渡戸は、

「私はこの教えの弱点を心得ている。また、キリスト教の優越性が最もよく現れているところは、キリスト教が一人一人の生きた魂から、その〈創造主〉への直接責任を求めることにこそあることも知っている。にもかかわらず、奉仕の教え――それは自分の個性を犠牲にしてさえ、自己自身よりも高い大義目的に仕えることであり、さらに、キリストが説かれた最大の教えであり、またキリストの使命の神聖な基調であるのだが――この奉仕の教えに関するかぎり、〈武士道〉は永遠の真理に基づいていたのである。」

と記している。新渡戸は、日本の君主が〈天〉に従うことと、キリスト教徒がイエス・キリストに直接責任を求めることとを同一に取り扱っている。あくまでも日本はキリスト教国と同じ文明国であると歪曲している。

新渡戸は、キリスト教にある奉仕の精神は、「武士道」でも永遠の真理となっているとまで主張している。キリスト教には確かに奉仕の精神はある。しかし、奉仕する以前に、非キリスト教徒を殺戮しまくり、奴隷化してきた。新渡戸は、どんなことがあっても「武士道」とキリスト教を同一に取り扱うでっち上げの文章を羅列している。

## 武士の妻には夫同様に「自己犠牲」の精神が浸透している

次に、新渡戸は、

「読者は私が意志の奴隷的屈従に味方して、不当な偏見をいだいていると告発しないであろう。ヘーゲルが幅広い学問と深遠な思索で主張し弁護した見方――すなわち、歴史は自由の発展と実現であるとの見方――を、私はおおかた受けいれる。私が主張しようとする点は、〈武士道〉の教え全体には、自己犠牲の精神がすみずみまで浸透しており、それは女性だけでなく男性からも求められたということである。」

と記している。

新渡戸は突然、前後の文脈と関係なくヘーゲルの名前を出し、「歴史は自由の発展と実現であることをおおかた受け入れる」などと述べている。次に「武士道には自己犠牲の精神がある」と述べる。ヘーゲルが述べた歴史は、あくまで「自由の発展と実現」である。この言葉と「武士道」の自己犠牲とがどう結びつくというのか。まったく理解できない文章を羅列している。

ドイツの観念論を代表する哲学者ゲオルク・ヘーゲル（一七七〇～一八三一）は、「歴史は自由の発展である」と述べた。一般に「自由」とは、「勝手気まま、わがまま」など個別的意志を原理にすることとみなされる。ところが「勝手気まま」な個別的意志を原理にすると、自分を含めて社会全体が死滅することになる。これでは「生存の保障」を否定することになる。ヘーゲルが述べた「自由」は、「勝手気まま」な個別的意志を原理にするのではない。むしろ、個別的意志を原理にすることをアウフヘーベン（止揚）した、「理性的普遍的意志」を原理にすることである。即ち、「生存の保障」を肯定することである。

ヘーゲルは、人類史的願望である「生存の保障」の拡大発展の道が「人類史」であると教えている。ところが国家を私物化する不法な統治者は、「勝手気まま、わがまま」を人々が自由であると誤解している限り、安心していられる。敵をでっち上げて敵国になる側に、資金を融資し、武器を買い続けさせて、人が殺されるほど金儲けができるのだ。それこそ、自由万歳だ。この「偽の自由」に騙されてはいけない。

新渡戸は、果たしてヘーゲル哲学の「自由」について、どれほど理解していただろうか。ヘーゲルは、古代ギリシャ以来、近代啓蒙思想とドイツ観念論に至る人類の思想史のすべてをアウフヘーベンして、自らの哲学を確立した。

新渡戸は、この「ヘーゲル哲学の真髄」をまるで理解していない。もしも、本当にヘーゲル哲学を理解していたのなら、人殺しのイデオロギーのごとくに「武士道」を歪曲し、捏造する読み物をつくることはしなかったはずである。

新渡戸は前の文章の中で、『武士道』には自己犠牲の精神がすみずみまで浸透している」とも述べている。この「自己犠牲」の内容も考察しなければならない。「武士道」にはどのような自己犠牲の精神が浸透しているのか。君主の使用人である武士は、君主の命に従って「生存の保障」を否定する行為のために自己犠牲を発揮することになるのだ。

この後、新渡戸は、夫婦の地位における「平等論」を展開し、江戸時代では、「社会階級が下がるほど平等になる」などと述べている。

## 新渡戸はなぜ、「聖書の女性蔑視」に言及しなかったのか

次に、新渡戸は、

「男性でも互いに平等である点はどんなに少ないか——例えば法廷の前で、また選挙投票で——を考えるならば、両性の平等についての議論で心を悩ますのは下らぬことと思われる。アメリカの〈独立宣言〉が、すべての人は平等に創られたというとき、それは人々の心身の天与の能力のことを言っているのではなかった。それはずっと昔にウルピアヌスが、法の前には万人平等であると宣言したことを、くりかえしたまでのことである。このばあいには、法律上の権利が、人々の平等の尺度であった。」

と記している。

一七八九年、実際にはユダヤ人の解放革命であったフランス革命において、「人権宣言」が採択された。それ以後、「自由」「平等」「博愛」が文明国の進歩のスローガンになり、今日に至っている。この場合の「平等」については、法の前には万人平等であるということが主張されて、平等思想が宣伝されてきた。さらに、「男女の平等」も唱えられている。平等とは「同一性」を示す言葉である。ところが「同一」と「差異」の概念は一対のものとして考察しなければならない。「男・女」は人間

として「同一」であるが、男性と女性との間には「性」という差異がある。

この考察により、「差異」のみに固執する組織の運動は、「生存の保障」の否定を望む支配者たちには大歓迎されることがわかる。こうした組織が、「左翼」とか「新左翼」とか称される存在であることに気づかねばならない。

「左翼」という言葉は、一七九二年のフランス国民公会で、議長席から見て右に漸進派（ジロンド党）、中央に中間派、左に急進派（ジャコバン党）の議席が設けられたことに由来する。その後、「左翼」という言葉は、第一次世界大戦時に形成された社会民主党内の急進派に対して用いられるようになった。現在では一般に、保守的・反動的・ファッショ的な人物や団体、傾向に対して、「右翼」という言葉が用いられる。それに対し、自由主義的・急進主義的・社会主義的・無政府主義的・共産主義的な人物や団体、傾向をさすのに「左翼」という言葉が用いられている。しかし、このような左翼・右翼という区別をしている限り、人類史的願望たる「生存の保障」の拡大発展を貫徹することはできない。

この後、新渡戸の西洋の婦人と日本の女性の比較に基づく「女性論」がさらに延々と数ページも続く。

そして、新渡戸は、

「ところが〈武士道〉の武中心の倫理では、善悪を分ける主な分水嶺は、別のところに求められた。その分水嶺は、人を彼自身の神的霊魂と結び、ついで私がこの本のはじめのところでのべた人倫五常の関係において他の霊魂と結ぶ、義務の線にそってのびている。この人倫五常のうち、私たちは、忠義すなわち家来としての人と主君としての人との間の関係について、諸君の注意を促しておいた。」

と記している。新渡戸はここで、「武士道」の倫理の善悪について述べているが、何をいっているのか理解できない。元来、「生存の保障」を否定する君主の使用人である武士のイデオロギーになる「武士道」に対して、「善・悪の基準」を設けること自体に無理がある。新渡戸はここでは、まったく理解不能な文章を羅列していることになるのだ。

さて、新渡戸の「女性論」は混沌として、この章では結論が出ないままに終わってしまっている。そこで、新渡戸が「女性の地位」について、ほんとうに言いたかったであろうことを、私なりの推測で『新約聖書』の中の言葉からいくつか探り出して、この章を終わらせたい。

「女は静かにしていて、万事につけ従順に教えを学ぶがよい。女が教えたり男の上に立ったりすることを、私は許さない。むしろ、静かにしているべきである。なぜなら、アダムがさきに造られ、それからエバが造られたからである。またアダムは惑わされなかったが女は惑わされて、あやまちを犯した。しかし、女が慎み深く、信仰と愛と清さとを持ち続けるなら、子を産むことによって救われるであろう」（「テモテへの第一の手紙」二章十一－十五）

「神は無秩序の神ではなく、平和の神である。聖徒たちのすべての教会で行なわれているように、婦人たちは教会では黙っていなければならない。彼女らは語ることを許されていない。だから、律法も命じているように、服従すべきである。もし何か学びたいことがあれば、家で自分の夫に尋ねるがよい。教会で語るのは、婦人にとっては恥ずべきことである。それとも、神の言はあなたがたのところからでたのか。あるいは、あなたがただけにきいたのか」(「コリント人への第一の手紙」十四章三十三―三十六)

新渡戸は、キリスト教では「女性の地位を低く取り扱っている」ことには言及しない。彼は、都合の悪いことは述べない偽善者であるのだ。富裕な米国人女性を妻にした新渡戸は、妻の家からの仕送りで、一生涯、お金に困らない生活ができた。妻には頭の上がらない状態が続いた。そのため新渡戸は、キリスト教が女性の地位を低く取り扱っていることを述べることはできなかったにちがいない。米国では「ドメスティック・バイオレンス(家庭内暴力)」が多発している。これは女性の地位を低く考えることから生じているのではなかろうか。

# ―第十五章― 武士道の影響

## 武士道は国民の「花」であり、国民の「根」でもあった

ここまでの章で、新渡戸稲造は「武士道」の精神と思想を述べてきた。「第十五章」では視点を変えて、武士道がこれまで日本人に与えてきた影響を述べている。

新渡戸は、この章の冒頭で、

「武士の美徳それ自体は、私たちの国民生活の一般水準よりはるかに高いものであった。太陽が昇るとき、まず最も高い頂きを小豆《あずき》色にそめ、ついでしだいにその光を下の谷々に投じるように、まず武士階級を照した倫理体系は、時のたつにつれて、大衆のあいだからも追随者を引きつけた。」

と記している。

新渡戸は、人殺しのイデオロギーになる「武士道」は、時がたつにつれ、大衆の間からも追随者が出るようになったと主張している。

「武士道」は国家主義者たちによって日本民族の道徳、国民道徳として持ち上げられ、日露戦争以

後、一九四五（昭和二十）年八月十五日まで、日本軍のイデオロギーとして利用され、「生存の保障」の否定行為を繰り返してきた。続けて、新渡戸は、

「過去の日本はサムライのおかげであった。彼らは国民の花であっただけでなく、国民の根でもあった。」

と記している。新渡戸は、サムライは「国民の花」であり「国民の根」であったと述べている。その「国民」には「生存の保障」を肯定する善い国民と、それを否定する悪い国民とがいる。国民という場合、具体的にどちらの国民を指しているのか知らねばならない。君主の使用人であるサムライは「生存の保障」の否定者としての役割を演じさせられている。そこでは、サムライは悪い君主の「花」であり、「根」であるということになる。

さらに、新渡戸は、

「〈天〉のすべての恵み深いたまものは、彼らを通して流れ出た。」

と記している。この場合の〈天〉とは何か。新渡戸は、日本古来の森羅万象に宿る神の恵みと、すべての賜物は、サムライを通して流れ出すと主張している。欧米のキリスト教徒に理解されるように〈天〉という言葉を使用しているのだ。

また、新渡戸は、

「武士は社会的には、民衆からは高く身を持していたけれども、民衆に道徳的標準を示し、民衆をその手本で導いた。」

と記している。ここでも、君主の使用人である武士は「生存の保障」を否定する悪い道徳的標準

を悪い民衆に導くことになる。

続けて、新渡戸は、

「〈武士道〉にはその内向きの教えと外向きの教えがあったことが認められる。後者の教えは一般市民の福祉と幸福を求めるので幸福主義的であり、前者は美徳を徳それ自身のために実行することを強調するゆえ、徳中心であった。」

と記している。新渡戸は、「武士道」は一般市民の福祉と幸福を求めるので、「幸福主義的」であると述べている。一般市民には善良な市民と、悪い市民とがいる。ここではどちらの市民のことをいっているのか。また、新渡戸は「幸福主義」という言葉を使用している。この「幸福」の内容についても考察しなければならない。善人の求める幸福か、悪人の求める幸福かである。どちらの幸福を指しているのか。君主の使用人としてのイデオロギーである「武士道」は、「生存の保障」を否定する悪い「幸福」を求めることになる。

また、新渡戸は、「武士道」の内向きの教えは「徳」中心であるとも述べている。その際、君主の使用人たる武士のイデオロギーである「武士道」は「生存の保障」を否定する悪い「徳」を教えることになる。

## 騎士道物語を好む西洋人同様に、日本の民衆も武士の武勇伝を好んだ

次に、新渡戸は、

「ヨーロッパの騎士道最も華やかな時代には、騎士は数の上では、人口のごく小部分にすぎなかったが、エマスンの言うように、『英文学において、サー・フィリップ・シドニーからサー・ウォルター・スコットまでの劇の半分と小説全部は、この人物像（紳士）を描いている。』シドニーとスコットの代わりに、近松と馬琴の名を入れれば、日本文学史の主な特質はきわめて簡潔に言い表わされている。」

と記している。新渡戸は、ここで米国の思想家であるエマスンの言葉を紹介する。英国の騎士の中には軍人でありながら、詩人や小説家などと同等の作家が多数いる。そして、新渡戸は、彼らのような文学者は日本文学史上にも存在すると主張する。日本を知らない欧米人は、日本文学も大したものだと思う。また、英国を知らない日本人は、日本にも英国人と同等の作家がいたのか。大したものだと思う。そして新渡戸の博識ぶりに感心する。

すぐに続けて、新渡戸は、

「民衆の娯楽と教育の無数の通路――芝居、寄席《よせ》の小屋、講釈師の高座、浄瑠璃《じようるり》、小説――は、その主な題材をサムライの物語からとっている。農民はその小屋の中の井炉裏《いろり》の火をかこんで、義経と忠臣弁慶、勇ましい曽我兄弟のいさおしの数々をくりかえしてうまず、（中略）きいた物語で心は燃えさかっている。番頭や丁稚《でっち》たちは、その日の仕事が終って、店のアマドを閉めたあとで、集って、信長と秀吉の話を夜のふけるまで語りつづけ、（中略）彼らを帳場の激労から戦場の手柄へと運んでくれる。やっとヨチヨチ歩きを始めた赤ん坊さえ、桃太郎鬼ヶ島征伐の冒険話を、まわらぬ舌で語るよう教えられた。女の子さえ、武士の武勇と徳の愛にたっぷり浸り切って、デズデモナのように、サムライの武勇伝を、耳をすまして、一心に貪り聞きたがるのであった。」と記している。日本の一般民衆は、芝居や寄席、講釈、浄瑠璃、小説など「生存の保障」を否定する話ばかり聞かされてきた。悲しいかな、「生存の保障」を肯定する話はほとんど聞かされることがなかった。また、日本の民衆の娯楽としてこれらの作品をつくる作者たちは、「生存の保障」の否定をテーマにするものをつくってさえいれば、権力者から弾圧されることはない。安心して、悪い不法な犯罪物語をつくっていられるのだ。

なお、ここに現われるデズデモナという名は、シェイクスピアの戯曲『オセロ』の登場人物である。彼女はヴェネチアの元老院議員の娘で、主人公のオセロと結婚したが、部下の姦計によって不貞を疑われ、夫の手にかかって死ぬ。新渡戸は彼女がサムライの武勇伝を熱心に聞いている対象として日本の民衆と比較している。

そのような「武勇伝」に、世界史に残る普遍的な物語――「生存の保障」を拡大発展させる物語――は皆無に近い。悲しいかな、島国である日本では、国家を私物化する権力者の管理下にあり、「生存の保障」を拡大させるための思想が生まれにくい。「日本に哲学なし」といわれた所以《ゆえん》である。なぜ、生まれにくいのか。島国である日本では国家を私物化する支配者の管理下から逃れることはむずかしい。また、「生存の保障」の思想を構築する勢力も皆無に近い。そこで一般日本人は自分の生命を守るために、国家を私物化する権力者の手先になることを当然とする。

最近は江戸時代の人殺しを讃美する物語はあまりつくられなくなった。その代わり、ほとんどの小説の内容は「私小説」的である。私小説はむしろ、個別的意志を原理とする、悪い不法な犯罪行為といってもよい。私小説に対して「○○賞」などという多額の懸賞金を出して、マスコミも作品を讃美する。そして出版社はそれを金儲けの種にする。私小説が多くの読者に読まれ、讃美されている限りには、国家を私物化している権力者は安心していられる。また、私小説を発表していれば、作家たちも決して弾圧される憂いはない。

日本画はひたすら「花鳥風月」をモチーフとする。そこには、国家を私物化する不法な権力者を弾劾するような主張、政治的メッセージは皆無である。そこで日本画家は弾圧されることなく安心して画業に勤しむことができる。

「生存の保障」の否定を讃美する「武士道」を「日本人の魂である」と主張する新渡戸も、国家を私物化する権力者に満足感を与える点では同じである。だからこそ天皇閥をはじめとする日本の支配階級は、新渡戸に一高（旧制第一高等学校）校長、東大教授、国際連盟事務次長、貴族院議員、太平洋問題調査会（ＩＰＲ）の日本代表などという輝かしい地位を与えていたのだ。

## 日本人の道徳的基準は、ほんとうに「武士道」の所産なのだろうか

次に、新渡戸は、

「サムライは民族全体の理想の極致となった。『花は桜木、人は武士』と民衆は歌った。商業に従事することを禁じられていたから、武士階級自体は、商業を助けはしなかった。しかし、およそ人間の活動のどんな水路も、思想のどんな道も、ある程度〈武士道〉から起動力を受けていない

ものはなかった。」

と記している。

新渡戸は、人殺しのサムライは民族全体の理想の極致となったと主張している。武士道を理想化し過ぎたために、日本人は人殺しを当たり前のように考えている。そこで日本人は日清戦争以後、太平洋戦争の敗戦まで、人殺しの世界に放り込まれることになった。新渡戸は、日本人が「生存の保障」を否定する最悪の戦争に突入していくことを予告していたのだ。そのために人殺しのイデオロギーになる「武士道」を捏造したともいえる。

続けて、新渡戸は、

「知的・道徳的日本は、直接間接に、〈武士道〉の所産であった。」

と記す。人殺しのイデオロギーである「武士道」が日本の「道徳」であると主張している。もちろん、この「武士道」自身は歴史的事実を無視した新渡戸にでっち上げられたものである。

さらに続けて、新渡戸は、

「マロック氏は、そのきわめて示唆にとむ本『貴族政治と進化』の中で、雄弁にのべている――『社会進化は、生物進化と別のものであるかぎり、偉人の意図の思いもよらぬ結果と定義してよい。』さらにいう――歴史的進歩は『社会一般の間での生存闘争によって行われるのではなくて、社会の少数部分の間での、大多数の人たちを最もよい仕方で導き、指示し、使役しようとする闘争によって行われる』と。氏の論議の健全性についてどう言われるにしても、これらの言葉は、私たちの〈帝国〉の社会進歩に関するかぎり、武士がそこに果たした役割において、十分に証明されている。」

と記している。新渡戸は、ここで英国の作家マロックの文章を引用し、博識ぶりを誇示している。ここに登場するマロックとは、イギリスの経済学者・社会学者で小説家である。オックスフォード大学を卒業し、生涯を通して根っからの保守主義者であり、教会の権威や儀式を重んじる英国国教会の信者だった。経済学や社会学関係の業績もあったが、もっぱら『新しい国家』論で知られている。

このマロックが提起している「社会進歩」という言葉がここでは常用される。しかし、欧米帝国主義者にとっての「社会進歩」とは、地球レベルで侵略し、略奪しまくり、植民地をつくることであった。この「生存の保障」を否定する行為を、マロックは「社会進歩」と呼んでいるのだ。

さらに、新渡戸は、「歴史的進歩」という言葉も提起している。これも、欧米帝国主義者にとっては地球上で侵略し、略奪し、植民地をつくることが「歴史的進歩」だった。この「歴史的進歩」は「生存の保障」の否定である。このような無規定な言葉に騙されてはいけない。

新渡戸は、さらに「私たちの〈帝国〉の社会進歩には社会の少数の武士が役割を果たしている」と述べている。新渡戸は、倒幕を果たし、明治政府をでっち上げた薩長の連中のことを思い出して述べているにちがいない。しかし、新渡戸は、この倒幕と明治政府の成立の背後に、ユダヤ・ロスチャイルド閥を頂点とした国際金融マフィアがいたことについては述べようとしない。

## 任侠道の暴力団にも「武士道」の精神は浸透しているのか

次に、新渡戸は、

「〈武士道〉の精神がすべての社会階級にどのように浸透したかは、またオトコダテ（男伊達）として知られる特定階級の人たち、すなわち平民道の天成の指導者たちの発達によっても知られる。彼らは頼りになる男であって、頭の頂から足の先まで、堂々たる男子の力を、たくましく備えていた。民衆の権利の代弁者であり、同時にその保護者でもある彼らは、それぞれ数百人、数千人の子分をもっており、これらの子分は、サムライがダイミョウにしたのと同じ仕方で、『手足と生命、身体、財産および地上の名誉』を喜んで捧げて、彼らに仕えた。向う見ずで衝動的な働き人の大群衆の支持を背に、これら生まれながらの『親分たち』は、二本差階級ののさばりを阻む、恐るべき抑止力をなしていた。」

と記している。新渡戸はここで、任侠道を歩む暴力団にも「武士道」の精神が浸透していると記している。そして任侠道（暴力団）が民衆の権利の代弁者であり、保護者であるとも主張している。暴力団の親分は二本差し階級の「のさばり」を阻む恐るべき抑止力をなしていたという。

しかし、暴力団に参加するような人間は精神病質的人格者が多く、「生存の保障」の否定者である。新渡戸は、このような暴力団が民衆を守ると主張しているのだ。「生存の保障」の否定者は民衆の保護者になどならない。新渡戸は、否定すべき暴力団を讃美している。

続けて、新渡戸は、

「〈武士道〉は多様な道をとって、その本来起こった社会階級から洩れ下り、大衆の間でパン種の働きをして、民衆全体にたいして道徳的標準を提供した。」

と記している。新渡戸は、「武士道」が民衆全体に対して道徳的標準を提供したと主張している。日本を知らない欧米人は、人殺しのイデオロギーである「武士道」が民衆の道徳的標準になったとみなす。そして、日本人は戦争を好む民族であると認識することになる。

日本人に戦争をさせようと考えていたユダヤ・ロスチャイルド閥を頭目とする国際金融マフィアは、当時、世界一の富を所有していたロシアのロマノフ王朝を倒そうとした。彼らはロマノフ王朝の財産を奪うために大日本帝国に金を借し、兵器を売りつけ、日露戦争をやらせた。日露両国の兵士を殺し合わせ、ロマノフ王朝を弱体化させると同時に、金儲けをしたのである。新渡戸は『武士道』を書くことによって日本人を戦争に駆り立てることを主張していたのだ。

さらに、新渡戸は、

「〈武士道〉は当初はエリートの光栄として始まったが、時とともに、国民全体にとって熱望の的《まと》となり、鼓舞激励となった。」

と記している。人殺しのイデオロギーになる「武士道」は、国民全体の熱望の的になり、国民を鼓舞激励したという。そのため、日本人を戦争に追い込むのは容易になった。日本人は人殺しをすることに熱中した。新渡戸はここで、日本人を日清戦争の後の日露戦争に駆り立てることができると主張していた。

## 「大和魂」をもつ武士道は宗教の域にまで達していたのか

次に、新渡戸は、

「そして民衆はより高い魂の道徳的高さには達しえなかったけれども、〈ヤマトダマシイ〉、日本の魂は、ついには〈島帝国〉の民族精神を表すにいたった。」

と記している。

新渡戸は、「大和魂」が島帝国（＝日本）の民族精神を表わすと主張しているのだ。「大和魂」という言葉を使用して、日清戦争から太平洋戦争敗戦まで、日本民族は人殺しに動員され続け、最後に米軍によって原爆を二発落とされるところまで「生存の保障」の否定行為が続いた。あくまで新渡戸は、日本人の人殺しのイデオロギーである「大和魂」を讃美する。

この章の最後で、新渡戸は、

「マシュー・アーノルドが定義したように、もし宗教とは「情動の影響を受けた道徳性」にほかならないとすれば、〈武士道〉以上に宗教の列に入る資格をもつ倫理体系はわずかしかない。」

と記している。

新渡戸は、英国の詩人アーノルドの文章を引用し、「武士道は宗教」だと主張している。「生存の保障」が極端に低い状態にあったとき、人類は絶対者になる「神」を志向した。ここに、人類は「神がある」という妄想の虜《とりこ》になった。そして、この神を祀るための形式として宗教が生まれた。宗教はあくまでも人類史的願望である「生存の保障」のためにつくられたものであった。そこで日本人も、自然や森羅万象に神が宿っているとみなし、アニミズムである多神教が成立した。ところが六世紀頃に中国から仏教が伝えられ、仏教も日本人の宗教の一部となっていった。仏教の伝来とともに中国の文明が輸入され、農工業の技術の輸入にともなって日本人の「生存の保障」の拡大発展が見られるようになった。ところが国家を私物化する権力者の出現とともに、宗教、特に仏教が国家を私物化する権力者の庇護を受けることによって堕落していく。

しかし、仏教はあくまでも人類に対して、「民衆の救済」という宗教本来の使命をもっていた。しかし、人殺しのイデオロギーになる「武士道」は宗教とはいえない。にもかかわらず新渡戸は、人殺しの宗教、戦争の宗教であるキリスト教と、「武士道」を同一視するために、「武士道」は宗教であると主張しているのだ。

# ―第十六章― 武士道は今なお生きているか

## 突然に登場する「フリーメイソン」という記述

これまでの章で、日本の「武士道」の精神的な美徳を探り出してきた新渡戸稲造は、この章以下で「武士道」の将来性を問いかけている。

まず新渡戸は、章の冒頭で、

「〈武士道〉によって教えこまれたさまざまな美徳を研究するに当たって、私たちはヨーロッパの史料を引いて、比較と例証を行ってきた。そして、その性格特性のどの一つとして、武士道の独占的遺産ではないことを見てきたのである。」

と記している。新渡戸は「武士道」が、人殺しの宗教、戦争の宗教であるキリスト教と同一であることを、ここまでヨーロッパの史料を引用して主張してきたと述べている。

続けて、新渡戸は、

「なるほど、道徳的特性の集合体が全く独自の様相を呈することはある。エマスンが、『あらゆる偉大な力が成分として入りこむ、合成的結果』と名づけているのは、この集合体のことである。

しかし、コンコードの哲人は、ル・ボンのように、これを一人種や一国民の独占的遺産とはせずに、これを『あらゆる国の最も有力な人物を一つに結び、彼らを互いに理解させ同意させる要素であり、それは各個人がフリー・メーソンのしるしをつけていなくても、直ちにそれと感じられるほど、多少とも明確なものである』と呼んでいる。」

と記している。

新渡戸は、米国の詩人エマスン（個人主義を唱え、アメリカの文化の独自性を主張した）を「コンコード（マサチューセッツ州の地名）の哲人」と呼んでいる。またもや、エマスンを知っているという博識ぶりを誇示している。さらに新渡戸は、唐突に「フリー・メーソンのしるし」のことを述べている。「フリー・メーソンのしるし」とは「神の眼」のことで、二等辺三角形（「三位一体」を表わす）の中に眼を画いたものである。

フリーメイソンは、大きな石造建築を造った建築家集団を母体として、石工や彫刻家たちがつくった職業集団を起源にする。このギルド集団が時代を経るとともに、メイソンのロッジ（仕事場）に貴族や騎士が出入りするようになり、「兄弟関係」を結ぶようになった。この集団は、やがて「秘密結社」となり、多くの貴族、騎士、哲学者、芸術家などが参加した。

フリーメイソンの中には、「グノーシス主義」とその亜流である占星術や魔術、錬金術など、要するに西欧の神秘主義が流れている。イエス・キリストという人格神ではなく、理性神を通じて神的世界を知ろうとする反カトリックの流れである。また、フリーメイソンはルネサンス期からの西欧近代科学の影響を受けている。

このフリーメイソンに、いつの間にか大量のユダヤ人が入ってきた。フランスのフリーメイソンは、一七七三年にシャトル公によって創立された「大東社」によって大きく飛躍した。シャトル公とは後のオルレアン公フィリップである。フリーメイソン大東社のグランドマスターであったオルレアン公は、ルイ十四世の弟の家系に属する公爵だった。彼は恐ろしいまでの陰謀を企てて、ブルボン家を滅ぼして、ルイ十六世の王位を奪おうとする野心を持っていた。このため、フランス革命は絶好の機会となった。

このオルレアン公を利用しようと目をつけ、接近したのが「イルミナティ」の創始者であるアダム・ヴァイスハウプト（一七四八〜一八三〇）だった。彼は巧みに女性を操ってオルレアン公を快楽に溺れさせ、一七八〇年になると、オルレアン公は、ユダヤ人の金貸し業者から八十万ルーブルもの借金を負わされた。そして、このオルレアン公を中心に、巨大なフリーメイソン組織を創り出していった。

次にフリーメイソンによってフランス革命が演出された。フリーメイソンを巨大な組織にし、フランス革命を起こさせることに資金を提供したのがユダヤ系銀行家だった。ロスチャイルド閥の祖であるマイヤー・アムシェル・ロスチャイルドは、イルミナティの創始者であるアダム・ヴァイスハウプトに数百万フランの資金提供を行ない、約三万名の革命分子を雇ってフランス革命に参加させた。また、フランス革命への資金提供者は、多くのユダヤ系銀行家たちだったといわれている。

一七八九年に生じたフランス革命は、「自由、平等、友愛」をスローガンにするフリーメイソンによって実行されたと史書は伝えるが、実際は「ユダヤ解放革命」だった。ユダヤ人の解放のために、ロスチャイルド閥をはじめとするユダヤ人銀行家が資金を提供していたのだ。

一七八九年のフランス革命の後、「ゲットー」(ユダヤ人居住区)が廃止され、ユダヤ人はフランスのあらゆる土地に居住することが認められた。そして、ヨーロッパ各地で近代主権国家が成立し、ユダヤ人が市民権を享受した。ベルギー、オランダ、イギリス、オーストリア、デンマーク、ハンガリー、イタリア、スウェーデン、ドイツ、スイスなど、ヨーロッパ各地にユダヤ人は居住した。特に、ウィーンのユダヤ人はロシアのポグロム(ユダヤ虐殺)からの避難民も含めて十一万人にまで膨れあがり、「世紀末ウィーン」は自由主義的雰囲気に満ちあふれることになる。

米国の独立にも多くのフリーメイソンが関係している。米国のユダヤ人に独立のための資金を提供したのはロスチャイルド閥を頭目とする国際金融マフィアだった。

新渡戸は、この章で少しフリーメイソンの名称を記しているが、フランス革命がフリーメイソンによって行なわれたことや、ユダヤ解放革命だったことは知るはずもない。ましてや、ユダヤ人銀行家がフランス革命の資金提供者であったことも知らない。

## 「武士道」は過渡的日本の指導原理であり、新時代の形成力という虚言

『武士道』の本文に戻る。

次に、新渡戸は、

「〈武士道〉がかりに単なる物理力にすぎぬとしても、ここ七百年間に蓄積してきた運動量は、そ

う急に止まることはありえないであろう。」

と記している。新渡戸は、人殺しのイデオロギーである「武士道」は七百年間も続いているから、そう急に断絶することはない、と主張している。

さらに少し先で、新渡戸は、

「〈武士道〉は無意識的な抵抗できない力として、国民と個々人をこれまで動かしてきた。近代日本の最も輝かしい先駆者の一人である吉田松陰が、その処刑の前夜に詠《よ》んだ次の歌は、日本民族の正直な告白であった――かくすればかくなるものと知りながら　やむにやまれぬ大和魂《やまと》――定式にこそならなかったが、〈武士道〉は私たちの国に生気を与える精神、すなわち運動力であったし、今もそうである。」

と記している。新渡戸は、吉田松陰の名前を挙げ、「やむにやまれぬ」と「生存の保障」を否定している「大和魂」を讃美している。そして、「武士道」は、日本の国に生気を与える精神であり、運動力であると宣言するのだ。

続けて、新渡戸は、

「ランサム氏は言う――『今日では三つの別々の日本が相並んで存在している――すなわち旧日本はまだすっかり死滅していないし、新日本は、精神においては別として、まだやっと生まれたばかり、そして過渡的日本は今やその最も危機的な陣痛を経過しつつある。』この言は多くの点で、とくに有形的・具体的な制度についてはまさにそのとおりだが、根本的倫理思想に当てはめれば、いくぶんの修正がいる。というのも、〈旧日本〉を作ったものであり、かつその所産でもある〈武士道〉は、今なお過渡的日本の指導原理であり、また新時代の形成力であることが判明するであろうからである。」

と記している。新渡戸は、「『武士道』はいくぶん修正がいるものの、日本人の根本的倫理思想である」と述べている。また、「旧日本のつくった『武士道』は今なお過渡的日本の指導原理であり、新時代の形成力である」とも述べている。人殺しのイデオロギーである「武士道」が、これからの日本を引っ張っていくと予告しているのである。

さらに、新渡戸は、

「〈王政復古〉の暴風と国民的一新の旋風をついて、私たちの国の船の舵取りをした偉大な政治家たちは、〈武士道〉以外の道徳の教えは全く知らない人たちだった。」

と記している。

新渡戸は、国家を私物化することに狂奔した薩長の志士の背後に、ユダヤ・ロスチャイルド閥が存在していたこと、及び薩長の人物の中でキリスト教徒になるか親キリスト教徒になった連中がいたことはまるで述べず、彼らが「武士道」を行動原理にしていたと主張している。

明治維新政府になってから、旧薩摩藩出身の大久保利通は、旧佐賀藩出身の江藤新平を梟首《きょうしゅ》（打ち首）している。このため、大久保は、一八七八（明治十一）年五月十四日に、馬車で宮中に行く途中、紀尾井町清水谷で石川県の士族・島田一良ら六名によって襲われ、四十九歳で殺されている。島田らの暗殺計画は複数のルートを経て、当時の警察のトップである大警視・川路利良の耳に入っていたが、川路は「石川県人に何ができるか」と相手にしなかったという。

このような行為のどこに「武士道」があるというのか。そこには、才能のある人物を殺していく剥き出しの権力闘争があるのみだ。

新渡戸は、こうした歴史の事実を知らずに、「武士道」を讃美する文章をでっち上げている。また、新渡戸は、「薩長の連中は、『武士道』以外の道徳の教えを知らなかった」と述べているが、薩長の多くが、キリスト教徒か、親キリスト教徒になり、「ヤソ秘密結社」を結成していたことについては知らなかったことになる。

薩摩藩出身で明治維新の英傑といわれた人物には、鹿児島県の加治屋町や上之園町、高麗町の出身者が多い。加治屋町出身者としては、西郷隆盛、西郷従道《つぐみち》、吉井友実《ともざね》、東郷平八郎、山本権兵衛、大山巌《いわお》、黒田清隆、樺山資紀《すけのり》、黒木為楨《ためもと》、村田新八《しんぱち》、牧野伸顕《のぶあき》などがいる。上之園町出身者としては、三島通庸《みちつね》、長沢鼎《かなえ》などがいる。そして、高麗町出身者としては、川村純義、有村雄助、大久保利通、井上良馨《よしか》、高島鞆之助《とものすけ》などがいる。

なぜ、多数の明治維新の英傑が、ごく狭い範囲、鹿児島の加治屋町、上之園町、高麗町から輩出しているのだろうか。日本の近代史の中で特記すべき事象の一つである。彼ら薩長のトップには「武士道」とは関係ない事情がある。もちろん、このような史実について新渡戸は知るよしもない。

## キリスト教宣教師に聖霊が働き、一層の活躍を期待した新渡戸

次に、新渡戸は、

「最近、何人かの著述家が、キリスト教宣教師たちが〈新日本〉形成に相当割合の貢献をしたことを証明しようとした。私は当然名誉を与えるべき人には喜んで名誉を与えたく思うが、この名誉はまだほとんど善良なる宣教師たちに与えるわけにはいかない。(中略)私としては、キリスト教宣教師たちは、教育の分野、とりわけ道徳教育の領域で、日本のために大事業をなしつつあると思う。」

と記している。

新渡戸は、キリスト教宣教師たちは道徳教育の領域で、大事業をなしつつあると主張している。キリスト教宣教師はキリスト教の学校をつくり、キリスト教信者を増加させることを使命としている。明治以後も無数の宣教師が来日し、日本人の中に多くの有名なキリスト教信者が生まれた。しかし、それでも日本のキリスト教信者は全人口の一パーセント未満にしかならなかった。世界の多くの国で、権力の弾圧によって強制的にキリスト教徒にさせられた。キリスト教徒にならなかった人たちは迫害され、殺された。しかし、近世の日本では時の権力によって、強制的にキリスト教信者にされたという歴史はなかった。その点、日本人全員をキリスト教徒にしたいという目的をもっていた新渡戸にとっては残念な結果だったろう。

幕末に成立した「ヤソ秘密結社」は、日本の支配階級の中にキリスト教信者をつくった。彼らは、その後の日本支配の中心に位置して、欧米帝国主義と同等な行動をとって、アジアにおける侵略戦争を起こしていった。そして「オレンジ計画」に則って日本を対米英戦に突入させ、大日本帝国の壊滅に協力し、天皇家を完全なキリスト教信者にしようとした事実を知らねばならない。

さらに、新渡戸は、

「ただし、〈聖霊〉の神秘的ではあっても、それに劣らず確かな働きは、今なお神の神秘の中に隠されてある。およそ宣教師の仕事は何であれ、まだ間接的効果があるばかりである。」

と記している。新渡戸はここで、「三位一体」の「神と子」の意志を行動に移す「聖霊」の活動が、日本ではまだ見られず、いまだに神の元において活動していないことを述べている。そして、明治維新のエネルギーは「武士道」の賜物であるとも述べている。

続けて、新渡戸は、

「これまでのところ、キリスト教宣教は、〈新日本〉の性格形成に、ほとんど目に見えないものしか成就していない。いや、善きにつけ悪しきにつけ、私たちを衝《つ》き動かしたものは、純粋単純な〈武士道〉であった。〈近代日本〉の建設者である佐久間、西郷、大久保、木戸の伝記、また言うまでもないことだが、伊藤、大隈、板垣など現存人物の回顧録をひもといてみたまえ——そうすれば、彼らが考えかつ働いたのは、サムライたることの衝迫力の下であったことが、わかるであろう。」

と記している。

新渡戸は、宣教師の活躍は今のところ、「目に見えないものしか成就していない」と嘆いている。しかし、嘆くことなかれ。新渡戸の活動、そして門下生の活動によって、日本は米帝国の従属国になり、天皇一族をすべてキリスト教徒にする寸前のところまで行ったではないか。戦争中、新渡戸の門下生の「四天王」の一人といわれた田島道治《みちじ》が、同じ「四天王」の一人である前田多門《たもん》に、敗戦後の文部大臣になる心構えをするように申し伝えている。

前田多門は敗戦後の初代文相になり、後任には前田と田島が相談して、田島と一高で同級であった安倍能成《あべよししげ》を就任させた。当時の文部次官の山崎匡輔《きょうすけ》も一高時代に新渡戸校長の薫陶を受けている。

また、「教育基本法」を生んだ教育刷新委員会の三十八名中、新渡戸の門下生だった者が八名いる。委員長の安倍能成、副委員長の南原繁《なんばらしげる》、それに天野貞祐《ていゆう》などである。新渡戸の播いた種は、敗戦後に開花していたのだ。新渡戸にとってこれほど嬉しいことはなかっただろう。

新渡戸はここで、「近代日本の建設者はサムライであった」と主張しているが、「近代日本」をつくった背後に、ロスチャイルド閥がいたことは述べない。ロスチャイルド閥の存在をタブー視していたからだ。こうして、「武士道」や「大和魂」を讃美することによって、日本人を人殺しの戦争に追い立てていった。人が死ねば死ぬほど儲かるロスチャイルド閥を頭目にする国際金融マフィア、そして、日本の軍需産業の大株主であった、天皇をはじめとする権力者たちを喜ばせた。

## 日本の変容の動機は「武士道」であり、西洋の模倣ではなかったという虚言

次に、新渡戸は、

「ヘンリー・ノーマン氏は〈極東〉を研究観察したのち、日本が他の東洋の専制諸国とちがう唯一の点は、『人類がこれまで作りあげた中で最も厳格で、最も高く、また最も几帳面な名誉の掟が、その国民のあいだに支配的感化力を及ぼしていること』であるとのべたが、氏は〈新日本〉を今

ある姿に作り上げ、それをそのあるべき定めとなっているものとする、主要動機にふれているのである。」

と記している。

ここで新渡戸は、極東の研究家である英国のジャーナリスト、ノーマンの文章を引用している。薩長の背後に、ユダヤ・ロスチャイルド閥がいたことを知らない英国人が書いた文章をいくら引用しても何の意味もない。ところがここでも日本について無知なジャーナリストの文章を引用し、「日本は他の東洋の専制国に比べて、最も几帳面な名誉の掟があった」などと述べている。

明治維新がなって、新しく国家を私物化した薩長のトップは、孝明天皇と明治天皇（睦仁親王）を弑殺《しさつ》して、長州の田布施《たぶせ》から連れてきた男（大室寅之祐《おおむろとらのすけ》）を明治天皇としてすり替え、捏造して、真実を国民に隠し続けてきた。どこに「几帳面な名誉の掟」があるというのか。新渡戸は、日本の実情を知らない外国人の文章を引用して博識ぶりを誇示しているだけだ。

続けて、新渡戸は、

「日本の変容は、全世界にまぎれもない事実である。このような重大な事業には、当然さまざまの動機が入りこんだが、もしその主なものの名をあげるとするなら、ためらうことなく〈武士道〉をあげるであろう。全国を外国貿易に開いたとき、生活のあらゆる部面に最新の改良改善をとりいれたとき、西洋の政治や学問を学び始めたとき、私たちの指導的動機は、物的資源の開発や富の増大ではなかったし、ましてや西洋の習慣の向う見ずな模倣ではなかった。」

と記している。「日本の変容の動機は『武士道』であり、物質資源の開発や富の増大ではなかった。ましてや西洋の習慣の向う見ずな模倣でもなかった」というのである。新渡戸は、あくまでも「武士道」を讃美することに徹している。

グラバーと坂本龍馬が、幕府と薩長の双方に武器を売った。土佐出身の岩崎弥太郎は西南の役で大儲けし、その後、朝鮮を侵略した。新しく大きくなった財閥は物的資源の開発や富の増大に狂奔した。そして鹿鳴館時代には西洋風の夜会が盛行し、欧化政策がとられ、西洋の習慣のまったく向こう見ずな模倣が行なわれた。新渡戸は、「武士道」を讃美するために、このような歴史的事実を無視した嘘を述べ立てている。

次に、新渡戸は、

「東洋の制度や国民をくわしく観察したタウンゼント氏は書いている――『われわれはヨーロッパが日本にどのように影響したかを毎日きかされて、かの島国での変化が全く自発的であったこと、ヨーロッパ人が日本に教えたのではなくて、日本が自発的にヨーロッパから、文治組織や軍事制度の方法を学ぶことにし、それが今まで成功を収めてきたことを忘れている。何年か前、トルコ人がヨーロッパの大砲を輸入したように、日本はヨーロッパの機械科学を輸入した。そのことは、影響とはちょっとちがう。じっさい、イギリスが中国で茶を買うことでその影響を受けているのでない、とするならば。』」

と記している。

新渡戸は、日本を知らないタウンゼントという英国の評論家の文章を引用している。彼は、「日本の変化はまったく自発的であった」と書いているという。自給自足体制の日本の鎖国をこじ開けるために、ペリーが軍艦で日本にやってきた。日本人に借金させて、日本から富を収奪するためには、「自給自足体制」のままにしてはおけない。日本人を借金漬けにしなければならない。そのためには鎖国体制の日本を崩壊させねばならない。こうして徳川幕府はペリーの要求に屈して開国し、欧米帝国と交易を開始したのだ。このため、幕末維新期に、日本人は諸物価の高騰で苦しんだ。にもかかわらず、新渡戸は日本の民衆の変化はまったく「自発的」だというが、これはまったく嘘である。

続けて、新渡戸は、

「〔タウンゼント〕氏はまた問うている、『日本を造り変えたヨーロッパ人の使徒、哲学者、政治家、または扇動家はどこにいるのか。』タウンゼント氏が、日本の変化をもたらした作用の源は、全く私たち自身の内にあると認めたのは立派である。そして、もしタウンゼント氏が私たちの心理に探りを入れさえしたならば、彼の鋭い観察力は、この源泉は〈武士道〉にほかならぬことを、彼にたやすく確信させたことだろう。劣等国と見下されるのに耐えられぬ名誉の感覚——それこそが最も強い動機であった。財政や産業上の考慮は、変容の進むにつれて、あとで目覚めてきたのだった。」

と記している。

幕末から倒幕、そして明治政府の成立の過程で、英国人の活躍は否定できない決定的な影響力を発揮している。パークス、グラバー、アーネスト・サトウ、そしてジャーディン・マセソン商会などの暗躍があった。その背後にはユダヤ・ロスチャイルド閥が存在した。新渡戸は、日本の実情に無知な英国の評論家の文章を引用し、完全な嘘の歴史を支持している。

新渡戸は、幕末から明治政府の成立までの源泉は「武士道」にほかならないと、何度も「武士道」を持ち上げている。さらに、日本が新しい政府をつくった動機は、「日本が劣等国と見下されることに耐えられない『名誉の感覚』からであった」と主張している。「日本を劣等国とみなさず文明国とみなすために、日本には世界に誇る『武士道』がある」と『新渡戸の武士道』をでっち上げたのである。

さらに、新渡戸は、

「〈武士道〉の影響は今なお、走っている人でも読めるくらい明白である。日本人の生活を一目みれば、そのことははっきりとするであろう。日本の心の最も雄弁かつ最も信実な解釈者であるハーンを読まれたい。そうすれば、その心の働きは〈武士道〉の働きの一例であることがわかる。民衆がどこでもいつも礼儀正しいことは、武士道の遺産であって、周知のことゆえ、事新しくくりかえすにもおよばない。」

と記している。

新渡戸は、あくまでも「武士道」を讃美する文章を羅列している。ついには、『耳なし芳一』の作者、ラフカディオ・ハーン（小泉八雲。一八五〇〜一九〇四）を登場させ、「武士道」の働きの一例である「民衆の礼儀正しさ」を挙げ、「日本人が礼儀正しい」のは武士道の遺産であると主張する。

続けて、新渡戸は、

「『小《ち》っぽけなジャップ』がもっている身体の忍耐、堅忍、勇敢は、日清戦争で十分証明された。

『日本人以上に忠義で愛国心ある国民はあろうか』とは、多くの人のたずねる質問である。そして『いない』と誇らかに答えうるのは、『武士道』のおかげである。」

と記している。

新渡戸は、日清戦争で死んだ日本人や中国人に対する思いやりは微塵も持ち合わせていない。ただ、日本人の忠義や愛国心は「武士道」のおかげであると主張している。挙句の果て、大日本帝国の侵略戦争を讃美している。クエーカー教徒になった新渡戸は、キリスト教徒が欧米帝国主義の侵略の尖兵になったごとく、日本帝国主義者の侵略戦争を支持しているのである。

## 日本に深遠な哲学が生まれなかったのは、武士道の教育制度のためか

次に、新渡戸は、

「他方、私たちの性格のまさに欠点短所にたいしても、〈武士道〉は大いに責任があることを認めるのが公平というものである。私たちに深遠な哲学がないこと——私たちの青年の中には、科学的研究では国際的評価をすでに得た人もいる一方、哲学方面ではまだだれ一人何一つ成就していない——は、〈武士道〉の教育制度下で形而上学的訓練がなおざりにされたことにまで追跡できる。私たちが過分に感じやすく、また怒りっぽいことには、私たちの名誉の感覚に責任がある。またもし、外国人の中に私たちの自負心を非難する人もいるが、その自負心が私たちにあるとするならば、それもまた名誉の病理学的結果である。」

と記している。新渡戸はこの文章の中で、中江兆民が『一年有半』という著書（門下生の幸徳秋水が出版を手伝った）の中で「日本に哲学なし」と述べたことを引用して、日本人は、哲学方面では国際的評価を得るものは一つとして成就していないと主張している。それは「武士道」の教育制度下で形而上学的訓練がなおざりにされてきたからだとする。

新渡戸はここで、中江兆民の文章を引用することによって博識ぶりを誇示している。中江兆民が「日本に哲学なし」といった哲学の内容は何であったかはともかく、日本には人類史上評価を得る哲学がないということにしている。そして、新渡戸は、その理由を「武士道」の教育制度にしている。なぜ、日本に世界史上、評価を受けるような哲学が生まれなかったか。その理由は簡単なことである。

人類はなぜ、哲学を必要とするか。人類史的願望である「生存の保障」の拡大発展こそ哲学の任務である。「『生存の保障』を否定するものを否定せよ」。これこそが、人類史的願望である「生存の保障」の拡大発展の実践基準である。

ところが「生存の保障」を否定するために、国家を私物化する不法な権力者がいる。島国である日本では、そのような権力者の弾圧から逃げる土地がきわめて乏しい。そこで「生存の保障」のための実践基準を示す「哲学」は生まれなかった。そしてついには「日本に哲学なし」ということになったのである。

新渡戸は、先の文章で、「日本人には科学的研究で国際的評価をすでに得た人がいる」とも述べている。この科学的研究のイデオロギーとは、キリスト教を否定し、神の存在を否定した近代啓蒙思想から生まれた近代経験的研究の成果だった。近代科学の父ガリレオ・ガリレイは、キリスト教会から弾圧を受けた。しかし、新渡戸は、近代科学の発展がキリスト教との戦いによって生まれた人類史であることを完全に無視している。

## 日本の書生こそ「忠君愛国」の宝庫、武士道の最後の遺産か

次に、新渡戸は、

「あなたがたは日本旅行中、バサバサの髪で、みすぼらしい着物を着て、太い杖か一冊の本を手に、世事に全く無関心な様子で大道を大手をふって歩きまわっている青年を、何人も見たことがあろうか。彼こそショセイ（学生）であって、彼にとっては地球も小さすぎ、天も十分高くない。彼は独自の世界観人生観をもっている。（中略）その目には大望が火と燃え、その心は知識を渇き求めている。貧乏は彼を前進させる刺激にすぎず、この世の財産は彼の目には品性を束縛する手かせ・足かせとうつる。彼は忠君愛国の宝庫であり、国民的名誉の番人と自認している。美徳も欠点もいろいろあるが、彼こそは〈武士道〉の最後の断片である。」

と記している。

新しく成立した明治政府は、「国民皆兵制度」の導入と、国家を成立させるために必要な資金として、徳川時代以上の重税を課そうとした。明治初期の国民は、この明治政府の「富国強兵」政策にすさまじい抵抗をみせ、地租改正に対する一揆や血税騒動（徴兵制度の反対一揆）などが頻発し

になった。

た。このため、政府は三パーセントとした地租を、二・五パーセントに引き下げざるをえないほど

そこで明治政府は、この状態を打開するには、「国家に尽くす国民の育成」こそ早急の課題であることを痛感した。その結果、子供たちに「忠君愛国」を中心とする儒教道徳を学校教育で注入していくことにしたのである。そのためにはまず、「忠君愛国」を教育する教員養成のために師範学校をつくる。師範学校には有能で品行方正な貧しい青年を集め、学費や食事や衣服、日用品までを公費で負担した。寮生活のなかで、毎週六時間もの兵式体操を課し、軍隊と同様の厳しい生活を送らせた。数年間にわたり師範学校で教育を受けた教師たちによって、明治の小学教育が行なわれた。一八九〇(明治二十三)年に「教育勅語」が発布され、儒教的道徳主義が学校現場においてさらに徹底されることになったのである。

新渡戸は、先の文章の中で、「青年は忠君愛国の宝庫であり、国民的な名誉の番人と自認している」と言っている。そして彼らは、「〈武士道〉の最後の断片である」とも主張している。しかし、それは政府に反抗しない国民をつくるために、明治政府が強行に「忠君愛国」教育を押しつけたものであり、「武士道」とは何の関係もない。

さらに、新渡戸は、

「手に負えない一団の若者が、ある学校で、一教師にたいする不満から、長期『学生ストライキ』に入っていたが、校長の行った簡単な二つの質問で解消した——すなわち、『諸君の教授は値打ちのある人物か。もしそうなら、諸君は彼を敬い、彼を学校に留めておくべきである。彼は弱

い人か。もしそうなら、倒れかかった人を突き倒すのは男らしくない。』その教授の学力不足が問題の発端だったのだが、校長の暗示した道徳問題と比べると、それは小さくなり、まるで無意味になってしまったのである。〈武士道〉によって養われた感情を奮い立たせることによって、大がかりな道徳的革新が達成されうるのである。」

と記している。新渡戸はここで、札幌農学校で起こった学生ストライキが、校長の発言で収まった話を例示している。これも「武士道」によって養われた感情が奮い立たせられ、大がかりな道徳的革新が達成されたからだと主張している。新渡戸は、何でも「武士道」と結びつけて、讃美したがるのだ。

## キリスト教宣教師の努力不足を嘆いた新渡戸の批判

次に、新渡戸は、

「宣教事業失敗の一原因は、たいていの宣教師が私たちの歴史を全く知らないことにある。――『異教の記録なんか、何のかまうことがあるもんですか』と言う人もいる。――その結果、彼らの宗教を、私たちや私たちの先祖が、過去何百年にわたって慣れ親しんできた思想の習慣から、疎遠にしてしまうのである。」

と記している。

新渡戸は、日本へのキリスト教宣教事業が失敗する原因として、「宣教師が日本の歴史をまったく知らないことにある」と主張している。

歴史上、キリスト教徒が地球レベルで拡大していったのは、武力によって強制的にキリスト教徒にしてきたからである。「宗教パラノイア」のキリスト教宣伝マンは、住民の歴史を十分に知ることなく、キリスト教拡大運動を行なってきたのだ。近世の日本では、武力による強制によってキリスト教徒に入信させられる歴史がなかった。そこで新渡戸は、日本は古い歴史をもっている文明国であるから、日本の歴史を十分に理解しなくてはならないと忠告している。

さらに、新渡戸は、

「一国民の過去の歴史を無視して、宣教師たちは、キリスト教は新しい宗教だと主張する。ところが、私の考えでは、それは『旧《ふる》い旧い物語』であって、それゆえにこそ、もしわかりやすいことばで表されるなら——ということは、もしその国民の道徳的発達上よく知られていることばで表現されるなら——人種や国籍とは関係なく、その心にたやすく宿るであろう。」

と記している。新渡戸はここで、キリスト教の宣教師側の努力不足を嘆いている。その国民の道徳上、よく知られている言葉で宣教すれば、人種や国籍など関係なく、どの国民の心にもたやすく教えは宿ると述べている。古い物語である聖書を、国民のよく知っている言葉で表現すれば、キリスト教徒が増加するというのである。新渡戸は、聖書に書かれている文章を易しい日本語に訳せば、キリスト教徒が増加すると言いたいのか。

しかし、なぜ、一神教のキリスト教は世界宗教になったのだろうか。それは、キリスト教は不寛容にも、他の宗教を認めることを否定したからだ。「騙して、皆殺しにして、財産を奪え」と教えるキリスト教は、何度も言うように人殺しの宗教であり、戦争の宗教になった。世界中で人殺しを行ない、戦争をして強制的にキリスト教徒を増加させてきたのだ。聖書を宣伝するだけでは、キリスト教が世界宗教にはならないことを知っておかねばならない。

## 「武士道」という幹に、キリスト教を接木《つぎき》することを主張した新渡戸

次に、新渡戸は、

「アメリカ的またはイギリス的形式のキリスト教は――その〈創始者〉の恩恵と純粋よりもむしろアングロサクソン流の気まぐれや空想を伴っている――〈武士道〉の幹に接木《つぎき》するには貧弱な接芽《つぎめ》である。新しい信仰の伝播者は、幹も、根も、枝もすっかり根こそぎにして、〈福音〉の種をその惨害をうけた荒土にまくべきであろうか。こんな思い切った方法も、可能かもしれない――ハワイでなら。そこでは、戦闘的教会は、富そのものを略奪して集め、先住民族種を絶滅させるのに完全に成功を収めたと、つよく主張されている。しかしこんなやり方は、日本では全く断々乎として不可能である。」

と記している。ここで新渡戸は、「武士道」という幹にキリスト教を接ぎ木することを主張している。ところが、「アメリカ的またはイギリス人的形式のキリスト教徒では、接ぎ木する接ぎ芽にはならない」と、新渡戸は忠告している。アメリカ的またはイギリス的形式のキリスト教は、日本のような文明国を相手にした場合、うまくいかないというのだ。それは、「創始者の恩恵と純粋より、

むしろアングロサクソン流の気まぐれや空想を伴っている」からだという。そのようなキリスト教徒に非キリスト教徒が殺されていった歴史を、「アングロサクソン流の気まぐれや空想」などと言ってごまかすことは到底、許されない。

一七七九年、ジェームズ・クックがハワイ島に上陸した。ここに欧米によるハワイ侵略の歴史が始まる。英国人軍事顧問の指導下、英国から仕入れた兵器を使って一七九五年に、ハワイ諸島を統一したカメハメハ一世がハワイ王国を樹立した。しかし、一八一〇年代後半以後、ハワイに宣教師が乗り込んできて、ハワイ人の中にキリスト教の宣教活動を行なったのである。ハワイ人は土地を所有する考えがなかったので、ハワイに来た英国人によって、自分たちの土地の四分の三が所有されることになった。そして大勢の欧米人がハワイを侵略した。未知の病原菌に免疫のないハワイ人は、伝染病で多数が死亡した。

その後、ハワイには製糖会社が設立され、製糖業が盛んになった。欧米人市民に対する義勇武装集団によるクーデターが起こり、「銃剣憲法」が成立した。やがて、海兵隊兵士百六十余人がホノルル港に上陸し、王政は廃止された。その後、サンフォード・ドールを大統領とする「ハワイ共和国」が成立し、ハワイ王国は滅亡したのだ。

海軍戦略家アルフレッド・マハンは海軍基地の建設を提案し、ハワイは米国に合併された。ハワイの初代知事にはドールが就任した。彼の弟ジェームズ・ドールがハワイで起こしたパイナップル缶詰会社が、現在も続く「ドール社」である。このように、ハワイ諸島の原住民は欧米人が行なった数々の冷酷な略奪行為に遭っていたのだ。

さらに、新渡戸は、

「――いな、それはイエスご自身が地上にその王国を建てるに当たって、決して採用されなかった方法である。」

と記している。欧米帝国主義者はキリスト教を利用して世界中を侵略しまくり植民地をつくってきた。そして侵略した国の住民に対してキリスト教徒になることを強制してきた。『新約聖書』によれば、イエスの宣教期間はわずか二、三年の間であったといわれている。しかし、イエスのつくった新興宗教であるキリスト教は、戦争の神であるユダヤ教を根本原理にして、侵略の限りを尽くした。その過程で世界宗教になっていったのだ。新渡戸は、キリスト教が人殺しの宗教、戦争の宗教であることを無視している。

新渡戸は、米帝国がハワイ人を侵略したやり方は、日本ではまったく不可能だと述べている。ところが新渡戸ら日本のキリスト教徒の協力によって、「オレンジ計画」の通りに大日本帝国は対米英戦に突き進まされて悲惨にも敗戦した。そして戦後の日本は、ロスチャイルド閥を頭目とする国際金融マフィアが支配する米国の、完全なる従属国にさせられたのだ。

日本人キリスト教徒も、欧米帝国主義の戦争に賛同していた。彼らは日本国内のあらゆる情報をスパイし、それを米国の情報機関に細大漏らさず報告し、大日本帝国の敗戦に協力していたのだ。そのことを十分に理解しておかねばならない。

この章の最後で、新渡戸は、

「〈聖者〉のような人、敬虔なキリスト教徒にして深遠な学者であるジョウェットの次のことばは、私たちがもっと心に迎えるべきである——「人は世界を異教徒とキリスト教徒とに分け、前者にどれほど多くの善が隠されてあり、また後者にどれだけ多くの悪が混じっているかを、考えてもみない。彼らは彼ら自身の最善の部分と隣人の最悪の部分とを比べ、キリスト教の理想とギリシャや東洋の腐敗とを比べてきたのである。彼らは公平を目指しもせず、自分自身をほめて言いうるすべてのことと、他の形の宗教をけなして言いうるすべてのことを蓄積するに甘んじてきたのである。」

と記している。

新渡戸はこの章の最後に、英国の古典学者であるベンジャミン・ジョウェット（ギリシャのプラトニズム研究の第一人者）の言葉を引用している。この文章を引用することによって、キリスト教徒の独善的態度に対する反省の言葉にしようとしている。いかに新渡戸が弁解しようと、キリスト教が人殺しの宗教であることには変わりなく、人類史上、「生存の保障」の否定者として活躍してきた、悪い不法な犯罪者集団の宗教である。

―第十七章―　武士道の未来

## 「武士道」はなぜ、「宗教の養子」にならなかったのか

最終章の「第十七章」では、前章で「武士道」の影響を分析したごとく、新渡戸稲造は「武士道」の将来性について解説している。

まず新渡戸は、章の冒頭で、

「ヨーロッパの〈騎士道〉と日本の〈武士道〉との間以上に、歴史的比較が公平にできるものは少ししかない。」

と記している。新渡戸は、「騎士道と武士道の間ほど、歴史的比較が公平にできるものは少ない」と主張している。

少し先で、新渡戸は、

「ヨーロッパの経験と日本の経験との間の一つのいちじるしい違いは、ヨーロッパでは騎士道が封建制から乳離れして〈教会〉の養子となったとき、それは窮境をのりこえて活気を取り戻したのにひきかえ、日本では、どの宗教も武士道を養うに足るほど大きくなかった点にある。」

と記している。新渡戸は、「騎士道は『教会』の養子になった」と主張する。ヨーロッパでは修道院が領主と同じ領地を所有し、「騎士団」を擁していた。そこで新渡戸は、騎士道は「教会」の養子になったと述べているのだ。キリスト教は人殺しの宗教であり、戦争の宗教である。そこで騎士道は人殺しと戦争のために「教会の養子」として戦いに参加したのだ。

それに比べ日本では、真宗（一向宗）は、十五世紀後半から、飛躍的な発展期を迎えた。本願寺の躍進は、一四五七（長禄元）年、本願寺を継いだ蓮如《れんによ》（一四一五〜九九）の約半世紀に及ぶ法王としての活動によって実現した。真宗の最大の地盤であった東国の農村では、土豪や武士の支配に縛りつけられた隷属的な農民が圧倒的に多かった。これに比べ、畿内、北陸などの進んだ農村地帯では、南北朝以後、新興の中小・名主階級が育ち、古い支配体制の崩壊とともに自主的な結合をつくり始めていった。蓮如は、親鸞の教えの真髄を大胆にとらえて、多数の御文章（御文）をつくった。その中で、「すべての人間は男女の別なく、煩悩具足《ぼんのうぐそく》の在俗生活のまま、阿弥陀仏の本願を信じ、念仏を唱えればその時に救いが約束され、この世の仏になれる」と説いた。これは親鸞の教えの徹底的な民衆化だった。

この後、一向一揆は、加賀国ではほぼ一世紀にわたって合議制による支配が続き、「無主の国」「百姓の持ちたる国」と呼ばれた。この前後、一向一揆は越前、越中、能登各国へと広がった。門徒農民は村を越え、一群一国からさらに数カ国にまたがる強大な組織をつくっていった。ところが本願寺は、織田信長による全国統一の前に、甲斐の武田、山陽の毛利、越前の浅井、浅倉氏などと手を結んで、信長の最後の敵となっていた。彼らは日本一の信徒数を誇る教団と結集し、信長と決戦した。十年にわたり、石山本願寺で信長と戦ったが、巨大な法城は最後に灰燼《かいじん》に帰した。そして、信長の天下統一は揺るぎないものになった。

また、根来寺《ねごろじ》は和歌山県那賀郡の根来にある。覚鑁《かくばん》が高野山からこの地に来て諸堂を建てた。その後、次第に隆盛になり、室町時代の末期には、その領地は七十二万石に達した。南北朝以来、次第に数を増した僧兵集団の「根来衆《ねごろしゅう》」は鉄砲の威力を備えて勢いをふるった。巨大化した根来寺の僧兵軍団は地方大名級の勢力を誇った。

一方、巨大化した根来寺の生活を支えるために、門前町の西坂本は商工業の町となり、鉄砲や武具の製造も行なわれた。杉之坊の院主である津田監物算長《かずなが》は熊野船に乗って紀州と種子島との航路を往来し、根来寺の力を背景に貿易を盛んに行なった。一五四四（天文十三）年に種子島に渡った算長は、種子島の島主である種子島時堯《ときたか》から鉄砲一丁を得て、根来寺に持ち帰った。算長はただちに複製を命じ、翌年に紀州第一号の鉄砲が誕生したと伝えられる。津田はさらに根来衆の武装化を進め、鉄砲の生産を産業化し、鉄砲の販売を全国的に行なった。打ち続く戦いに備えて、根来寺一帯は城塞化が進められた。こうして根来衆は、広大な所領と経済力、先端兵器である鉄砲で武装し、戦国最強の軍事勢力へと変貌をとげた。

織田信長と本願寺が戦った石山合戦の際には、根来衆は両方の側に付くなど複雑な様相をみせた。後に、本能寺の変で信長が横死すると、羽柴秀吉が信長の後継者として台頭した。小牧・長久手の戦いでは、徳川家康の依頼を受けた根来衆は雑賀衆《さいかしゅう》とともに豊臣側を攻撃するなど、秀吉の背後を脅かした。ところが秀吉と家康は和睦し、その後、秀吉の紀州征伐が開始された。根来衆は雑賀の党と手を結び、秀吉の進軍を阻止しようとするが、紀州連合軍は雪崩《なだれ》を打って紀州へと退却した。勝ちに乗じた豊臣軍は峠を越えて根来寺に攻め込み、根来衆はついに瓦解し、根来寺は炎上したのである。

新渡戸は、一向宗が北陸一帯で百年にわたり支配し、土豪、坊主、農民の合議制によって運営された時代があったこと、また、根来寺は鉄砲を所持する僧兵集団を抱えていたことなどについては知らない。にもかかわらず新渡戸は、「日本ではどの宗教も武士道を養うに足るほど大きくなかった」などと述べている。日本の歴史を知らずに「武士道」を歪曲化していたのだ。

この先、数ページにわたって新渡戸は、近代国家になるとともに「武士道」が廃《すた》れていく過程を述べていく。そして、新渡戸は、

「ああ、武士の美徳よ！　ああ、サムライの誇りよ！　ラッパや太鼓の響きとともにこの世に導き入れられた道徳は、『将軍たち王たちの去る』とともに消え去る定めにある。」

と記している。新渡戸は、武士道が封建社会の崩壊後、近代社会に推移するとともに消え去ることを嘆いている。

## 人間の内なる戦闘本能を肯定し、気高い美徳と讃美した新渡戸

次に、新渡戸は、

「もし歴史が私たちに何かを教えることができるのなら、武徳の上に建てられた国家は――スパ

ルタのような都市国家であれ、ローマのような〈帝国〉であれ——決してこの地上で『永続する都』となることはできない。」

と記している。新渡戸は、『新約聖書』「ヘブル人の手紙」(第十三章十四)の「この地上には、永遠の都はない。きたらんとする都こそ、わたしたちの求めているものである」を引用して、この地上で「永遠なる都」となることはできないと述べている。もとより「永遠なる都」など、この地上には存在しない。ヨーロッパ・アラブでは、城壁で取り巻かれた都市国家が成立した。戦争になると、農民は城壁の中に逃げ込んだ。だが侵入してきた敵に襲われ、皆殺しにされ、都市国家は破壊されていった。

ところが島国日本では、城壁に取り囲まれた都市国家は成立しなかった。群雄割拠の戦国時代、確かに武将は城をつくって戦いに備えていた。しかし、それはヨーロッパ・アラブで成立した都市国家とは異なっている。この点、日本は世界史の中で珍しい歴史をもっていることに気づかねばならない。われわれは、人類史的願望である「生存の保障」の拡大発展を永遠に続けていかねばならない。

続けて、新渡戸は、

「人間の内にある戦闘本能は、普遍的で自然なものであり、それが気高い感情と男らしい美徳を生み出すことははっきりしたけれども、それで人間全体を包めはしない。戦闘本能の下には、もっと神々《こうごう》しい本能である愛の本能がひそんでいる。」

と記している。新渡戸は、「人間の内には戦闘本能があるが、それは普遍的で自然なものである」

と主張する。人間に戦闘本能があるというのは、「生存の保障」を否定する、悪い不法な権力者のイデオロギーであることを明白に知っておかねばならない。さらに新渡戸は、人間には「愛の本能」があるとも主張している。「生存の保障」を肯定する善人を愛するか、それを否定する悪人を愛するのかを明確にせず、新渡戸は無規定で抽象的な「愛」などという言葉を使用している。

さらに、新渡戸は、

「拡大した人生観、平民主義の成長、他の民族や他の国民についての知識の増大とともに、孔子の仁の思想は——仏教の思想も付け加えようか——拡大して、キリスト教の愛の思想となるであろう。」

と記している。ここで新渡戸は、「孔子の『仁』の思想や仏教の思想が、一神教のキリスト教の愛の思想になる」と主張しているが、宗教の原理の無知を示している。キリスト教徒になった新渡戸は、人殺しの宗教、戦争の宗教であるキリスト教を「愛の宗教」といい、キリスト教が行なってきた不法な犯罪行為と、流血の歴史を隠蔽しているのだ。また、日本のキリスト教徒も、キリスト教は「愛と福音の宗教」であるなどと主張している。しかし、彼らの「愛と福音」はキリスト教徒のみに与えられるものであり、非キリスト教徒には与えられていない。

続けて、新渡戸は、

「戦雲が私たちの地平線上に暗くかかっているけれども、平和の天使の翼はそれを消散させることができる、と私たちは信じたい。世界の歴史は、『柔和な人々が地を受け継ぐであろう』という預言を確かめる。平和の長子相続権を売り、産業主義の前線から後戻りして、不法侵略主義の戦列に落ちる国民は、じつにつまらぬ取引をしているのである！」と記している。ここで新渡戸は、「日本に戦争が近づいているが、平和になることを信じたい」と警告している。そして、「柔和な人々が地を受け継ぐであろう」という預言を確かめたいと言う。これは「マタイ福音書」（五節五）にある「柔和な人たちは、さいわいである、彼らは地を受けつぐであろう」からの引用である。そして不法な侵略主義者の戦列に落ちようとしている国民を軽蔑している。

しかし、新渡戸は近代における戦争の発生原因について完全な無知を示している。平和を希求する新渡戸の意志に関係なく、国際金融マフィアが敵をつくり出し、両側に戦費を貸し、兵器を売りまくり、巨利を得ることを行なっている。クエーカー教徒で表向き「非戦」を主張する新渡戸は、国際金融マフィアによる「近代戦争のメカニズム」に無知をさらけ出している。

## 明治維新によって「武士道」は瓦解していった

この後、新渡戸は、西洋における「騎士道」がいつ終焉したかを定めようとする記述を続けている。そして、新渡戸は、

「私たちにあっては、一八七一年に出た正式に封建制度を廃止する詔勅が、〈武士道〉の弔鐘《ちょうしょう》を鳴らす合図であった。その五年後に出された詔勅は、刀の携行を禁じたもので、『金では買えぬ人生の恵み、安価な国防、男らしい感情と英雄的事業の乳母』であった旧時代を、鐘を鳴らして送り

出し、『詭弁家《きべん》や経済家や計算家』の新時代を鳴らし迎えた。」と記している。

将軍・徳川慶喜の大政奉還から約二カ月後の一八六七（慶応三）年十二月九日、王政復古の大号令が出され、明治政府が成立した。それから一カ月後、旧幕府方と薩長両藩を中心とする明治政府との衝突である「鳥羽・伏見の戦い」が生じた。それは戊辰戦争へと進展し、一八六九（明治二）年五月、函館・五稜郭の陥落で、日本は明治政府によって統一された。

だが新政府の軍隊は薩長土肥などの雄藩からの寄せ集めで、直属の軍隊を持たなかった。そこで戦争が終わった後、兵は各藩に戻ってしまい、新政府の軍事力はなくなってしまう。しかもまだ、全国に三百近い藩が存在し、江戸時代以来の地方分権システムが続いていた。そこで一八六九（明治二）年、「版籍奉還」が実施された。それは単なる名目にすぎず、藩主は、相変わらず領民の上に君臨して、領内の政治をとり、軍事力を握っていた。さらに諸藩は藩政改革を盛んに進め、軍事改革も実行していた。

紀州藩は、二十歳以上の男子に徴兵制度を置き、プロシア式の訓練をほどこし、最新の洋式兵器を大量に購入していた。また、薩摩藩も独立国家のような状態になっていた。このままいけば、新政府は確実に瓦解してしまうであろう。そこで政府の実力者である薩摩の大久保利通と長州の木戸孝允は、一挙に廃藩を断行することにしたのだ。

薩摩、長州、土佐から一万の軍勢を東京に集めた。これを軍事的圧力として、一八七一（明治四）年七月、「藩」を廃止し、「県」を設置し、藩知事を免職にし、政府は県の統治者として県令（地方役人）を遣わすことにした。この「廃藩置県」に対して、反発はなぜか皆無だった。先祖代々仕えてきた主家が潰されたのである。しかし、主君に仕えてきた武士は、激昂して主君のために立ち上がろうとはしなかった。

新渡戸が主張した「武士道」という忠君思想をもった武士は、このとき皆無だったということである。新渡戸はこのような歴史的事実を無視して、「日本には『武士道』がある」とでっち上げてきたのだ。藩に対する藩士の忠誠心は薄くなり、給料さえ手に入ればそれでよしとした。また、戊辰戦争の際の借金で困った藩は、新政府に自ら廃藩を申請したところもあり、多くの藩主は藩を潰してくれることを喜んだ。自分の生活を保障しない領家など、潰されてしまっても構わないのだ。これが江戸時代末期の武士の実態だった。

新渡戸が讃美した「武士道」に則った「忠君」など、まったく生活のための方便に過ぎなかったのだ。富裕な米国人女性を妻にした新渡戸にとっては、「生存の保障」が否定された状態で生きざるを得なかった日本人の実態など何の関心もない。自分を欧米帝国主義者に売りつける『新渡戸の武士道』を捏造していたのだ。

当時、全国の華・士族（旧大名・武士）は、約二百万人程度おり、彼ら武士に支払う給与は国家財政の三〇パーセントを占めた。このまま支給を続けると、新政府の財政は破綻してしまう。そこで新政府は、一八七三（明治六）年に、「秩禄（家禄と賞典禄）奉還の法」を出した。さらに、新政府は同年、「金禄公債証書（金券）」を与えることで、華・士族の禄制（給与制度）を中止した。これを「秩禄処分」という。

そこで武士は、この「金禄公債証書」を元に、商売を始めたが、ほとんどが失敗し、零落していった。いわゆる「武士の商法」である。

一八七六（明治九）年には「帯刀禁止令」が出され、武士の魂といわれた刀をもつことが禁止され、武士の誇りは取り上げられることになった。そして四民平等政策の下で、苗字などの特権がなくなり、徴兵令の施行で旧武士階級は、兵士として活躍する場を奪われることになった。

ここで新政府に騙されたことに気づいた士族は、新政府に対する不満を募らせ、不平士族の一部が各地で新政府に反乱を起こしていったのである。

新渡戸は、『『将軍たち王たちの去る』とともに（武士道の道徳は）消え去る定めにある」、つまり、「明治維新によって『武士道』は消失していった」と述べているが、それは歪曲で、「武士道」など元々なかったことに気づかねばならない。

## 精神主義を唱えることで「武士道」の存続を願った新渡戸

次に、新渡戸は、

「日本がこの前の中国との戦争に勝ったのは、村田銃やクルップ砲のおかげだといわれてきた。また、その勝利は近代的学校制度の働きだ、ともいわれてきた。しかしこれらは半面の真理以下である。〔たとえエールバールやスタインウェイのよりすぐりの製品であっても、名手の手をかりずに、ピアノが突然鳴り出して、リストのラプソディやベートーヴェンのソナタを演奏するだろうか。また、銃が戦いに勝つのならば、ルイ・ナポレオンはなぜ、〈ミトラユーズ〉式機関銃がありながら、プロシャ軍に勝てなかったのか。またスペイン人はそのモーゼル銃をもちながら、なぜ旧式のレミントン銃だけで武装したフィリピン人を負かせなかったのか。もはやありふれた文句となっていることをくりかえす必要はない――すなわち、生気を与えるのは精神である、精神抜きでは最善の道具もほとんど益にならない。」最新改良型の銃砲さえ、ひとりでに発射はしないし、最も近代的な教育制度も、卑怯者を英雄にはできない。断じてできない！」
と記している。

新渡戸はここで、いろいろな楽器や武器の名前を羅列している。名品と謳われたピアノの製造メーカーの名前なども紹介して、博識ぶりを誇示している。そして、「いかなる強力な最新の兵器よりも大切なのは精神だ」と、最後には「精神主義」を唱えている。

この精神主義が大日本帝国の政策中に取り入れられ、対米英戦にまで担ぎ出されていった。そして、日本兵の犬死が続出したと同時に、多数のアジアの人たちを殺害する羽目になった。新渡戸は、自らが歪曲し捏造した『武士道』が、明治という新時代を迎えても消えることなく続くことを、精神主義を主張することによって表わそうとしたのだ。

明治になってから、薩長を中心にした国家を私物化した不法な権力者たちは、ユダヤ・ロスチャイルド閥を頭目とする国際金融マフィアの命令によって戦争を続けさせた。そのために、明治になって「武士道」が歪曲され、日本人を「生存の保障」の否定者に追いこんでいったのだ。

なお、新渡戸は、モーゼル銃を装備したスペイン人が、旧式のレミントン銃だけで武装したフィリピン人を打ち負かせなかったという史実も述べている。スペイン領キューバで独立運動が始まったため、米国はキューバで投資していたトウモロコシ農業や葉巻産業を守るために戦艦「メイン」号を派遣した。その戦艦をスペインに撃沈されたので、一八九八年に、米国はスペインに宣戦布告し、極東戦隊をスペインの植民地であるフィリピンに侵攻させた。しかし、米国艦隊はスペイン艦隊を破ってマニラ港に入った。いわゆる「米西戦争」である。この結果、米国はキューバを保護国とし、プエルトリコとグアム島を手に入れ、フィリピン諸島を獲得した。

そのとき、米国側は大量の兵力を送り込んでフィリピンを侵略、残虐の限りを尽くし、抵抗するフィリピン人六十万人を虐殺した。このときの米軍司令官はアーサー・マッカーサー（日本を占領したダグラス・マッカーサーの父親）だった。彼は、ジャングルに逃げ込んだフィリピン独立軍に対して、凄惨な掃討作戦を行なった。このような戦闘を指揮した米軍の将軍は、米国先住民殺しの経験者だった。以後、フィリピンは米国のアジア進出の橋頭堡《きょうとうほ》となり、フィリピン人は米国に絶対服従することになったのである。

だが、新渡戸は、このような米軍によるフィリピンの皆殺しの歴史を述べない。

## 武士道の復活と「神の国」の到来を期待した新渡戸の恐ろしい予言

次に、新渡戸は、

「鴨緑江《おうりょくこう》において、朝鮮において、また満州において戦勝をおさめたものは、私たちの手を導き、私たちの心臓に鼓動しつつある、父祖の御霊《みたま》なのである。彼ら、これらの御霊、私たちの勇武なる祖先の霊は、死んではいない。見る目のある人たちには、彼らははっきりと見える。最も進歩した思想をもった日本人（の肌）を掻《か》いてごらん、そうすれば彼が一個のサムライであることが明らかとなろう。」

と記している。新渡戸は、「大日本帝国が戦争に勝ち続けたのは父祖の御霊のお陰であり、日本人を勇武する祖先の霊は死んでおらず、サムライ魂はなお生きている」と述べている。彼は、大日本帝国の侵略戦争を讃美している。新渡戸が平和主義者であるという主張は、まったくの「新渡戸神話」であることを知っておかねばならない。

さらに、新渡戸は、

「『神の国はあなたたちの内にある。』神の国はどんなに高い山でも、そこから転り落ちては来ないし、どんなに広い海でもそこを渡って来るものでもない。〔コーランにいう——『神はあらゆる国民にその国語で語る預言者を与えられた』と。〕」

と記している。新渡戸は、『新約聖書』「ルカ福音書」（第十七章二十一）の「また『見よ、ここにある』『あそこにある』などとも言えない。神の国は実にあなたがたのただ中にあるのだ」を引用している。「イエスは復活する。そこで神の国がくる。この神の国に召された者が助かる。武士道は復活する。そこで武士道の精神をもった『神の国』がくる」。

新渡戸は、武士道が復活することを予言しているようだ。

次に、新渡戸は、「コーランにいう——『神はあらゆる国民に、その国語で語る預言者を与えられた』」という『コーラン』の一節を引用している。ここでも、『コーラン』を知っているぞという博識ぶりを誇示している。自分は、世界の文化、文明、宗教についてどれだけ造詣が深いかを顕示しているのだ。『コーラン』では、神を預言する者は無数あり、その中の一人にイエスがいた。そして最後の預言者がムハンマドであるとしている。ムハンマドが夢遊状態で口にした言葉を、神の言葉として集めたのが『コーラン』である。新渡戸は、このように神を預言するものの中に「武士道」があることを主張しているのだ。

続けて、新渡戸は、

「日本人の心によって保証され、了解されたがままの神の国の種は、〈武士道〉となって花開いた。今やその日は暮れつつある——悲しいことに、その完熟に至るまえに——そこで私たちは、あらゆる方向に向かって、美しさと光、力と慰めの他の源を求めているのだが、これまでのところ、その中に武士道に代わるものは一つも見つからない。功利主義や唯物主義の損得哲学は、魂の半分しかない屁理屈屋《へりくつや》のあいだで人気を博している。功利主義や唯物主義と張り合えるだけの力がある、唯一の他の倫理体系とは、キリスト教だけである。」

と記している。

新渡戸は、「日本人の心を支配する『武士道』の精神は開花したが、今やそれは消えようとしている。『武士道』に代わるものは一つも見つからない」。そして、「功利主義や唯物主義の損得哲学と張り合える唯一の倫理体系は、キリスト教だけである」と述べている。欧米のキリスト教徒は、欧米帝国主義者の尖兵として侵略政策に協力してきた。これこそ私利私欲と物質主義の表われである。

ところが新渡戸は、「私利私欲と物質主義に対抗できるものは、キリスト教だけである」などと主張している。「武士道」の中で育った新渡戸は、キリスト教の宣伝マンとして生きていくことを宣言しているのだ。

## 「武士道」はイエス・キリストの出現を預言していた？

次に、新渡戸は、

「これと比べると、〈武士道〉は『くすぶる灯心』のようなものであることは、正直に認めねばならない。しかも〈メシア〉はこれを消すのではなく、あおいで炎と燃やすと宣言された。メシアの先駆者たる預言者たち——とくにイザヤ、エレミヤ、アモス、ハバクク——と同じように、〈武士道〉は、統治者や公人や国民の道徳的行為を強調する。それにたいし、キリストの倫理は、ほとんどもっぱら個々の人たちと、キリストにみずから従う人たちだけを扱うから、個人主義が道徳要因の資格で力を加えるにつれて、ますます実際的応用を広く見出すであろう。」

と記している。

新渡戸は、キリスト教に比べると、「『武士道』は『くすぶる灯心』のようなものである」と述べている。『新約聖書』「マタイ福音書」（十二節二十）の「煙っている燈心を消すこともない」を引用している。なぜ、わざわざ聖書の一節を引用するのか。新渡戸は、聖書を引用しておけば、欧米人は自分の『武士道』を読んでくれるにちがいないという思惑があったからにちがいない。聖書に無知な日本人は、なぜ新渡戸が聖書の言葉を引用するのか理解できない。

新渡戸は、先の文章の中で、「しかも、メシアはこれを消すのではなく、あおいで炎と燃やすと宣言された」と述べている。「メシアたるイエス・キリストが『武士道』を消すことなく、あおいで炎と燃やすと宣言した」などと述べている。さらに、『旧約聖書』の預言者である「イザヤ、エレミア、アモス、ハバクク」などが、イエス・キリストの出現を預言したと同じように、「『武士道』もイエス・キリストの出現を預言していた」とまで述べている。

新渡戸はこのように、宗教の原理をまったく無視している。あくまでも「武士道」を讃美すると同時に、キリスト教に通じる道を述べている。そして、日本では将来、「武士道」に代わってキリスト教が発展するとまで予言している。また、「キリスト教徒は個人の行動に責任をもつ道徳要因に基づいているので、今後個人の責任が重くなる時代に、ますますキリスト教は重要になる。近代化すればするほど、キリスト教が重要な倫理になる」と予言しているのだ。

さらに、新渡戸は、

「圧政的で、自己主張的なニーチェのいわゆる主人道徳は、それ自体はある点では〈武士道〉に近いが、私が大まちがいをしていないとすれば、これはニーチェが病的歪曲をして、ナザレ人の謙遜で自己否定的な奴隷道徳と呼んだものにたいする、一つの過渡的局面ないし一時的反動なのである。」

と記している。新渡戸は、再三にわたってニーチェの名前を出している。ニーチェは、自分の国に対して自分の意見を持ち、真剣さと誇らしさ、偉大で強く美しく男性的な高貴さを持つローマ帝国の人々を高く評価している。これらの気質を「主人道徳」と呼んだ。これに対して、品格が低く弱く、劣悪で社会の下層やガラクタが集まり、キリスト教徒になって権力にありつこうとする人々の習性を、ニーチェは「奴隷道徳」と呼んでいる。新渡戸は、この「主人道徳」は「武士道」に近いと主張している。

しかし、ローマ帝国の「主人道徳」と日本の「武士道」とを同一に取り扱うことはできない。さらに新渡戸は、ニーチェがキリスト教を病的に歪曲しているとも述べている。ニーチェがナザレ人であるイエスの「謙遜」にして自己否定的である教えを「奴隷道徳」と呼んだことは、あくまで一つの過渡的局面だったと弁解している。

新渡戸は、ニーチェが「キリスト教は邪教である」と主張したことを述べようとしない。人間のつくった妄想である「神」の存在を信じる新渡戸は、一種の「宗教パラノイア」である。この宗教パラノイアを利用して、一高、東大出身者の中に多数の新渡戸門下生をつくり、彼らの活動の成果として大日本帝国は敗北し、国際金融マフィアの支配する米国の従属国になった。キリスト教パラノイアは地球レベルで「生存の保障」の否定者として活動しているのだ。

## 未来世界は、ヘブライ主義とギリシャ主義に二分化されるのか

次に、新渡戸は、

「キリスト教と唯物主義（功利主義を含めて）——未来にはこの二つはヘブライ主義とギリシャ

主義という、もっと古めかしい形に還元されようか――は、世界を二分することであろう。」と記している。新渡戸は、キリスト教とヘブライ主義は「精神」、唯物主義とギリシャ主義は「肉体」を基準にしており、そのため、「霊と肉体」とに世界が二分すると主張しているのだ。

続けて、新渡戸は、

「より小さな道徳体系は、自己保存上、そのどちらかの側と同盟するであろう。では〈武士道〉はどちらの側に加わるのであろうか。それには何一つ決まった教義も守るべき公式もないから、一つの存在としては消え去っても差し支えなく、桜花のように、朝のそよ風が一吹きするまでに、よろこんで散ってゆく。」

と記している。新渡戸は『武士道』は何一つ決まった教義も守るべき公式もないから消え去っても差し支えない」などと述べている。これまで「武士道」について新渡戸はくどくどと述べてきた。ところがなんと、『武士道』には教義も公式もない」と主張しているのだ。それでは新渡戸がこれまで述べてきた「武士道」とは何だったのか。

さらに続けて、新渡戸は、

「しかし、完全絶滅は決してその運命ではないであろう。ストア主義は死んだと誰が言うことができようか。体系として死んだが、美徳としてそれは生きている。その精力と生命力は、今なお人生の多くの水路を通して感じられる――西洋諸国民の哲学において、すべての文明世界の法学において。いや、人が自己を自己以上に高めようと闘うところではどこでも、人の精神がその肉体を自分の努力によって支配するところではどこでも、そこにゼノンの不滅の規律が働いているのを見るのである。」

と記している。新渡戸は、「『ゼノンのストア派』の思想が消えてなくなることがないように、『武士道』も消え去ることはない」と主張している。ここでも、古代ギリシャの思想についての博識ぶりを顕示している。新渡戸は、ゼノンのストア派の思想が西洋諸国民の哲学において、また、すべての文明世界の「法学」にも働いているという。

しかし、ここでも新渡戸は、思想と哲学の区別ができていない。人間が生きていくために思想はつくられてきた。しかし、これらの人類のつくった思想をアウフヘーベンして哲学が成立するのだ。その哲学とは、人類史的願望である「生存の保障」の拡大発展のための論理であり実践である。さらに、新渡戸は「文明世界の法学」という言葉を用いている。「法学」と「法律」とは明白な区別をしなければならない。とかく、法学や法律は、「生存の保障」を否定し、国家を私物化する不法な権力者たちを守るために使われている。

なお、ギリシャの哲学者ゼノン（前四九〇～前四三〇）によって創始された「ストア派」は、自然（理性）に従うことだけが「徳」であり、それより逸脱することは「悪徳」になると主張している。しかし、自然に従うか、逸脱するかの判断は、各自の「主観」に属している。このストア派の思想は、アレクサンドロス大王による大帝国成立からローマ帝政末期に至る、国家を私物化することに固執した権力者のイデオロギーになった。

そしてこの章の最後に、新渡戸は、

「〈武士道〉は独立した論理の掟としては、消え去るかもしれぬ。しかし、その力はこの地から滅び去ることはないであろう。武人の勇気や公民の名誉を教えるその学院は、破壊されるかもしれぬ。しかし、その光とその栄光は、その廃墟のあとまで長く生きのびるであろう。その象徴とする花のように、四方《よも》の風に吹き散らされたあとも、それはなおも、人生を豊かにするその香気で、人類に恵みを与えることであろう。幾世も経たのち、その慣例は埋め去られ、その名さえ忘れ去られても、その香りは、『道ばたに彼方《かなた》を見つめれば』、はるか彼方の目に見えぬ丘からのように、空をただよって来るであろう——その時、クエーカー詩人が美しいことばで詠じたように、

『旅人は、どこからともなき新しい芳香に、
　感謝にみちた思いをいだき、
　歩みをとめ、帽子をぬいで
　空からの祝福にあずかる』」

と結んでいる。

新渡戸稲造は、自らが歪曲し、捏造してきた『武士道』の最後に、クエーカー詩人の美しい詩を引用している。そして、自分自身がクエーカー派に属することを高らかに宣言している。

## ―終わりに― 戦争の総括の一環として「武士道」を断罪する

新渡戸稲造の胸像・銅像や記念碑が、祖国である日本、そしてカナダに、十四カ所も設置されていることをご存知だろうか。それらは、戦前から戦後にかけて、新渡戸の生誕と事績に関係の深い場所に建てられている。

❶新渡戸稲造像（座像）東京都府中市多磨霊園内＝一九三七（昭和十二）年五月十五日設立。一九四四（昭和十九）年十一月十三日に、戦争継続の武器製作調達の金属回収で撤収される。一九四五（昭和二十）年十二月二十三日、この銅像は敗戦後、鋳潰されず残ったので返却され、従前通りに多磨霊園に置かれ、門下生や縁故関係者が銅像のところに集まって、追悼の墓参会を開催した。

❷新渡戸稲造の記念碑＝生誕百年に当たり、岩手県盛岡市内の城址二の丸に。碑名は「願はくばわれ太平洋の橋とならん」。一九六二（昭和三十七）年九月一日設置。

❸新渡戸稲造の胸像＝盛岡市役所の北側、与の字橋西側に。高田博厚作。一九七六（昭和五十一）年十一月設立。

置。

❹新渡戸稲造の座像＝生誕の地・岩手県盛岡市下ノ橋町四に。朝倉文夫作。一九八三（昭和五十八）年十月設置。

❺新渡戸稲造の胸像＝盛岡市先人記念館新渡戸稲造室前。朝倉文夫作。一九八七（昭和六十二）年設置。

❻新渡戸稲造・満里子（メリー）夫妻の像＝かつて札幌夜学校のあった札幌市中央区の勤労青少年ホーム前の庭。山田杜夫作。一九七九（昭和五十四）年設立。

❼新渡戸稲造の石膏立像＝かつて新渡戸が子供たちに話を聞かせた三本木学校正面玄関に。一九八二（昭和五十七）年四月、設置。

❽新渡戸稲造の胸像＝札幌北海道大学ポプラ並木の傍、北大創立百二十周年を記念して。一九九六（平成八）年設立。

❾新渡戸稲造の胸像＝東京都中野区本町六丁目、臨床検査技師教育発祥の地に設置。

❿新渡戸稲造像＝青森県十和田湖畔に設置。

⓫新渡戸稲造の碑＝盛岡城址公園内に設置。

⓬新渡戸稲造の記念碑＝カナダ・ヴィクトリア・ビーコンヒル公園内に設置。

⓭新渡戸稲造碑＝ブリティッシュ・コロンビア大学構内に設置。

⓮新渡戸稲造居住地のパネル＝全日空ホテル正面玄関前に設置。

新渡戸稲造の「像」や「碑」は、これほど多く建てられていたのだ。

周知のように、一九八四（昭和五十九）年十一月一日から二〇〇七（平成十九）年四月二日まで、五千円紙幣の図案に新渡戸稲造の肖像が使われていた。この旧五千円紙幣の裏には、富士山が描かれていた。ところが、湖面に映る山は、富士山ではなかった。それはイスラエルにあるシナイ山だとされる。『旧約聖書』で、モーゼが神ヤハウェの声を聞いたという場所で、ユダヤ教徒の聖地になった山である。そして、旧紙幣には左側に七本の木が描かれていた。ユダヤ教の神殿の聖所内には、アーモンドの枝と萼《がく》を模した七枝の燭台（メノラー）が置かれている。その「七」という数字はユダヤ教にとっては特別な数字である。

誰が旧紙幣にこのような図案を描くことを命令したのか。日本人はユダヤ教の国に支配されているとしか考えられない所業だ。

なお、東京裁判で東條英機をはじめ七名が絞首刑になった。これもなぜ、七名なのか。世界に離散しているユダヤ人に対して、東京裁判は、実はユダヤ人が仕切ったことを伝えていたのだ。日本人はこのことを知らない。現在も十月十六日の新渡戸稲造の命日には、「小日向《こひなた》会」という定例会が開催されている。今日でも、なお「新渡戸稲造神話」がまかり通っているのだ。

## 日露戦争への進軍ラッパを鳴らした新渡戸の『武士道』

日本の近代史で重要な役割を演じた新渡戸稲造の実像と正体を知るためには、新渡戸自身が書いた『武士道』の分析、批判が必要である。そこで「新渡戸稲造神話」を破壊する一助になればと考え、本書を執筆した。

新渡戸稲造の『武士道』は、これまで述べられたように、「啓典宗教」であるユダヤ教、キリスト教、イスラム教と、日本の神道や中国の儒教を一緒くたにして取り扱っている。新渡戸は、宗教の原理を無視するばかりか、ユダヤ教、キリスト教の教義を理解せず、日本の歴史についてもまるで無知であることを暴露した。新渡戸がこの本を最初から英語ではなく日本語で発表していたなら、彼は日本史の無知を批判され、顧みられることはなかっただろう。ところが彼は『武士道』を英語で発表した。そして外国で評判を得た(宗教の原理を無視しているのに、外国で評判を得たということ自体、おかしなことである)。日本では外国で評判になると、無批判に受け入れられる習慣が、明治以来今日に至るまで続いている。

一神教の国の創造主を「神である」と信じる新渡戸は、まさに「宗教パラノイア」である。そのため、論理学および倫理学の無知を示している。他民族による皆殺しや人殺し、戦争などが頻発し、しかも砂漠、荒地の多い中東の地で生まれた「一神教」のユダヤ教及びキリスト教。一方、他民族による皆殺しや人殺しの歴史がなかった、雨量の多い水資源が豊かな「四季」のある日本で生まれた融通無碍な「多神教」――この両者をすべて同一に取り扱うことはできない。特にユダヤ人の歴史は、紀元前二十世紀以来続いており、その期間に『旧約聖書』がつくられてきた。文献に現われる日本人の歴史はせいぜい千六百年である。このようなユダヤ人と日本人の歴史を同等に取り扱うことはできない。

新渡戸はこの歴史や地形的な差異をまったく無視している。彼は、日本にあるものはヨーロッパにもあると、ごり押しをしている。そのため、日本を知らない欧米人に対しては嘘を教えたことになる。新渡戸は、日本の思想を外国に伝えることに貢献したという見方があるが、嘘を伝えた点で貢献したことにはならない。

新渡戸は、『武士道』を発表することによって、次の戦争である日露戦争への進軍ラッパを鳴らしてくれたとみなされ、天皇閥は新渡戸を頼もしい人物ととらえた。また、日露戦争を起こし、ロマノフ王朝を潰そうとしたユダヤ・ロスチャイルド閥を頭目にする「国際金融マフィア」は、新渡戸を優れた要員とみなすことになった。新渡戸は、『武士道』を発表することによって、彼ら勢力の要員になる「パスポート」を手にすることになった。そこで新渡戸は、国際金融マフィアの中に組み込まれている天皇閥の要員としての人生を送っていくことになった。

## 今こそ「新渡戸神話」を破壊すべきとき

融通無碍な「多神教」の伝統の中に生きてきた日本人は、「一神教」であるユダヤ教とキリスト教の恐ろしさに対する理解が乏しい。いや、むしろ、全然ないといってもよいほどの知的水準にある。それゆえ、新渡戸は、一神教であるユダヤ教とキリスト教の恐ろしさを全然伝えようとしていない。また、人類史はユダヤ教、キリスト教、イスラム教による「皆殺し、人殺し、戦争の歴史」であったことも伝えていない。二重三重に新渡戸は偽善的行為を行なってきたのだ。

明治以来、現在に至るまで、日本の知識人は一神教の恐ろしさについて理解していなかった。ましてや一般の日本人は、まったく理解していない。ここに明治以後の日本の悲劇があった。

幕末以来、宣教師は日本にやって来て、日本にキリスト教を宣教した。明治から大正時代なると、新島襄をはじめとする日本人キリスト教徒は、日本での宣教をしてきた。そして、天皇閥を中心とする日本の支配階級の中に、キリスト教徒をつくり、欧米帝国主義者の尖兵となった。以後、日本人を戦争に駆り立て、二発の原爆投下を許し、日本をロスチャイルド閥を頭目とする国際金融マフィアの支配する米国の従属国にさせてしまったのだ。

一国で生きていく時代は幕末をもって終わっている。今やグローバル化の時代の中で、日本民族は生きていかねばならない。日本及び世界の歴史とその仕組みを明白に知っておかないと、再び日本民族は悲劇のどん底に突き落されてしまうことになる。日本を従属国に突き落とそうとする国際金融マフィアの尖兵の一人となった新渡戸稲造の正体を、徹底的に暴露しなければならない。

百十年も昔の出版物を、今さら批判して何になるかと言うかもしれない。しかし、百十年経たっても、新渡戸の著述は哲学の立場から批判されていない。これこそ日本の哲学の貧困を示している証拠だ。

再度、述べておきたい。そろそろ日本人は「新渡戸稲造神話」を破壊していかねばならない。日本という国がこれまで騙され続けてきたことに気づき、「生存の保障」の拡大発展を求めることこそ日本民族の進むべき道である。

新渡戸稲造の「武士道批判書」としては些かくどすぎ、決して易々と読める文章ではないことをお詫びしたい。しかし、われわれ日本人も、論理学、倫理学、哲学について明白に知る必要があると考え、敢えて論戦を挑んだ。その点については著者の意図をお汲みいただきたい。なお、人類史最高の哲学である「ヘーゲル哲学」をベースにして、新渡戸稲造の『武士道』を断罪することは酷なことであるという見方もあろう。その点も十分に考慮している。

敗戦後六十八年を経ているのにもかかわらず、日本人はいまだに、大日本帝国が対米英戦で敗北した「戦争の総括」を行なっていない。そのうえ、歪曲され、捏造された近現代史がまかり通っている。このままでは日本民族が、世界の国々から尊敬され、国際社会で生き残っていくことができるのか、大いに不安である。日本の現代史の中で重要な役割を演じた新渡戸稲造の『武士道』を、戦争の総括の一環として批判的に取り扱うことは、今日的な意味においても重要なことであると考えている。

二〇一三（平成二十五）年三月三日

滝澤哲哉《たきざわてつや》

## ―参考文献一覧―


新渡戸稲造著／矢内原忠雄訳『武士道』岩波文庫／一九三八年初版・一九九一年再刊
新渡戸稲造著／須知徳平訳『武士道』講談社インターナショナル／一九九八年
新渡戸稲造著／飯島正久訳『武士道』築地書館／一九九八年
新渡戸稲造著／佐藤全弘訳『武士道』教文館／二〇〇〇年
太田愛人著『「武士道」を読む』平凡社／二〇〇六年
菅野覚明著『武士道の逆襲』講談社現代新書／二〇〇四年
時野佐一郎著『武士道の真実』光人社／二〇〇八年
佐伯真一著『戦場の精神史』NHK出版／二〇〇四年
井上寛司著『「神道」の虚像と実像』講談社現代新書／二〇一一年
大野芳著『天皇の暗号』学研パブリッシング／二〇一一年
F・W・ニーチェ著／適菜収訳『キリスト教は邪教です！』講談社＋α新書／二〇〇五年
峯岸麻子著『それでも神は実在するのか？』いのちのことば社／二〇〇〇年
滝澤哲哉著『ヘーゲル哲学の真髄』マルジュ社／一九九九年
鹿毛敏夫著『月のえくぼを見た男・麻田剛立』くもん出版／二〇〇八年
鳴海風著『星空に魅せられた男・間重富』くもん出版／二〇一一年
立花京子著『信長と十字架』集英社新書／二〇〇四年

ジャイルズ・ミルトン著／築地誠子訳『さむらいウィリアム』原書房／二〇〇五年
有坂隆道著『山片蟠桃と大阪の洋学』創元社／二〇〇五年
藤木久志著『飢饉と戦争の戦国を行く』朝日新聞社／二〇〇一年
山田盟子著『ウサギたちが渡った断魂橋（上）』新日本出版社／一九九五年
鈴木静夫著『物語フィリピンの歴史』中公新書／一九九七年
大石紀一郎・大貫敦子・木前利秋・高橋順一・三島憲一編『ニーチェ事典』弘文堂／一九九五年
小室直樹著『日本人のための宗教原論』徳間書店／二〇〇〇年
モーリス・シャトラン著／南山宏訳『キリスト教と聖書の謀略』日本文芸社／一九九四年
パート・D・アーマン著／松田和也訳『捏造された聖書』柏書房／二〇〇六年
パート・D・アーマン著／松田和也訳『破綻した神キリスト』柏書房／二〇〇八年
パート・D・アーマン著／津守京子訳『キリスト教成立の謎を解く』柏書房／二〇一〇年
リチャード・ドーキンス著／垂水雄二訳『神は妄想である』早川書房／二〇〇七年
ラッセル・ショート著／杉谷浩子訳『真説「聖書」・イエスの正体』日本文芸社／二〇〇〇年
『聖書』日本聖書協会／一九五五年改訳
『世界大百科事典』平凡社／一九七三年版
『キリスト教大辞典』教文館／二〇〇〇年
『日本キリスト教歴史大辞典』教文館／一九八八年

◉著者について
滝澤哲哉（たきざわ てつや）
近現代史研究会代表。官製の歴史に疑義を抱き、国内外の膨大な史料を渉猟して常識を覆す発見を繰り返している。著書に『ヘーゲル哲学の真髄』（マルジュ社刊）がある。

新渡戸稲造《にとべいなぞう》
武士道《ぶしどう》の売国者《ばいこくしゃ》

◉著者
滝澤哲哉《たきざわてつや》

◉発行日
初版第1刷　2013年3月30日

◉発行者
田中亮介

◉発行所
株式会社 成甲書房

郵便番号101-0051
東京都千代田区神田神保町1-42
振替00160-9-85784
電話 03(3295)1687
E-MAIL　mail@seikoshobo.co.jp
URL　http://www.seikoshobo.co.jp

◉印刷・製本
株式会社 シナノ


Printed in Japan, 2013
ISBN978-4-88086-299-6